SECRETOS PARA DIBUJAR
MODA MANGA

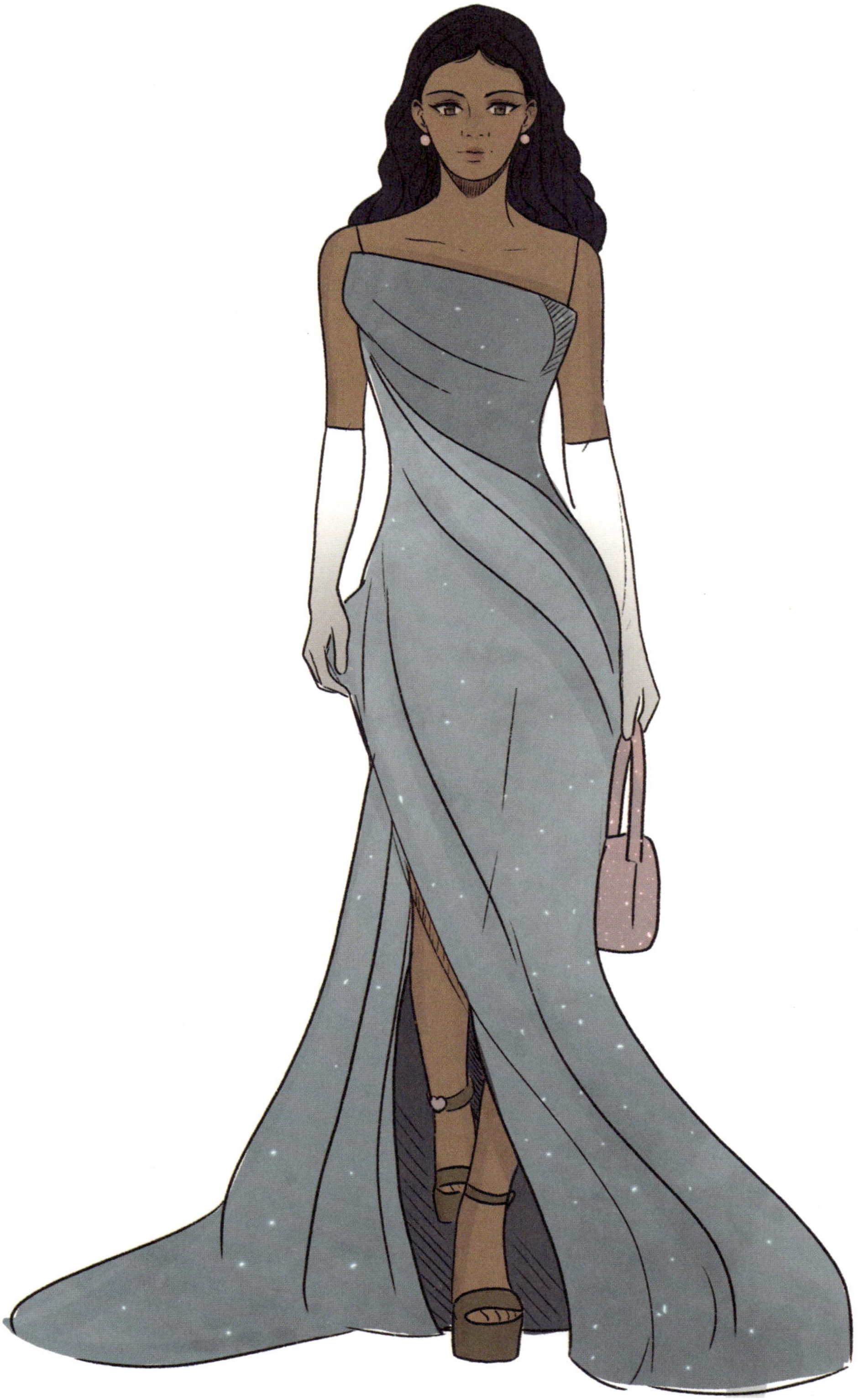

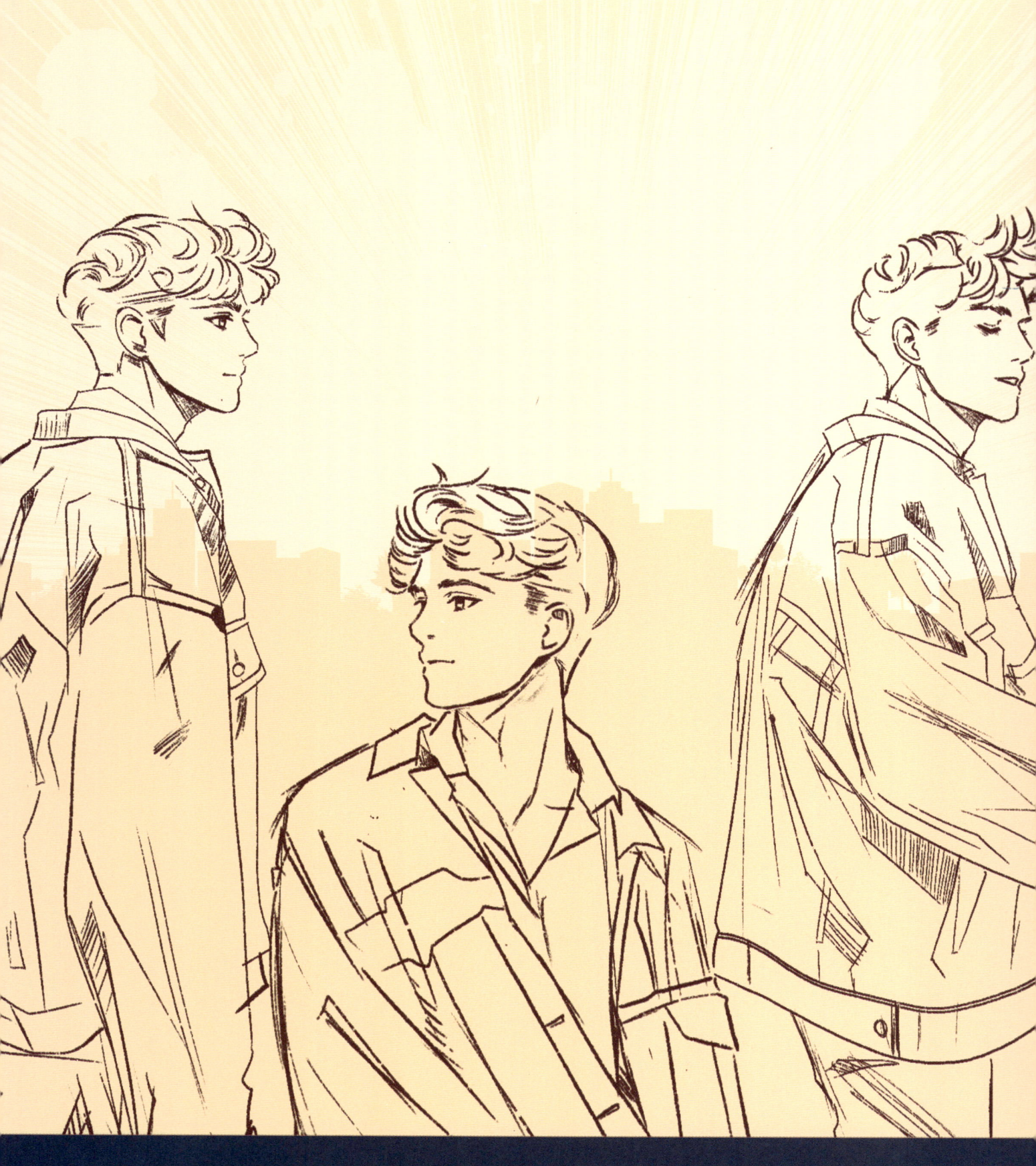

SECRETOS PARA DIBUJAR
MODA MANGA

LA GUÍA DEFINITIVA PARA DISEÑAR ROPA Y COMPLEMENTOS DE ESTILO MANGA

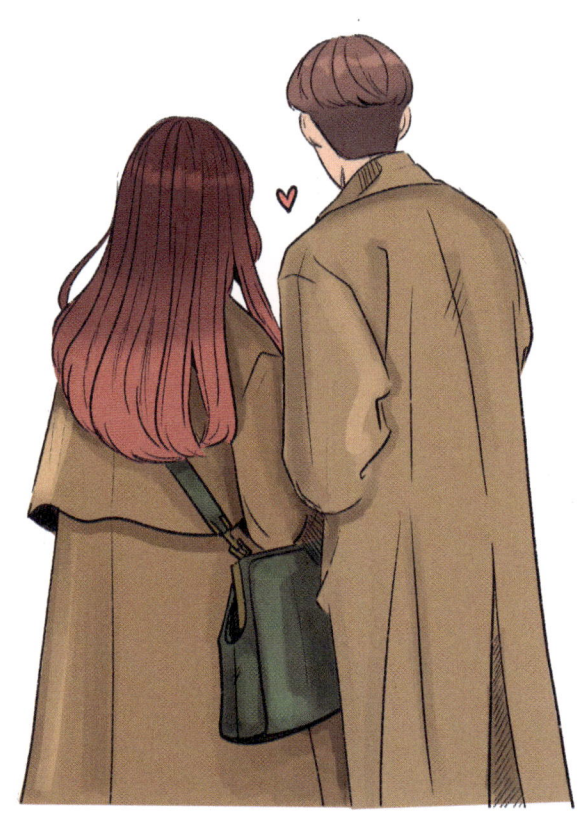

DALIA SHARAWNA

Librero

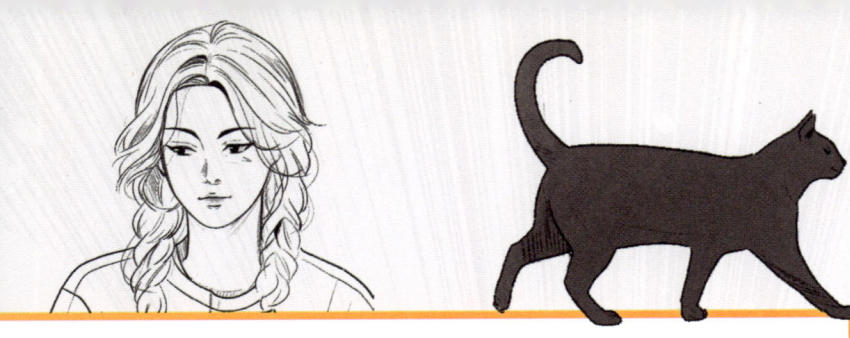

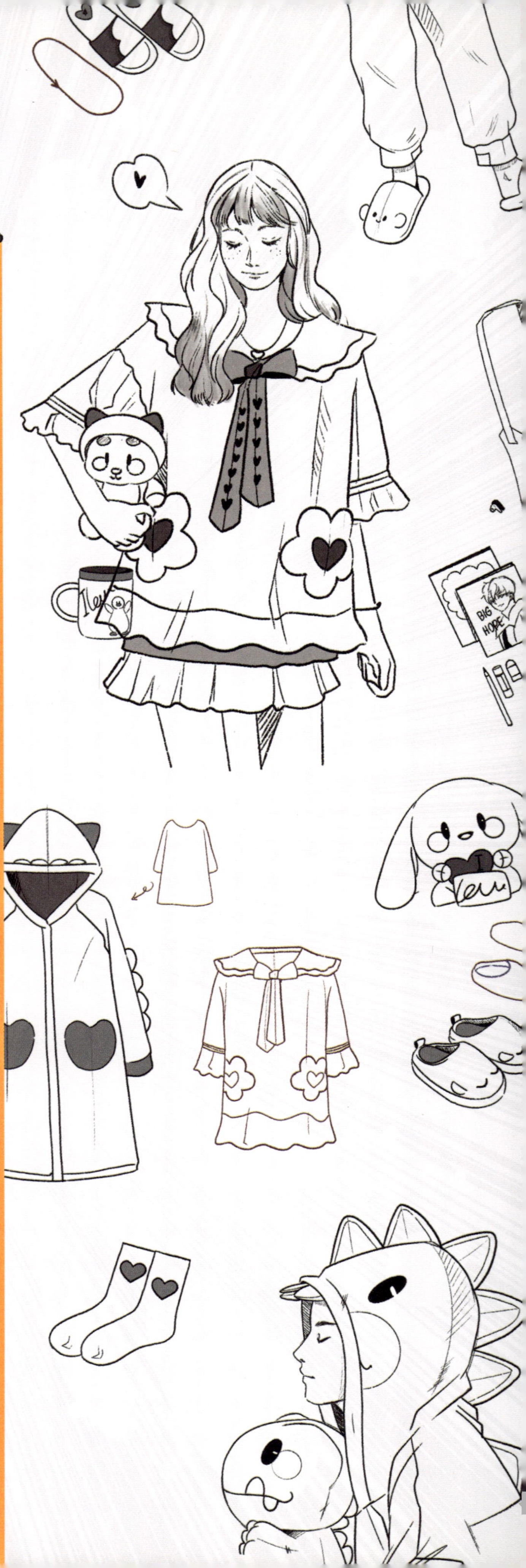

Título original: *Manga Fashion Drawing Secrets*

© 2024 Librero b.v. (edición española)
www.librero.nl

Copyright © 2023 Quarto Publishing plc

Edición de contenido: Charlene Fernandes
Redactora de los textos: Katie Hardwicke
Coordinadora editorial: Lesley Henderson
Diseño: India Minter y Josse Pickard
Editora artística principal: Rachel Cross
Ilustradora: Dalia Sharawna
Directora artística adjunta: Martina Calvio
Editora: Lorraine Dickey

Producción de la edición española:
Traducción: Carme Franch Ribes
Redacción y maquetación: Delivering iBooks & Design,
Barcelona

Distribución exclusiva de la
edición española:
Librero IBP S. L.
C/ Paseo de los Olmos, n.º 20
Planta 1.ª, oficina 7
28005 Madrid, España
www.librero-ibp.es

Impreso en China
ISBN: 978-84-1154-037-7

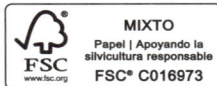

MIXTO
Papel | Apoyando la
silvicultura responsable
FSC® C016973

Créditos fotográficos de Shutterstock

Shutterstock.com/Yuravector;
Shutterstock.com/I_Mak; Shutterstock.com/Alex Leo

ÍNDICE

CONOCE A DALIA

Me llamo Dalia y soy una artista palestina autodidacta y autora de *Secretos del dibujo manga*. De niña me encantaba dibujar, y llevo más de 11 años haciéndolo. Es algo que me gusta hacer cada día como una forma de expresión personal. También me encanta la moda y suelo inspirarme en ella a la hora de dibujar, por lo que es posible que notéis que le doy un mayor protagonismo a la ropa en los personajes que dibujo. Aunque mi estilo preferido es la moda urbana, no dejo de explorar e ilustrar otras tendencias.

En *Secretos para dibujar moda manga* quiero enseñarte a crear ropa con un estilo manga que transmita la personalidad, el trasfondo y el estado de ánimo de los personajes. Mediante las instrucciones paso a paso y algunos de los secretos que he aprendido en mi trayectoria como dibujante, descubrirás cómo ilustrar diferentes estilos de moda, desde ropa informal y cómoda de diario hasta preciosos kimonos japoneses o un tutú de ballet. Lo único que necesitas para empezar es lápiz y papel, y, si sigues mis consejos, espero que disfrutes aprendiendo a dibujar ropa manga. Si deseas obtener más inspiración e ideas, echa un vistazo a mis dibujos en mi cuenta de Instagram @drawing_dalia.

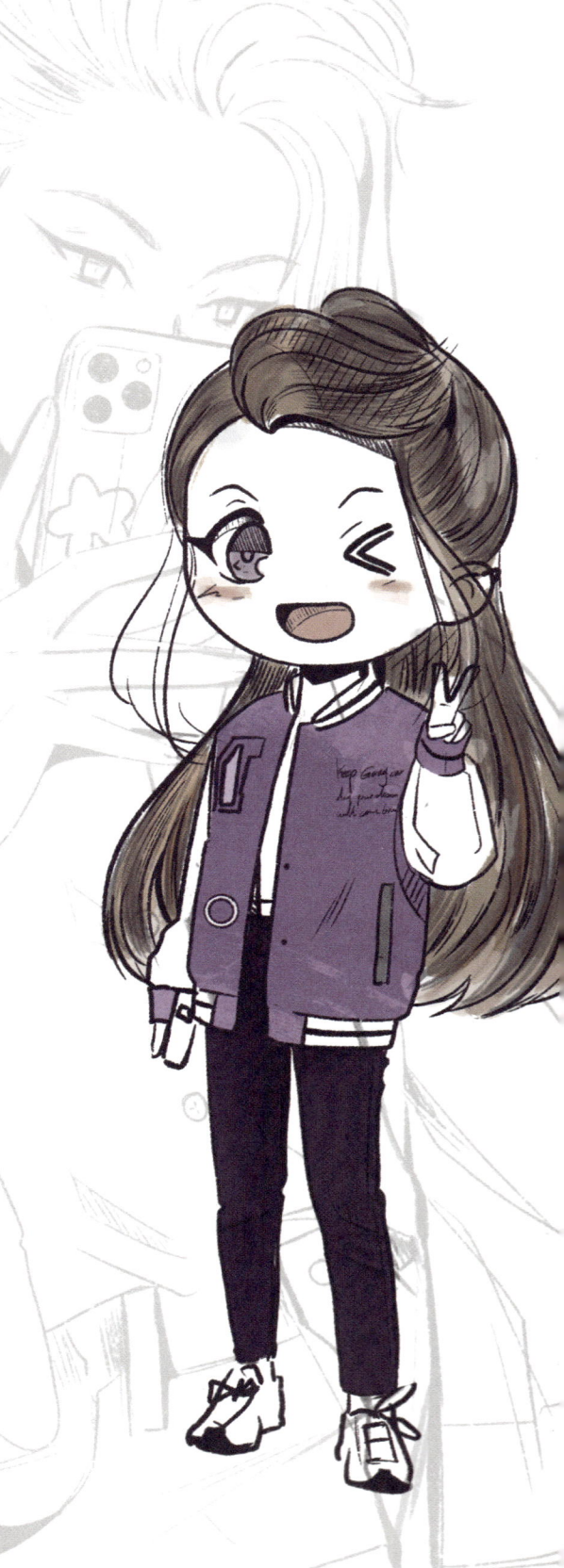

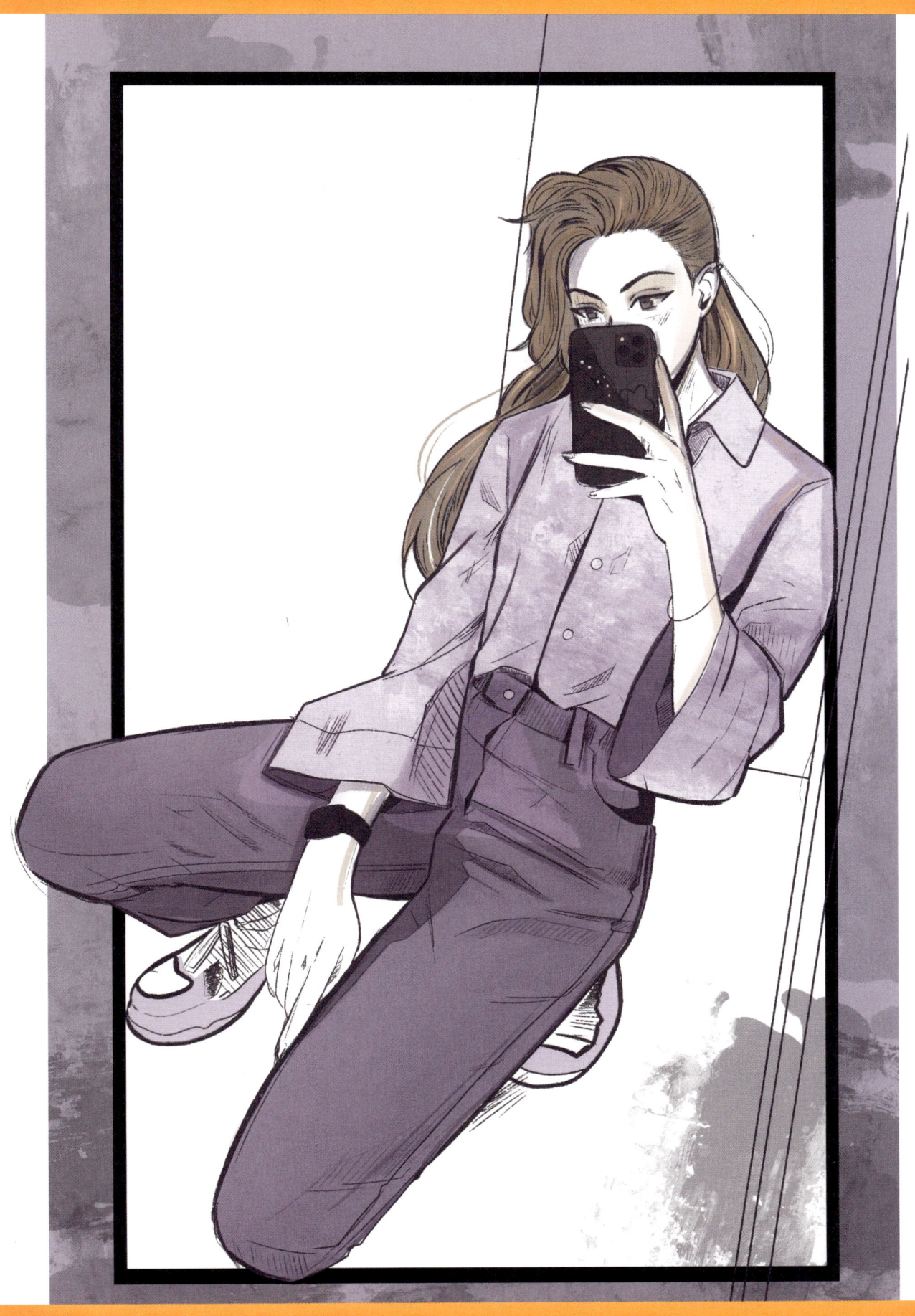

MATERIAL DE DIBUJO

Antes de empezar a crear tus personajes manga, tendrás que preparar el material de dibujo. Yo empecé con el típico lápiz 2HB que utilizábamos en el colegio y los folios de impresora, y, aunque ahora tengo unos cuantos lápices más, sigo pensando que no es necesario comprar cosas demasiado caras. Si dispones de buenos materiales te será más fácil dibujar, pero puedes conseguir grandes efectos sin tener que gastar una fortuna: invierte tiempo en lugar de dinero, aprende las técnicas y los principios de dibujo adecuados y sigue practicando.

GOMA DE BORRAR Y SACAPUNTAS

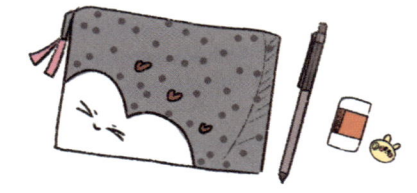

Una goma de borrar no solo va bien para eliminar errores, sino que también es fundamental para borrar las guías. Me gusta utilizar dos gomas de borrar de tamaños diferentes: una grande y suave o una moldeable, a la que puedo dar forma para hacer cambios en los contornos. Un sacapuntas también es una herramienta muy útil. Prefiero que los lápices estén bien afilados para que mis dibujos queden más precisos.

Evita las gomas de borrar que dejen marcas de colores.

LÁPICES

La dureza de la mina de un lápiz influye en el tipo de trazo y el tono que se obtienen, y se clasifica en una escala HB que va del grado más claro y duro (9H) al más oscuro y suave (9B). En medio, entre el HB y el H, está el F, y este es el que prefiero para dibujar los contornos. Después, utilizo lápices HB, 2B y 8B para pasar de tonos claros a oscuros. Prueba distintos lápices para encontrar la dureza que más te convenga.

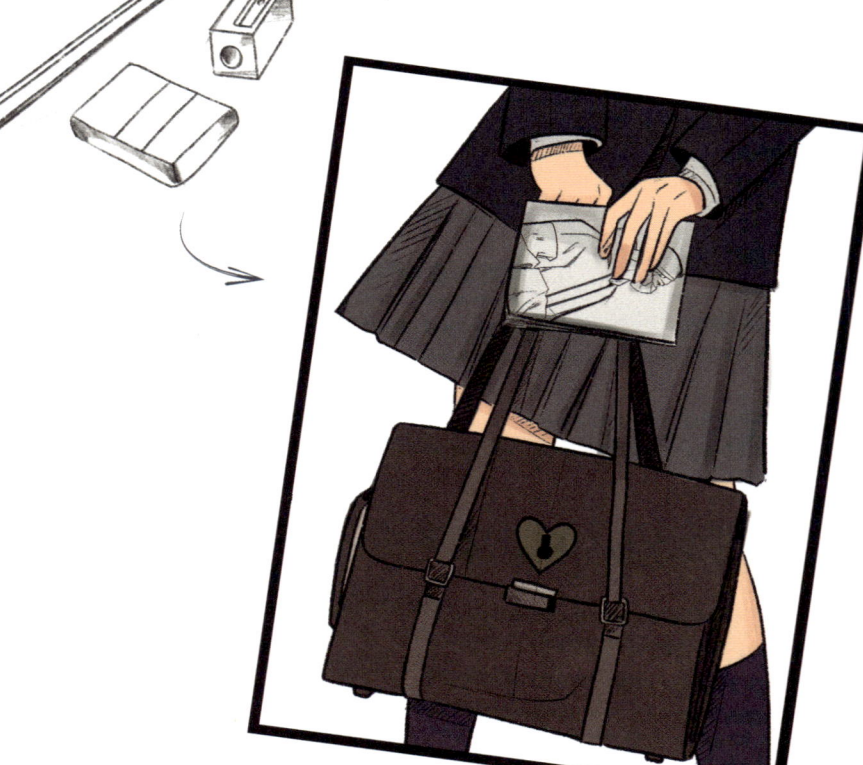

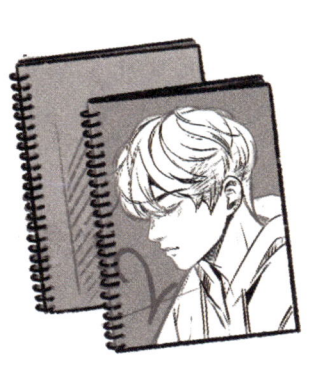

Un cuaderno de dibujo es ideal para cuando te apetece dibujar una pose o plasmar una idea rápidamente, o para desarrollar el estilo de un personaje. Realiza los dibujos finales en hojas de papel sueltas.

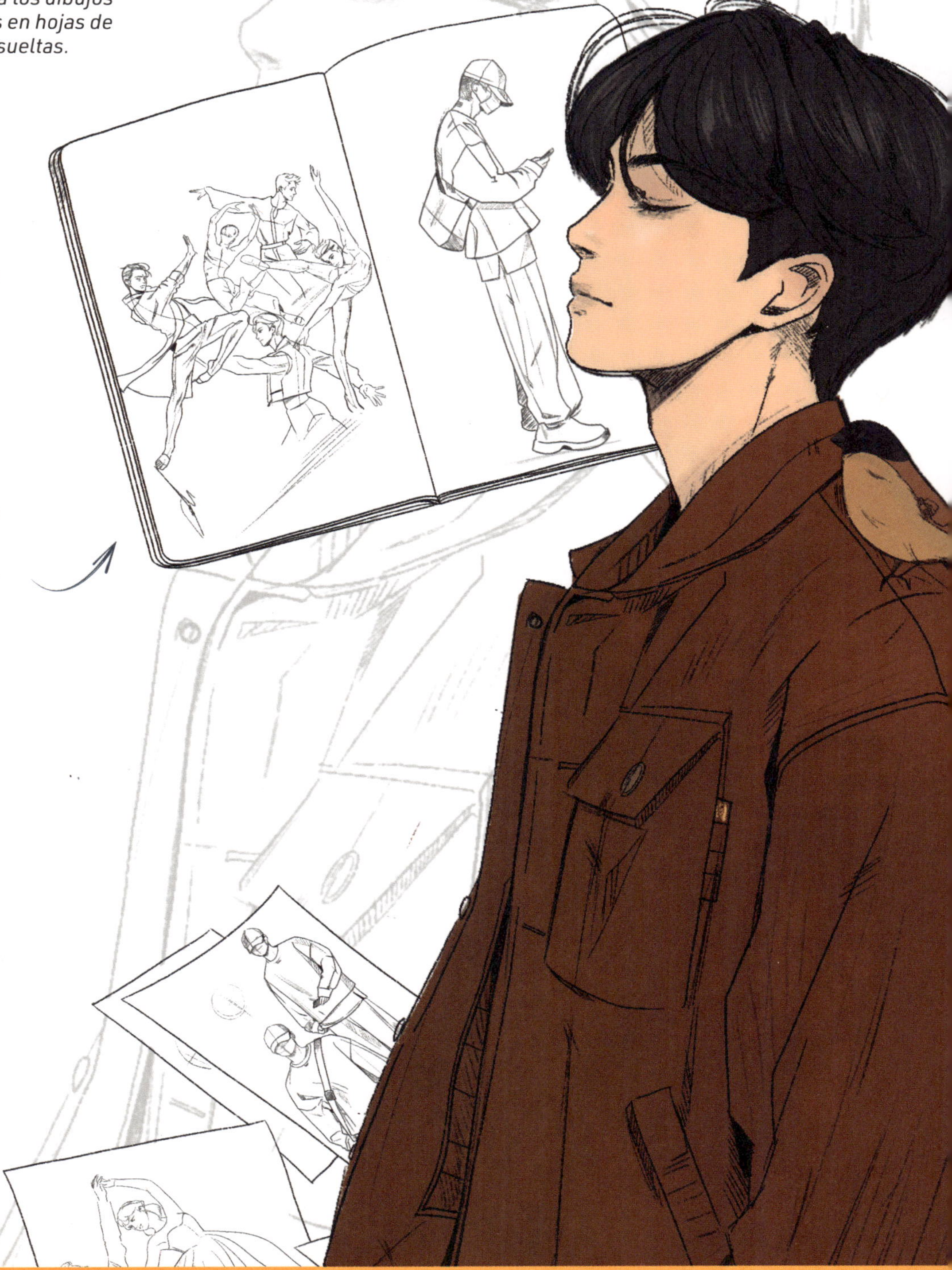

PAPEL

Puedes dibujar en cualquier tipo de papel, y hay toda una gama de grosores, texturas y colores para elegir. Yo suelo usar el de gramaje estándar de 110 g/m², que tiene una calidad media. La superficie es lisa y en éel lápiz se desliza fácilmente. Me gusta utilizar un pequeño cuaderno de dibujo de tamaño A5 para poder llevarlo conmigo a todas partes. Sin embargo, hay muchos otros tamaños, así que utiliza el que mejor te vaya.

LÁPICES DE COLORES

Los lápices de colores son una herramienta excelente para colorear de forma controlada. También puedes probar a utilizar lápices de acuarela, ya que son estupendos para conseguir aguadas claras de color cuando se añade agua con un pincel.

CÓMO DIBUJAR LA CARA

Si empiezas el dibujo por la cara, puedes personalizar tu personaje con sutiles cambios en sus rasgos o expresiones faciales y explorar aspectos de su estilo o personalidad para darle características individuales que lo diferencien de los demás.

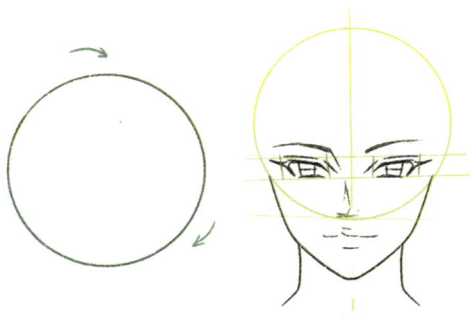

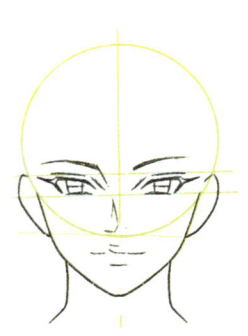

1   Para dibujar una cabeza de frente, empieza con un círculo que sirva de guía para toda la cara. La parte alta representa la zona superior de la cabeza y la parte de arriba de la cara.

2   A continuación, añade la mandíbula trazando una línea vertical que divida la cara por la mitad y sobresalga del círculo hasta la punta de la barbilla. Ahora fusiona los lados de la cara con la barbilla.

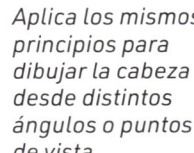

Aplica los mismos principios para dibujar la cabeza desde distintos ángulos o puntos de vista.

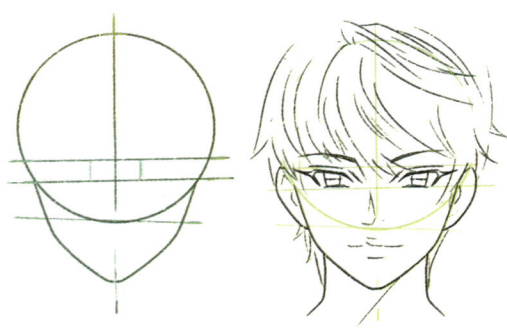

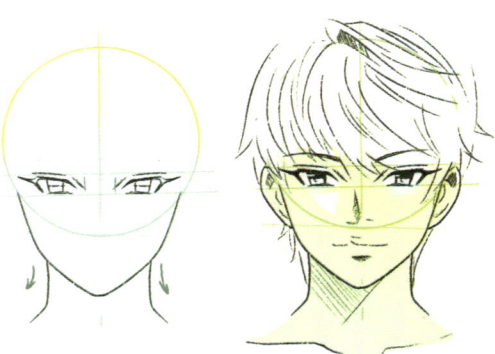

3   Divide la cara con líneas horizontales para que te sea más fácil colocar los ojos, la nariz y la boca. Dibuja líneas aproximadamente a un tercio de la parte inferior del círculo para los ojos. Añade una línea que atraviese la parte inferior del círculo para marcar la punta de la nariz; debajo, irá la boca.

4   Finalmente, añade el cuello, que te permitirá encajar la cabeza en el cuerpo. Empieza el cuello por las guías de la base de la nariz como punto de partida y prolóngalas hasta los hombros, manteniendo las líneas simétricas.

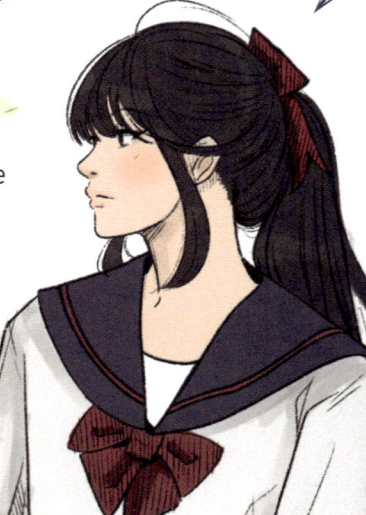

CÓMO DIBUJAR EL CUERPO

Para dibujar ropa de forma realista, hay que conocer las formas y proporciones del cuerpo que hay debajo. Algunas prendas tendrán un corte amplio que solo requerirá que se ajuste a las proporciones generales del cuerpo, mientras que las más ajustadas dejarán al descubierto la musculatura y las curvas naturales del contorno del cuerpo.

TORSOS MASCULINOS

Empieza con una forma trapezoidal que sea más ancha en la parte superior (los hombros) y se estreche en la base (la cintura). Traza una línea vertical en el centro para dividir el cuerpo de forma más o menos simétrica. Indica la cintura con suaves curvas y añade los hombros, dibujando músculos definidos para el pecho.

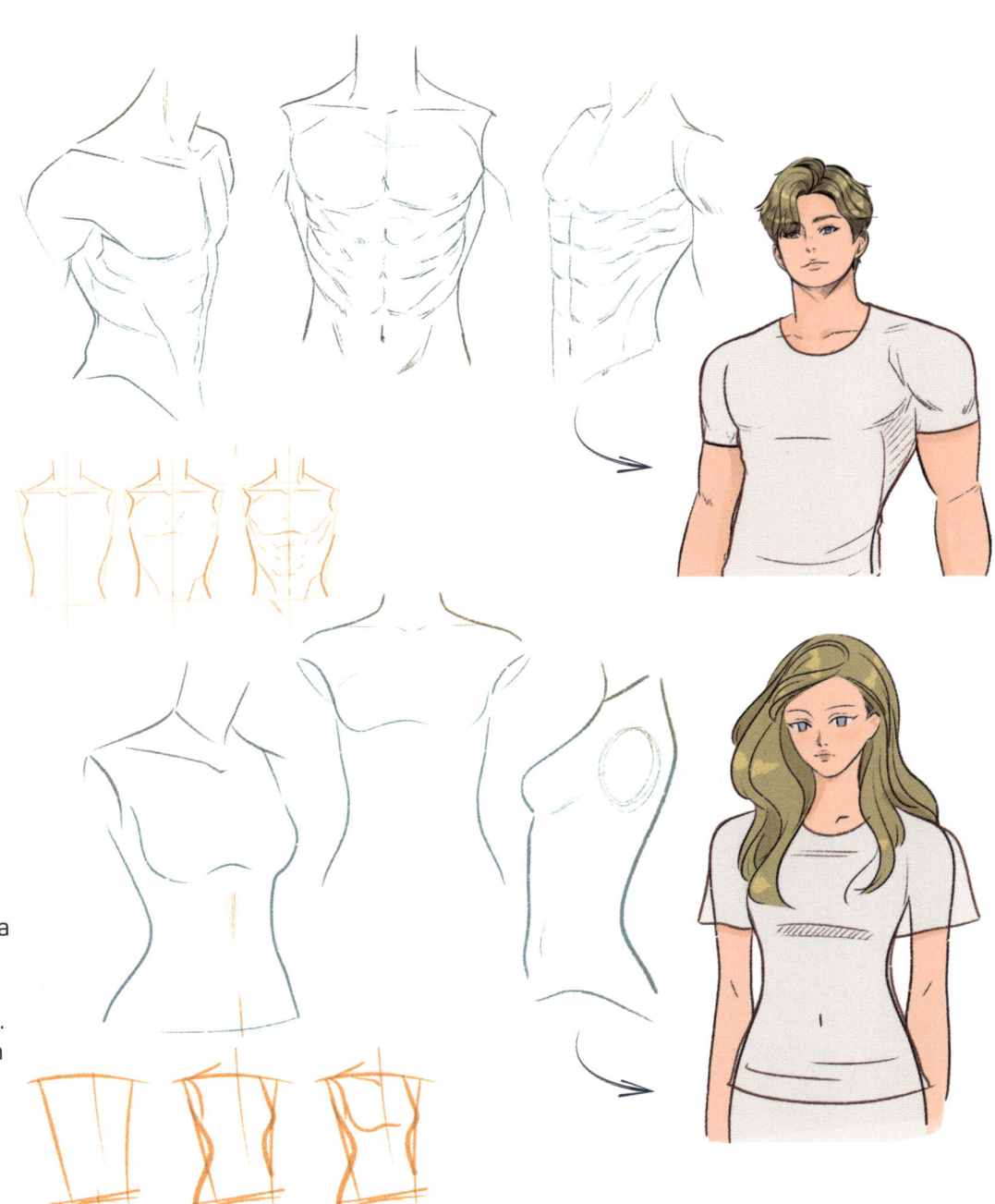

TORSOS FEMENINOS

Comprueba las proporciones y el tamaño, y sigue las instrucciones del torso masculino para crear una forma trapezoidal. La silueta femenina es más curvilínea, con la cintura más definida y los hombros redondeados. Marca la base del busto a un tercio de su altura. Acentúa la cintura y las caderas.

PROPORCIONES GENERALES

Un buen truco para calcular las proporciones en el dibujo de figuras consiste en dividir el cuerpo en secciones en función del tamaño de la cabeza. En general, la altura de un adulto medio equivale a 7,5 veces la altura de la cabeza. Utiliza la cabeza a modo de guía para averiguar la escala de otras partes del cuerpo.

El brazo es una cabeza más largo que el torso.

Una vez dibujado con las proporciones correctas, puedes subdividir el cuerpo en secciones: las piernas son el doble de largo que el torso.

Fíjate en que las piernas, de la cadera a los pies, son la parte más larga del cuerpo.

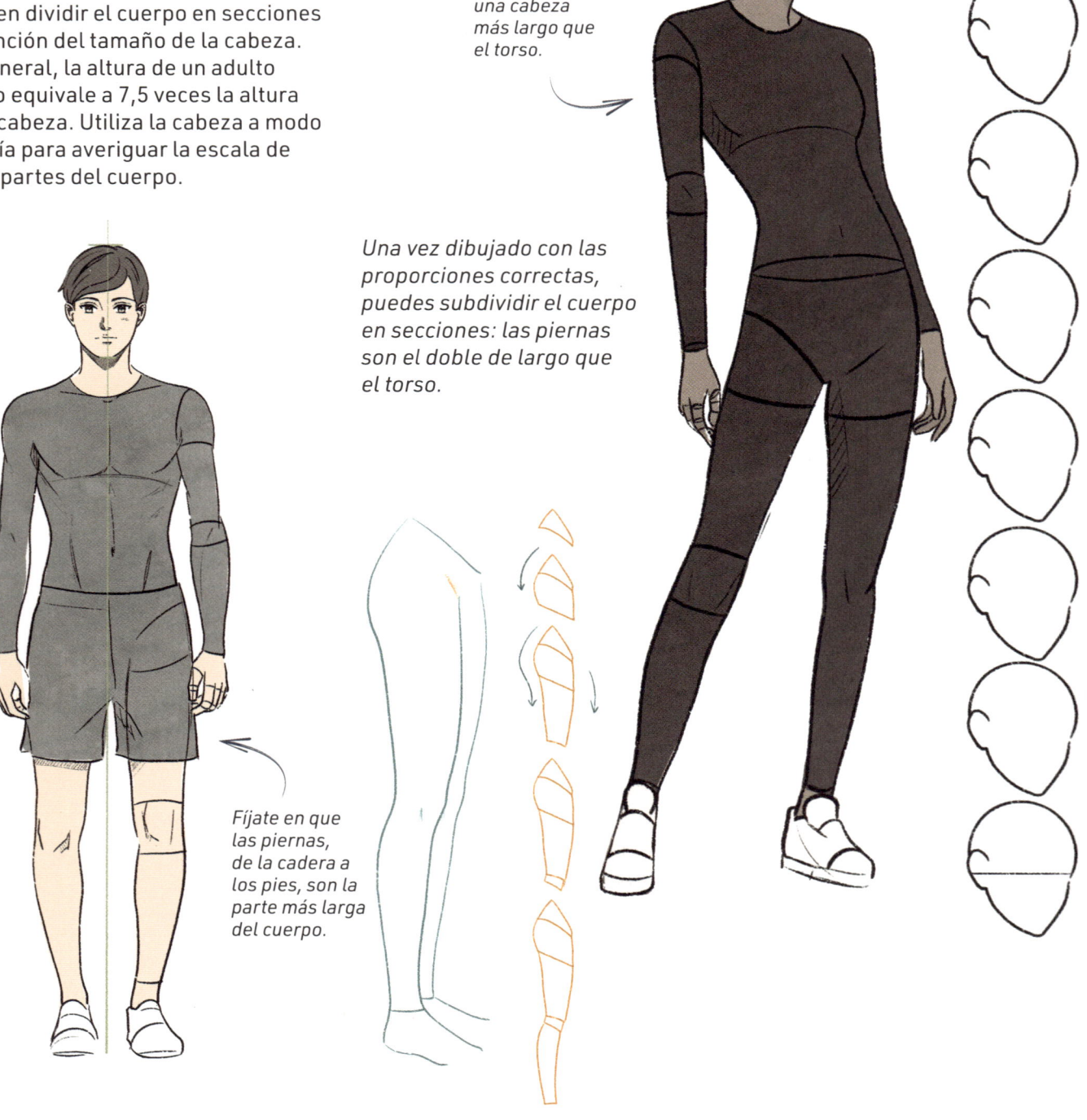

CÓMO DIBUJAR LOS TEJIDOS

Sigue los consejos que te ofrezco a continuación para dibujar ropa con pliegues, arrugas y fruncidos convincentes. El tipo de tejido determinará el grosor y la fluidez de los pliegues, así que fíjate bien en la diferencia entre la lana, el algodón y la seda, por ejemplo, y toma notas en tu cuaderno de dibujo. Observa la ropa en la vida real y en otros lugares, como libros, revistas, páginas web y, por supuesto, fíjate en cómo lo hacen otros dibujantes de manga.

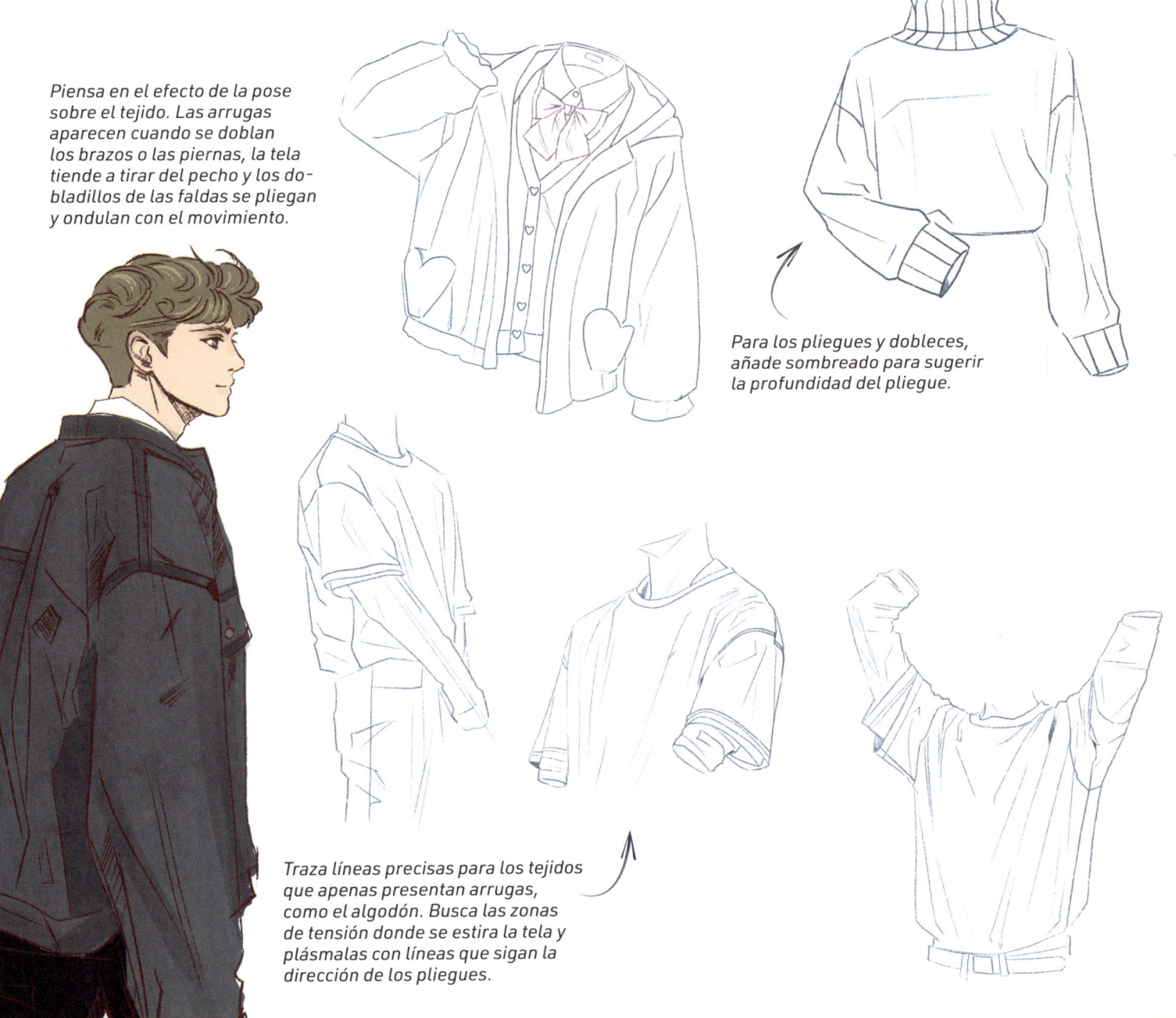

Piensa en el efecto de la pose sobre el tejido. Las arrugas aparecen cuando se doblan los brazos o las piernas, la tela tiende a tirar del pecho y los dobladillos de las faldas se pliegan y ondulan con el movimiento.

Para los pliegues y dobleces, añade sombreado para sugerir la profundidad del pliegue.

Traza líneas precisas para los tejidos que apenas presentan arrugas, como el algodón. Busca las zonas de tensión donde se estira la tela y plásmalas con líneas que sigan la dirección de los pliegues.

1.

ROPA URBANA

Este es el estilo que más me gusta dibujar. Desde ropa *oversize* hasta zapatillas deportivas, hay un montón de prendas que puedes mezclar y combinar para darle un estilo urbano a tu personaje.

DIVERTIDA
INFORMAL
SENCILLA
OVERSIZE
HOLGADA
INDIVIDUALISTA

ZAPATILLAS DEPORTIVAS
PRENDAS QUE MARCAN ESTILO PROPIO
ROPA DE CALLE

ROPA CON LOGOTIPOS
EDICIONES LIMITADAS

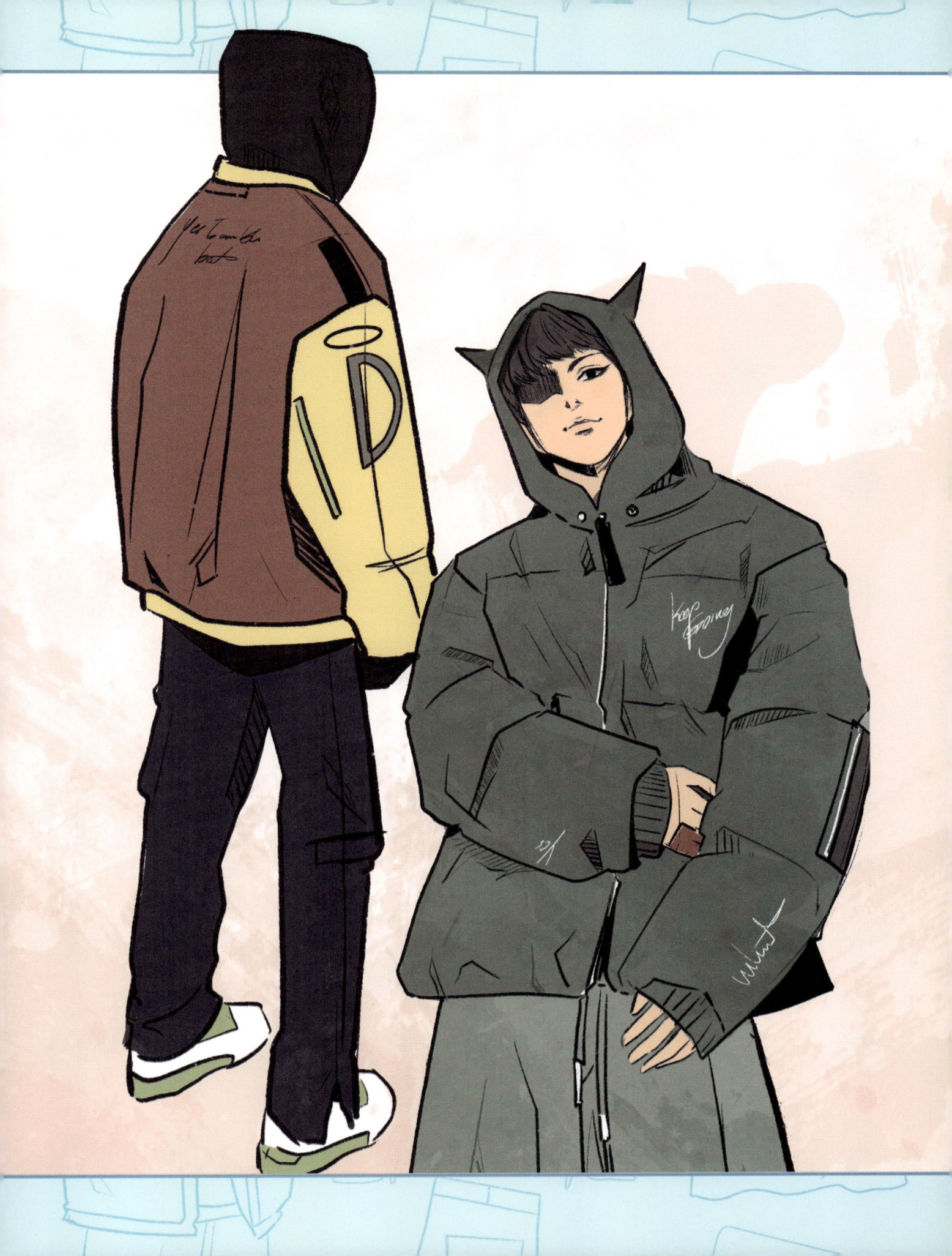

CHÁNDAL

Este conjunto es sencillo, pero refleja un espíritu práctico. El pantalón holgado y el top ajustado con cremallera son ponibles y discretos, mientras que la chaqueta *oversize* transforma este conjunto informal en urbano en un instante. La pose enérgica del personaje transmite confianza y mucha personalidad.

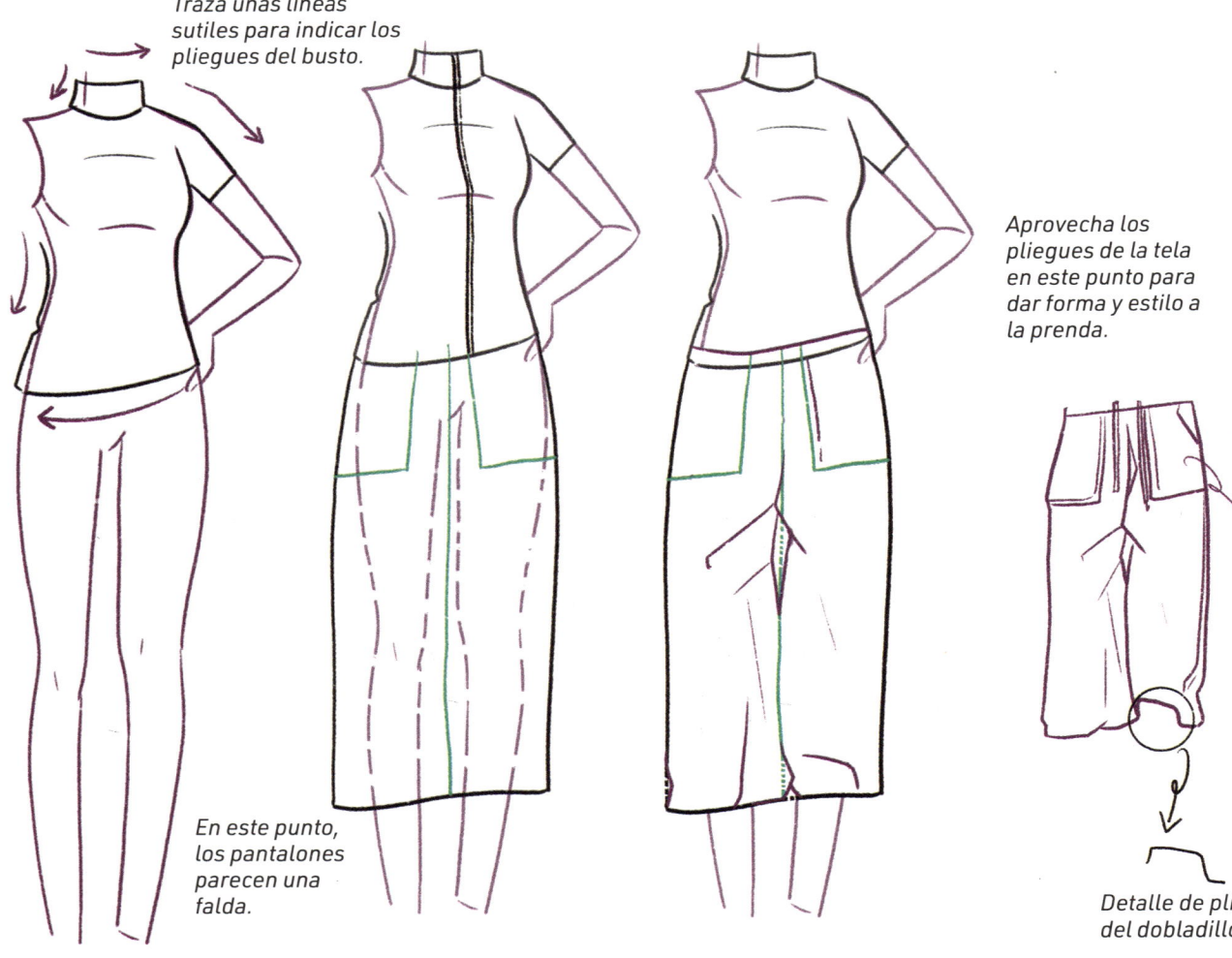

Traza unas líneas sutiles para indicar los pliegues del busto.

En este punto, los pantalones parecen una falda.

Aprovecha los pliegues de la tela en este punto para dar forma y estilo a la prenda.

Detalle de pliegue del dobladillo

1 Para empezar, haz un esbozo de la pose. Traza unas líneas para indicar la parte superior ajustada (las mangas, el cuello y el bajo) siguiendo la forma del cuerpo.

2 Ahora, haz los pantalones de chándal. A la hora de esbozarlos, déjate guiar por el dibujo del cuerpo y las curvas naturales para determinar la anchura desde las caderas hacia abajo.

3 A continuación, añade los detalles a los pantalones, con líneas y sombreados para indicar los pliegues. Los pantalones de chándal suelen ser de un tejido bastante grueso, así que intenta sugerirlo en la forma en la que los pliegues siguen el cuerpo.

Para darles un toque urbano, los pantalones de chándal llevan bolsillos grandes y cordones en la cintura.

LA CHAQUETA *OVERSIZE*

La superposición de prendas es ideal para crear un *look* moderno. Piensa en la relación de las capas que vayas añadiendo con el cuerpo. Aquí, la postura de los brazos crea espacio y profundidad, que debes reflejar en los pliegues y la forma de la chaqueta.

Déjate guiar por la forma del cuerpo para trazar las líneas en la dirección correcta.

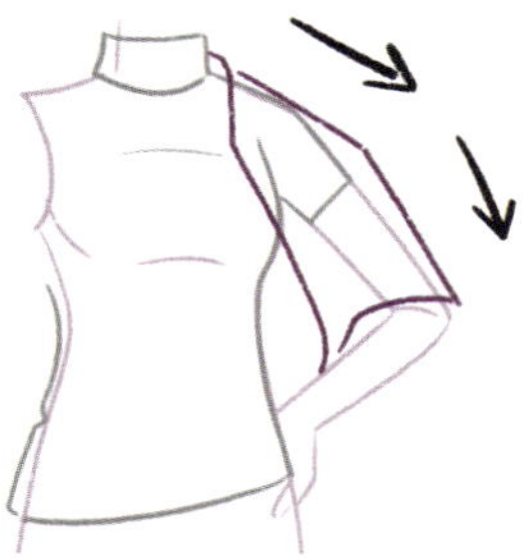

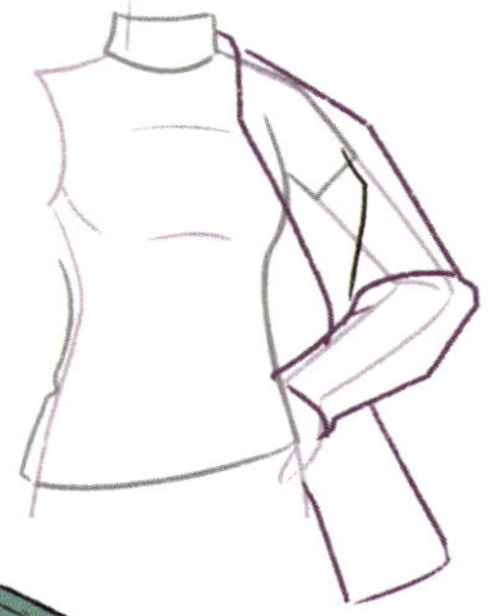

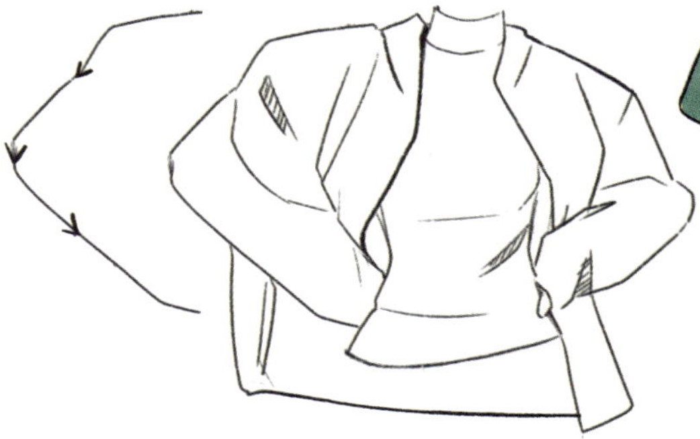

Para dar un toque rompedor, decidí meter los pantalones de chándal por dentro de unas botas de suela gruesa.

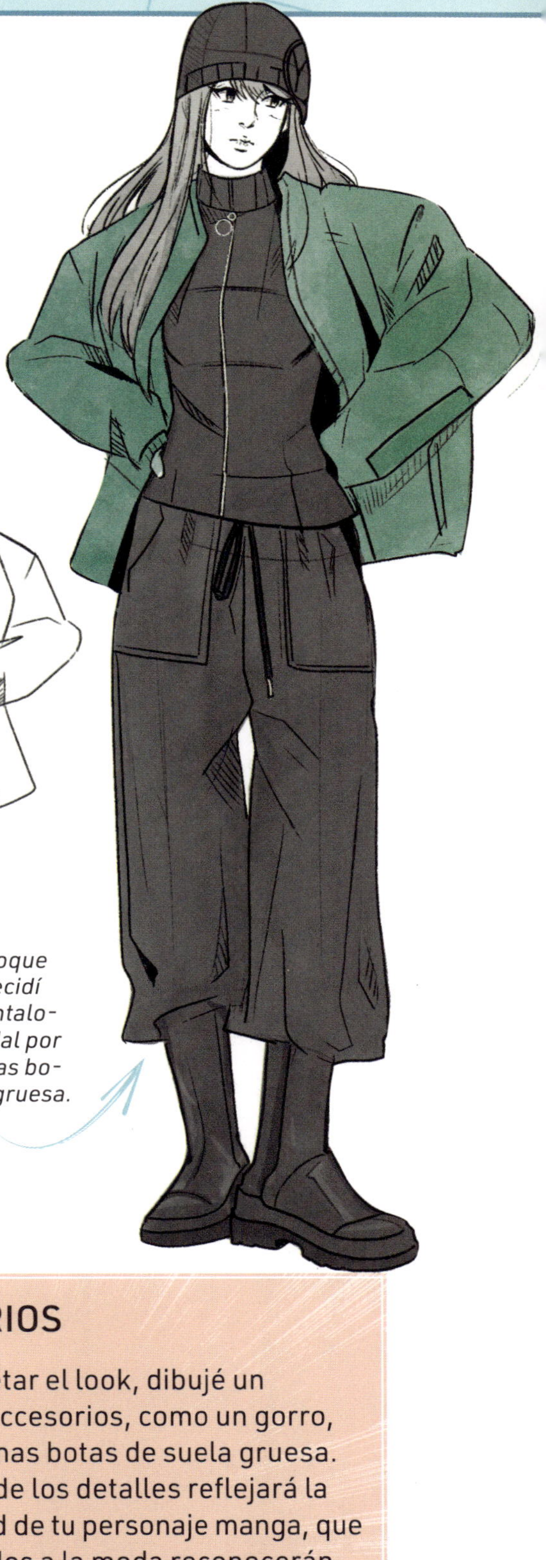

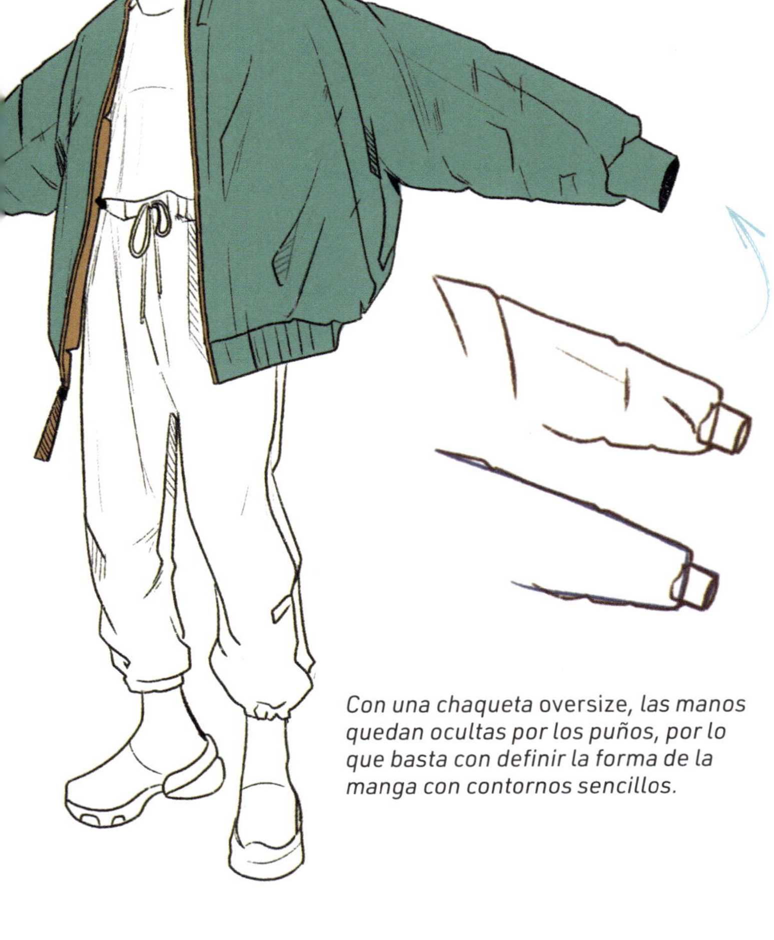

Con una chaqueta oversize, las manos quedan ocultas por los puños, por lo que basta con definir la forma de la manga con contornos sencillos.

ACCESORIOS

Para completar el look, dibujé un montón de accesorios, como un gorro, un anillo y unas botas de suela gruesa. La elección de los detalles reflejará la personalidad de tu personaje manga, que los aficionados a la moda reconocerán al instante. Veremos los accesorios con más detalle en las páginas 21 y 23-25.

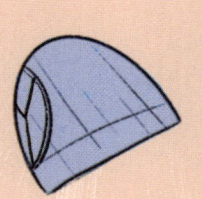
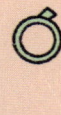
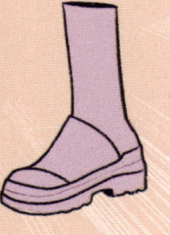

CHAQUETA ACOLCHADA

A menudo combinada con una sudadera con capucha, la chaqueta acolchada es una prenda urbana imprescindible para rematar cualquier conjunto. El truco para dibujarla de forma realista es observar cómo las secciones acolchadas añaden un efecto de abombamiento.

1   Para una vista lateral, esboza la chaqueta de perfil con la forma del cuerpo a modo de guía.

2   Haz un esbozo de la chaqueta, manga y cuello incluidos, y utilízalo como guía para crear los detalles. Fíjate en el volumen de la forma y el modo en el que la chaqueta cuelga de la cintura por delante y por detrás.

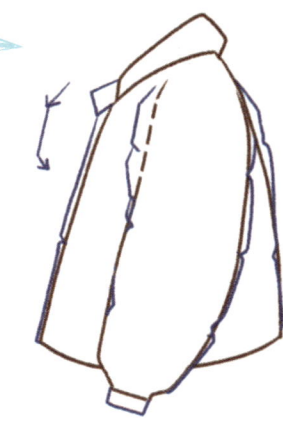

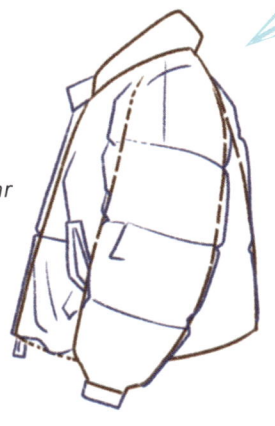

Sigue el ángulo del pecho y la espalda para esbozar la chaqueta.

3   La chaqueta tiene un diseño acolchado con secciones «abombadas» entre las costuras. Ten en cuenta que el tejido no crea muchos pliegues.

4   Dibuja la forma de la cabeza con capucha para obtener un efecto realista en el que se unan la capucha y la chaqueta.

5   Crea más detalles, como unas líneas para indicar pliegues rígidos, que te ayudarán a sugerir el volumen de la prenda.

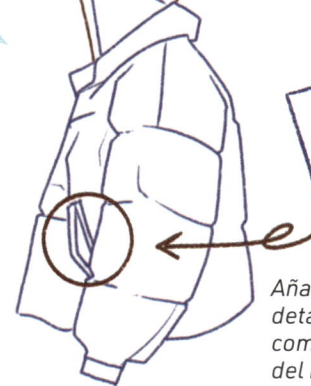

Añade los detalles, como el vivo del bolsillo o el puño.

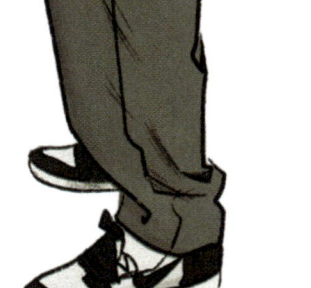

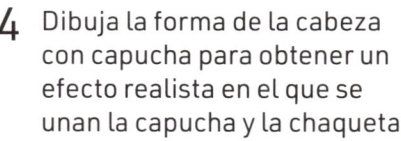

PANTALONES DEPORTIVOS

Los pantalones deportivos, otro elemento estándar de la moda urbana, son una prenda unisex que se lleva todo el año. Suelen ser de tela suave, con un cordón en la cintura y elásticos en los tobillos.

1 Para empezar, haz un esbozo que siga la forma del cuerpo, guiándote por la anchura de la cintura y las caderas para obtener una figura más o menos rectangular que se estreche hacia el tobillo.

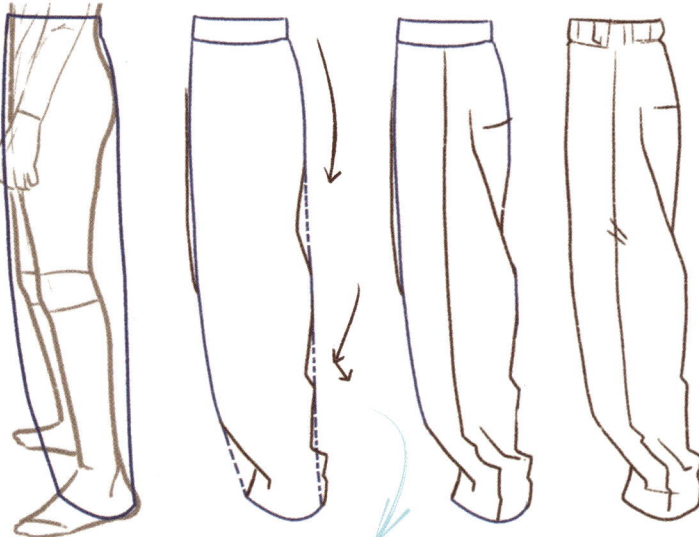

2 Añade la costura a lo largo de la pierna, teniendo en cuenta cómo se dobla y se deforma cuando los pantalones forman arrugas en los tobillos.

Refleja la forma y el ángulo de la pierna para conseguir una fluidez natural.

3 Dibuja pliegues y arrugas para sugerir la suavidad del tejido, con formas redondeadas donde los pantalones se fruncen en la cintura o en los dobladillos.

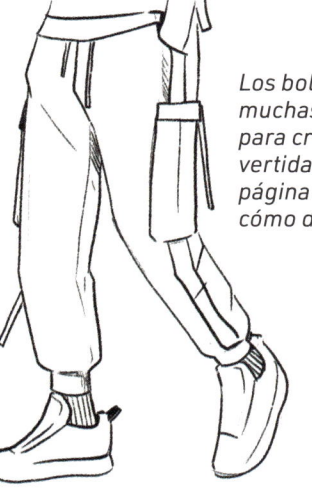

Los bolsillos ofrecen muchas posibilidades para crear poses divertidas. Consulta la página 22 para saber cómo dibujarlos.

SECRETO DEL ARTE MANGA

El secreto para que la ropa urbana destaque es combinar distintos elementos: unos pantalones deportivos con una cazadora bomber *oversize* o unas botas de suela gruesa. ¡Tu personaje los lucirá con estilo!

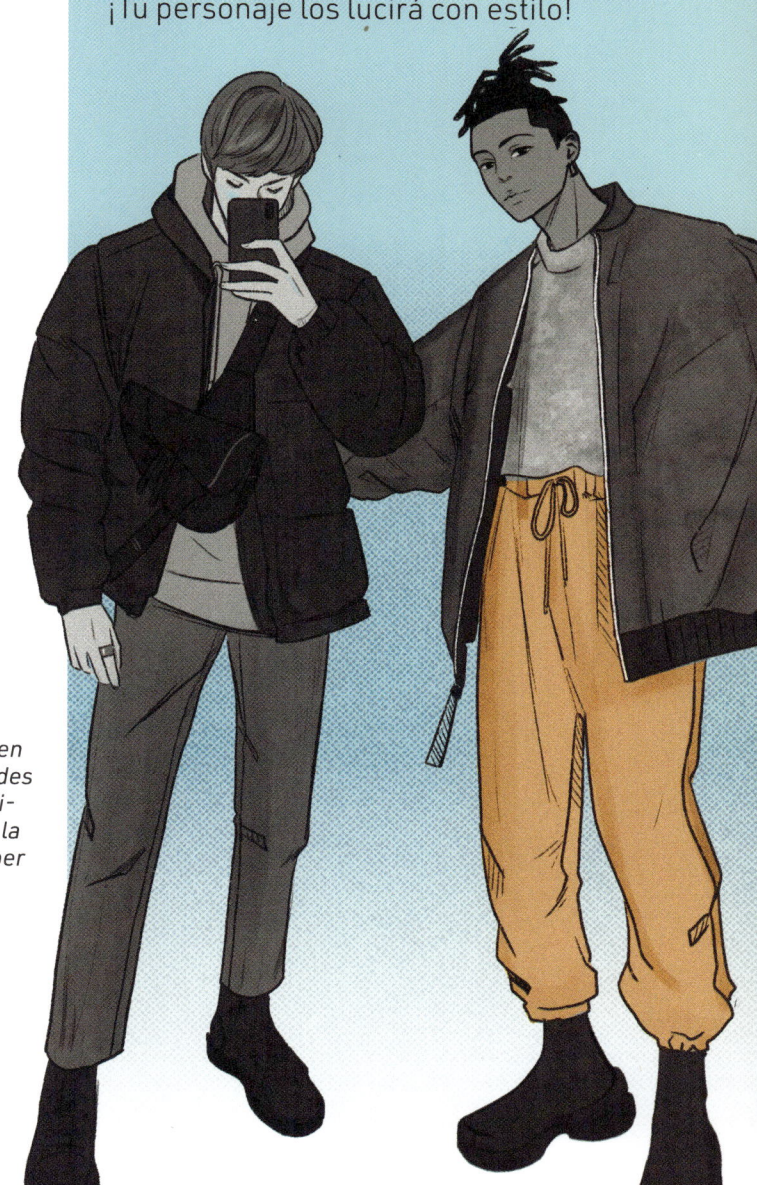

CAMISAS DE MANGA CORTA

La camisa de manga corta es una prenda urbana básica que suele tener una forma cuadrada y holgada que disimula la forma del cuerpo. Fíjate bien en cómo cambia de forma según la orientación de la pose: prueba este ejercicio de dibujo desde diferentes ángulos y pronto lo dominarás a la perfección.

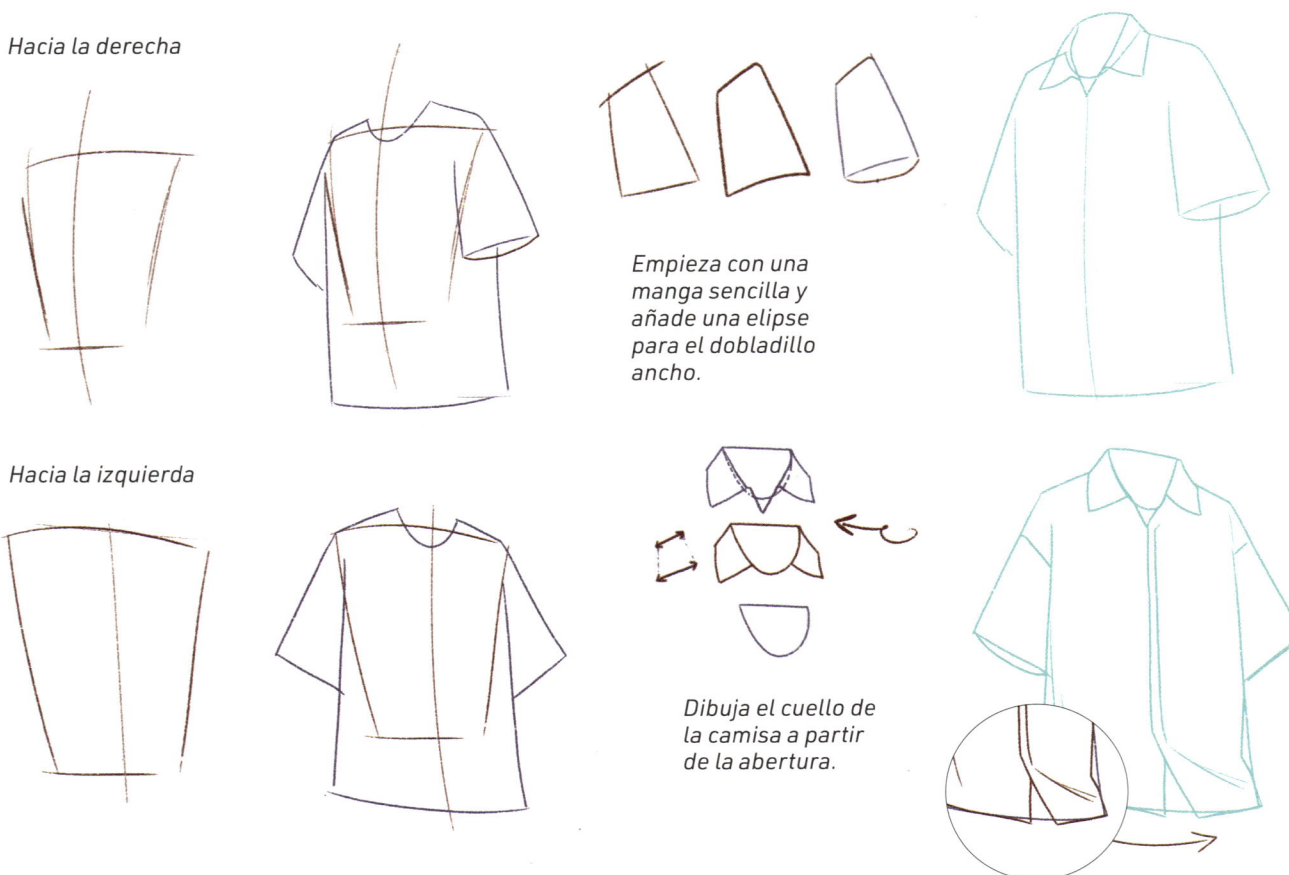

Hacia la derecha

Empieza con una manga sencilla y añade una elipse para el dobladillo ancho.

Hacia la izquierda

Dibuja el cuello de la camisa a partir de la abertura.

1 Para empezar, estudia la orientación de la pose. ¿Está de frente, de perfil, inclinada a la izquierda o a la derecha, o mirando hacia abajo o hacia atrás? Añade unas guías para indicar el pecho y los hombros con el objetivo de mantener este ángulo siempre presente.

2 Haz un esbozo de la forma global de la camisa: busca figuras geométricas básicas, como un rectángulo para el cuerpo y unos triángulos para las mangas. Guíate por la anchura de los hombros y su ángulo para calcular el tamaño de la camisa.

3 Una vez definida la forma de la camisa, puedes añadir detalles como el cuello y la tapeta de los botones. Para dibujar el cuello, define primero la abertura y, a continuación, añade formas básicas a ambos lados.

4 Ahora trabaja la forma de la camisa, teniendo siempre en cuenta la manera en la que la caída de la tela sigue el ángulo de la pose. Las arrugas y los pliegues pueden ser pronunciados si el tejido es nuevo o rígido.

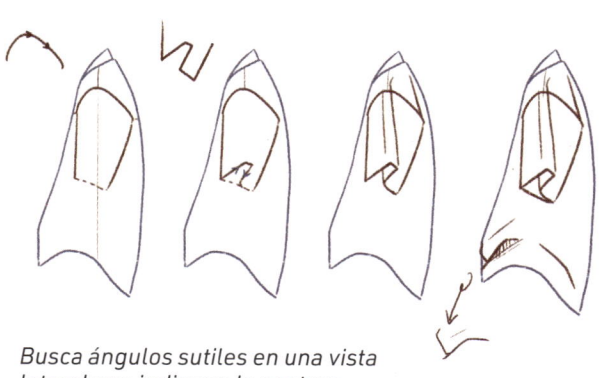

Busca ángulos sutiles en una vista lateral que indiquen la postura. Fíjate en que los pliegues de la manga están más agrupados.

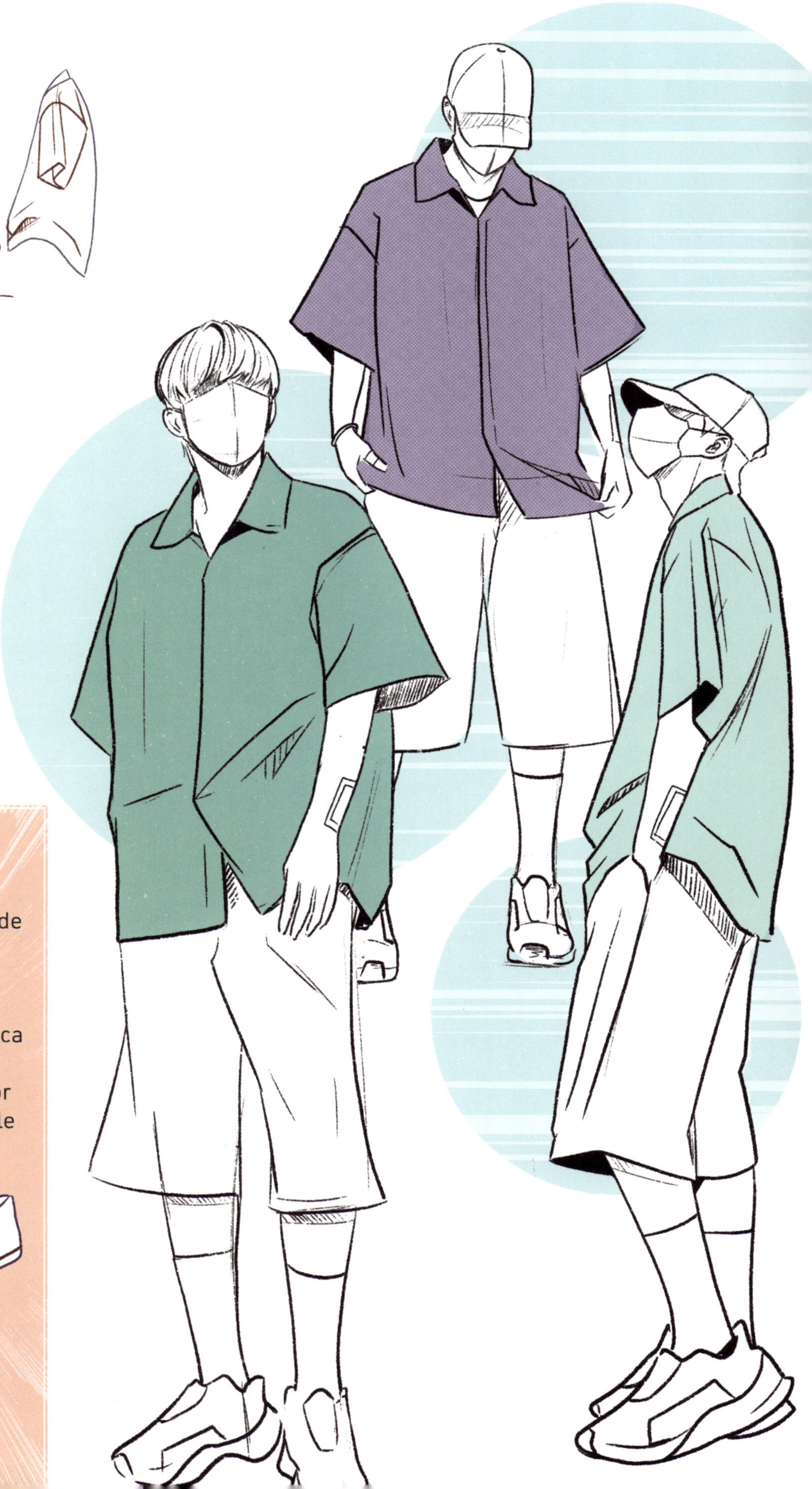

Aquí podemos ver cómo quedará la camisa que hemos dibujado en un diseño terminado. Combinada con la figura de cuerpo entero, vestida con pantalones cortos y zapatillas deportivas, la camisa de manga corta confiere un estilo urbano inconfundible.

ACCESORIOS

Unas zapatillas deportivas de marca combinan con todo. Desde las de *skate* hasta las de bota, hay muchos tipos para elegir. Dibujarlas es sencillo: esboza todo el pie y crea la silueta básica de la zapatilla. Después, añade la lengüeta y los cordones y, por último, el logotipo inconfundible de la marca.

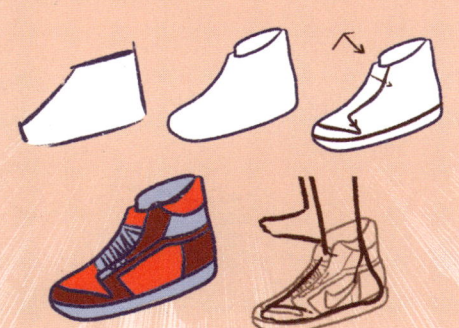

PANTALONES CARGO

Los pantalones largos y holgados son una de las señas de identidad de la moda urbana, pero si les añades uno o varios bolsillos, tu personaje manga ganará credibilidad y podrá meter las manos en ellos para completar su pose.

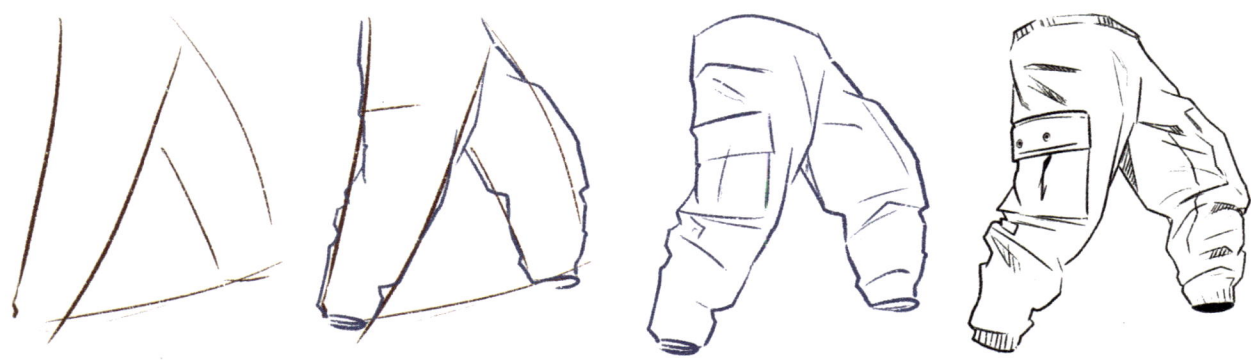

1 Esboza un bolsillo con líneas sencillas para marcar un bolsillo lateral o la posición de un bolsillo de parche exterior.

2 Ahora puedes añadir los detalles. Cuantos más incluyas, más complejo parecerá tu dibujo. Esboza solapas de bolsillo, botones convencionales o a presión, correas, hebillas y cremalleras.

3 Además de los detalles de los bolsillos, añade pliegues y arrugas en la tela. Piensa en la anatomía que hay debajo de los pantalones y añade arrugas alrededor de las rodillas dobladas o pliegues en los elásticos de los tobillos.

EL BOLSILLO

Para hacer un bolsillo debes dibujar por capas. Piensa en los distintos elementos como si fueran figuras geométricas. Empieza por la capa base del bolsillo de parche y añade una solapa o las costuras, con capas adicionales para correas o hebillas en la parte superior.

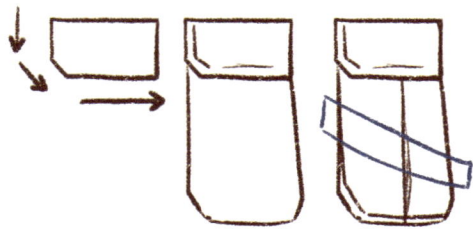

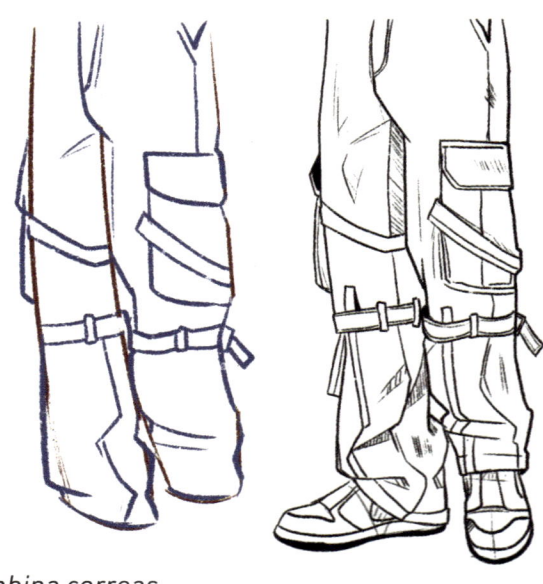

Combina correas, hebillas y bolsillos.

GORRA DE BÉISBOL

Una gorra de béisbol puede definir el *look* global de tu personaje. Inconfundible por la visera rígida y los paneles, puedes dibujarla ajustada, holgada y con la visera recta o curvada. Sigue estos consejos para conseguir una forma y un ajuste realistas.

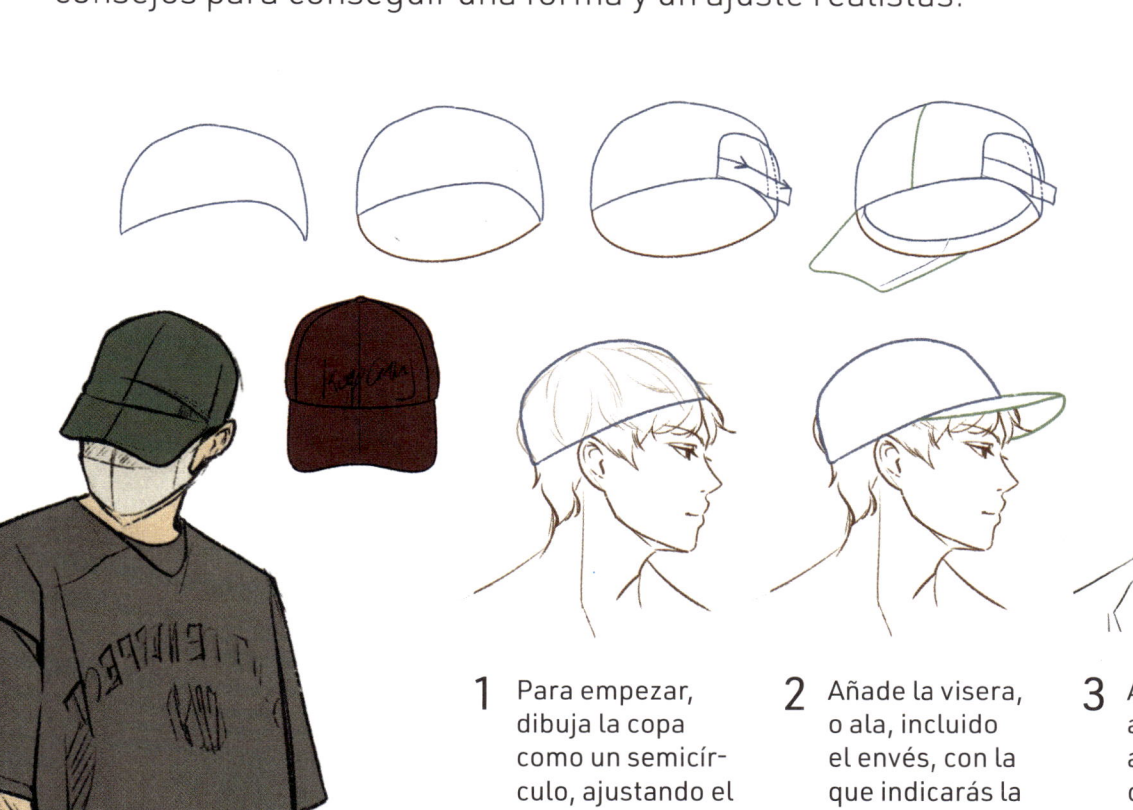

1 Para empezar, dibuja la copa como un semicírculo, ajustando el tamaño a la parte superior de la cabeza.

2 Añade la visera, o ala, incluido el envés, con la que indicarás la inclinación de la cabeza.

3 Ahora, añade algunos detalles adicionales: dibuja costuras dobles verticales para los paneles de la parte superior de la gorra y una correa para ajustarla en la parte posterior.

SECRETO DEL ARTE MANGA

La utilización de una referencia, como una fotografía o una ilustración, es una forma estupenda de practicar el dibujo de temas complicados, como la ropa, y contribuirá al progreso de tus dibujos.

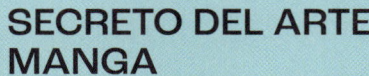

GORRO DE PESCADOR

Los sombreros pueden cambiar completamente el *look*, ya que dotan de estilo y personalidad al personaje. Hay muchas formas y modelos para elegir (consulta la página 23 para ver las gorras de béisbol), algunos más informales que otros, así que cuando dibujes ropa urbana, combínalos cuidadosamente con la ropa para que la complementen a la perfección.

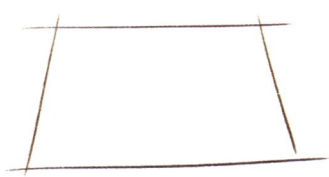

1 Para empezar, dibuja una figura trapezoidal.

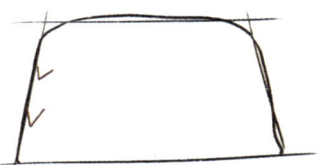

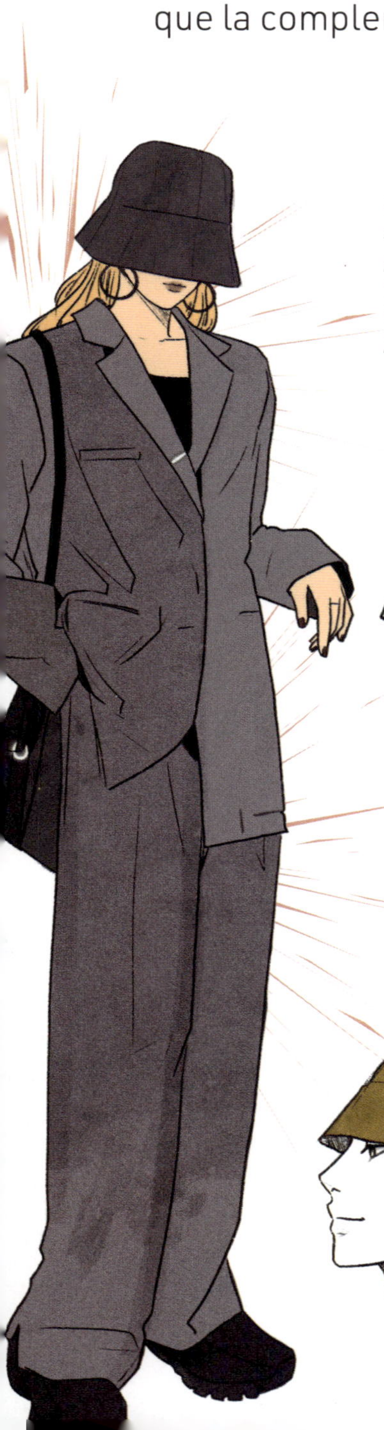

Cuando dibujes un sombrero, esboza primero la cabeza; obtendrás un resultado mucho más preciso.

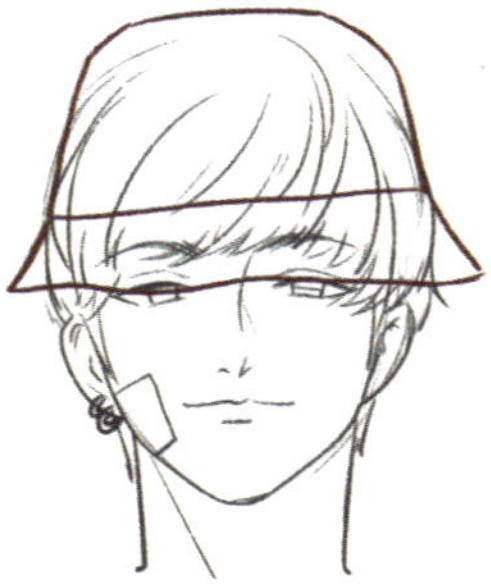

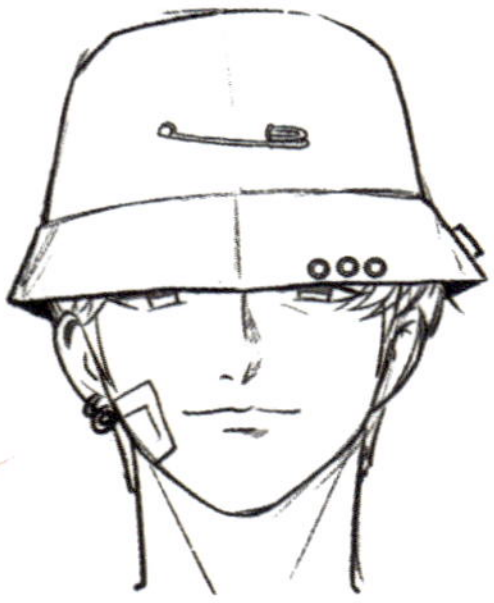

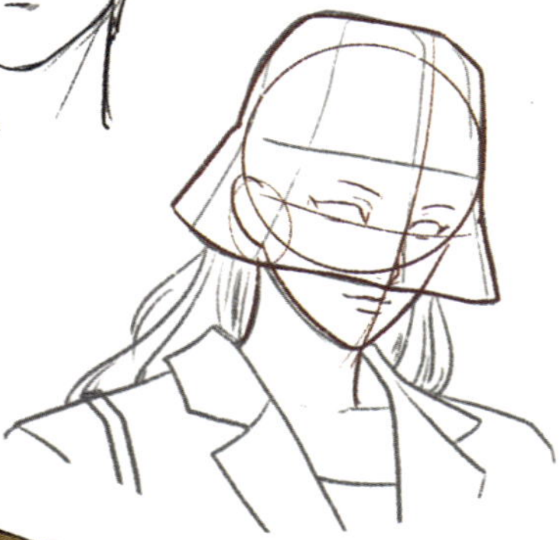

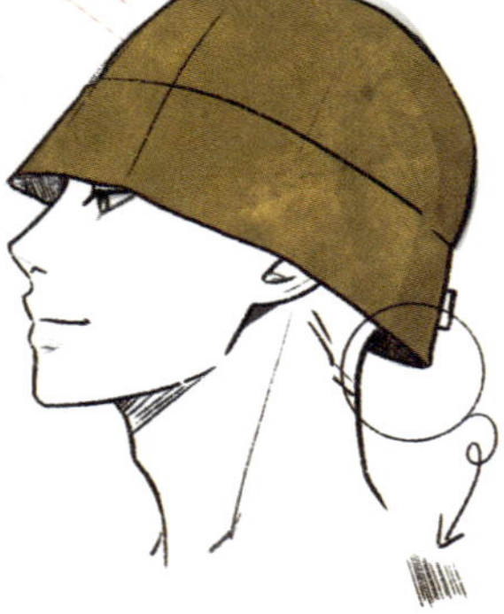

2 A continuación, modifica la figura suavizando las esquinas con una curva sutil.

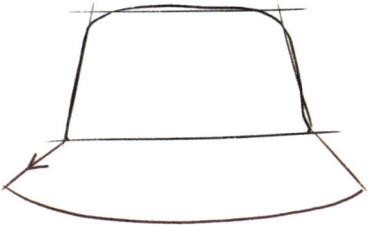

3 Ahora, añade el ala para dar forma al gorro. Si dibujas de arriba abajo conseguirás que las líneas queden más suaves en general.

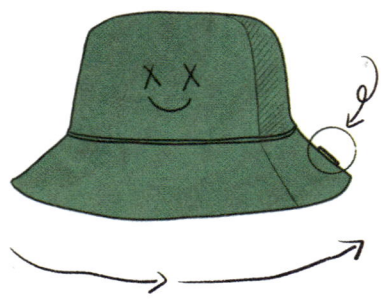

Añade sombra bajo el ala para crear profundidad.

4 Define la forma: suaviza el borde y la costura del gorro para darles un aspecto más natural y evita las líneas rectas.

GORRO DE LANA

Un gorro de lana moderno es relativamente sencillo de dibujar y puede realzar en gran medida el estilo urbano de un personaje. Hay que tener en cuenta dos cosas importantes: ajustar el tamaño del gorro a la cabeza y amoldar las líneas acanaladas a la misma para que permitan adivinar la forma que hay debajo.

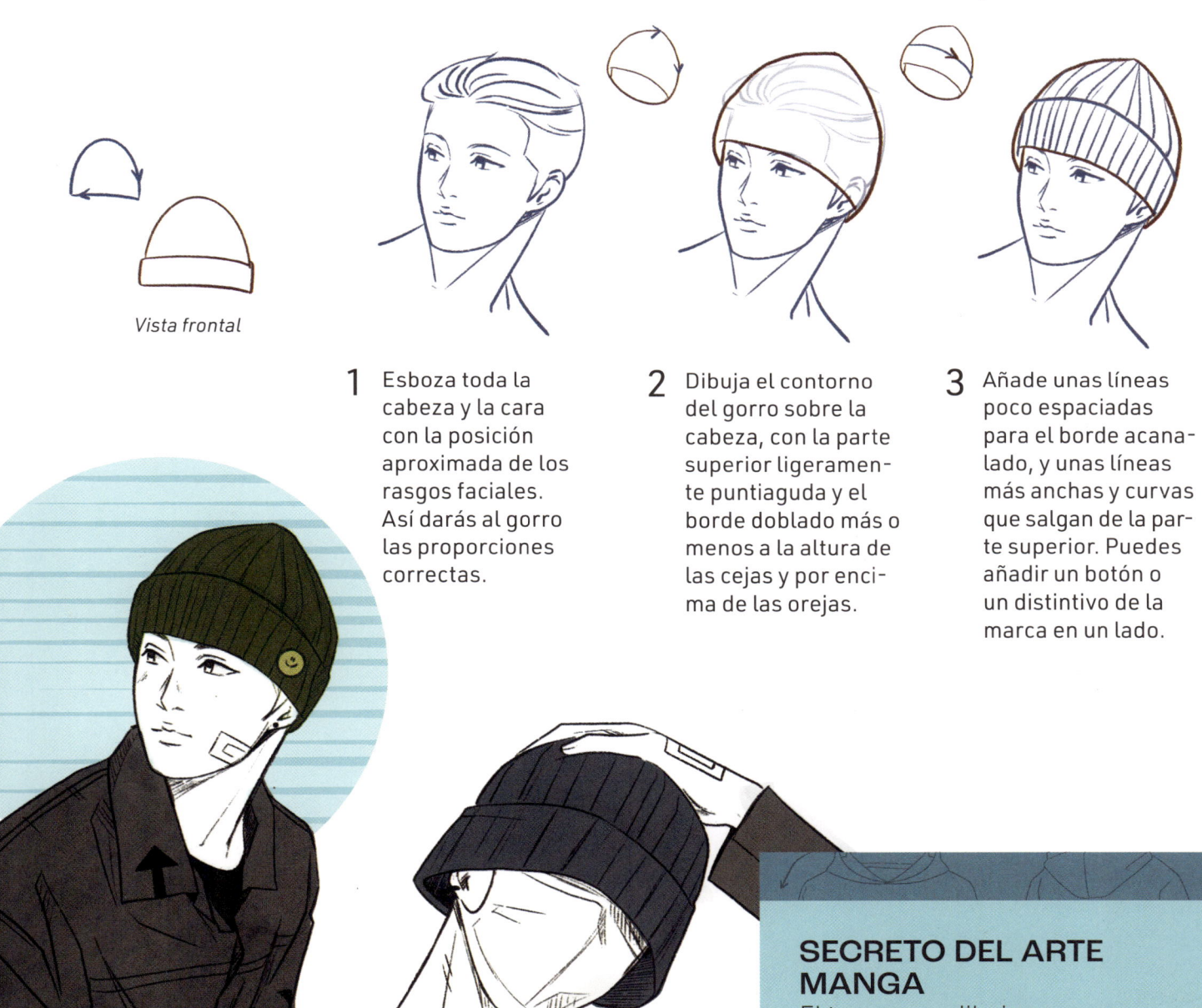

Vista frontal

1 Esboza toda la cabeza y la cara con la posición aproximada de los rasgos faciales. Así darás al gorro las proporciones correctas.

2 Dibuja el contorno del gorro sobre la cabeza, con la parte superior ligeramente puntiaguda y el borde doblado más o menos a la altura de las cejas y por encima de las orejas.

3 Añade unas líneas poco espaciadas para el borde acanalado, y unas líneas más anchas y curvas que salgan de la parte superior. Puedes añadir un botón o un distintivo de la marca en un lado.

SECRETO DEL ARTE MANGA

El truco para dibujar gorros, ya sean de lana o de pescador, es tomar como punto de partida la forma de la cabeza.

CHAQUETAS PERSONALIZADAS

Puede ser muy divertido dibujar chaquetas que reflejen algo de la personalidad de tu personaje. Añade insignias, logotipos y tipografía en las partes anterior y posterior y en las mangas. Juega con los diseños y crea distintas combinaciones que mejoren el *look* general de tu personaje.

Coge una chaqueta básica o una cazadora de béisbol (derecha) y da rienda suelta a tu creatividad. Tú tienes el control sobre el diseño, así que personalízalo con letras sencillas, utilizando los paneles de delante para conseguir efectos atrevidos. Recuerda que debes seguir la caída de la tela e incorporar pliegues al dibujo.

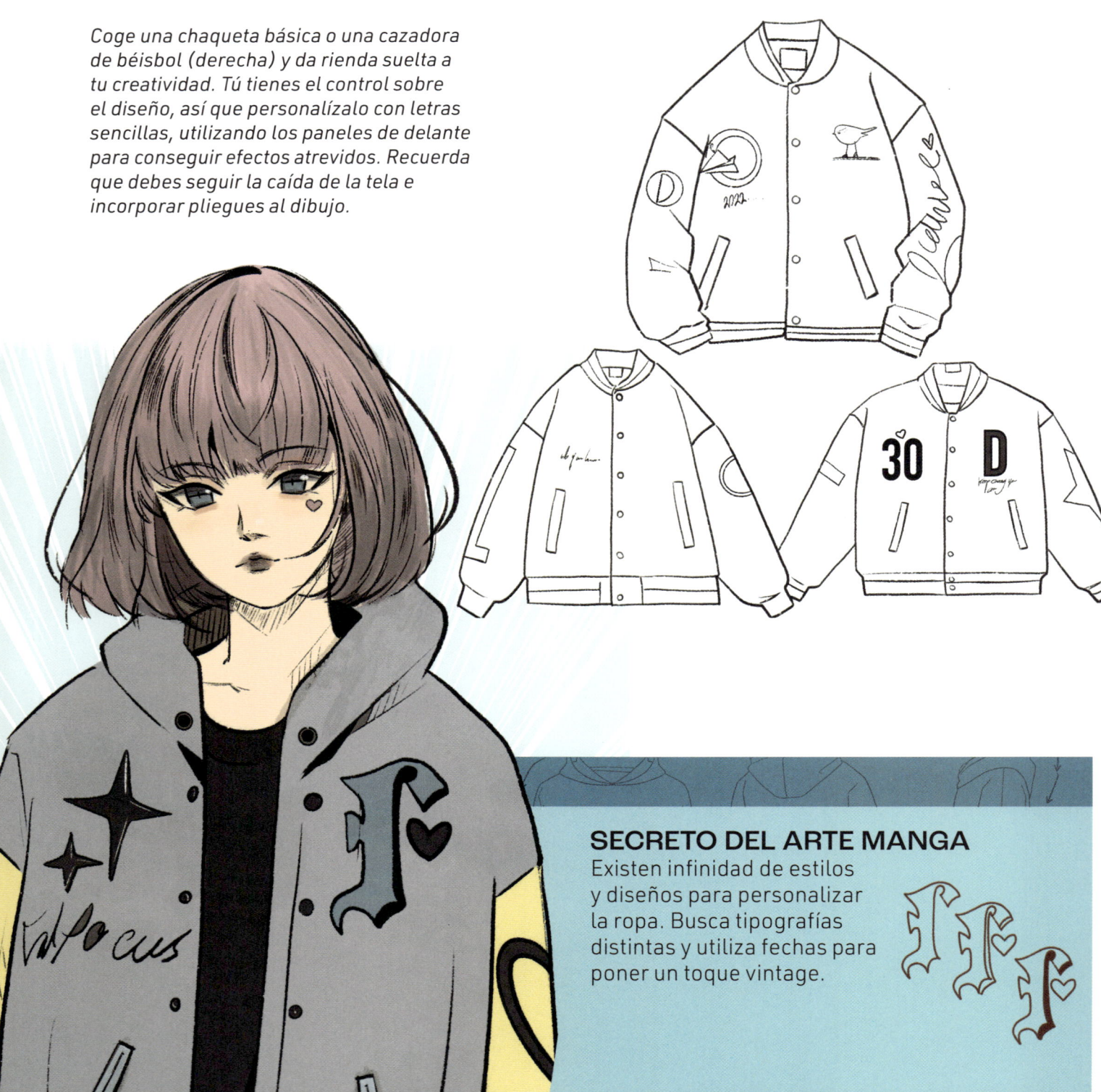

SECRETO DEL ARTE MANGA
Existen infinidad de estilos y diseños para personalizar la ropa. Busca tipografías distintas y utiliza fechas para poner un toque vintage.

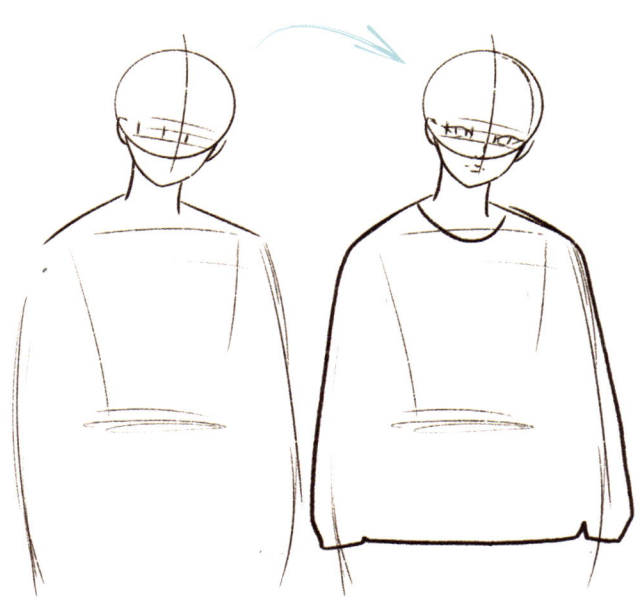

1 Para empezar, haz un esbozo de la pose, incluida la cabeza. Los hombros y el cuello, así como la inclinación de la cabeza, contribuyen a dar una sensación de naturalidad a las dimensiones de la chaqueta.

2 Esboza el contorno global de la chaqueta, manteniendo una forma sencilla que delimite las mangas, el cuello y el dobladillo, de modo que las proporciones sean correctas con relación al cuerpo y los brazos que hay debajo. Recuerda que la chaqueta es bastante voluminosa, así que deja algo de «espacio» fuera de los brazos y el torso.

3 Ahora puedes empezar a añadir los detalles. En este tipo de chaquetas, las costuras de las mangas son caídas o van al hombro, y a menudo presentan un elástico en el bajo y los puños. Las cazadoras bomber también incorporan un elástico en el cuello, pero yo he personalizado la mía para que lleve capucha.

4 En este punto, la chaqueta puede adornarse con insignias y diseños que reflejen la personalidad de tu personaje manga.

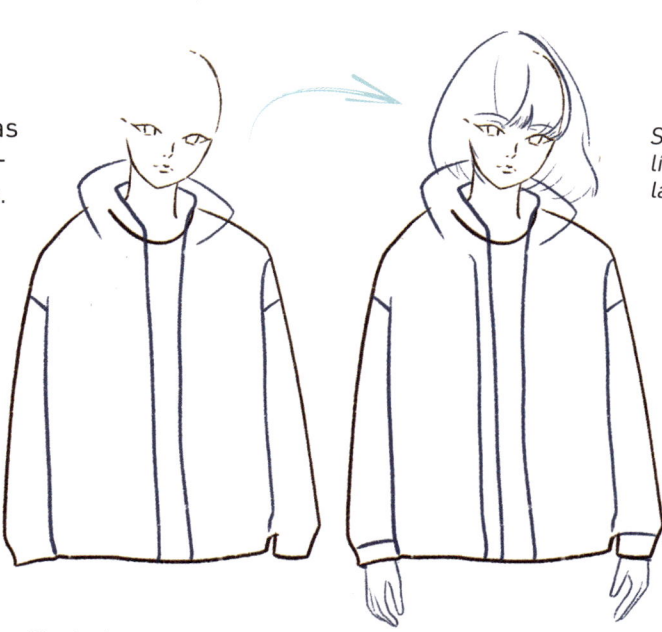

Sigue la forma de la línea del cuello para la capucha doblada.

Para terminar, he dibujado un corazón pequeño en la parte frontal y otros dos, bastante más grandes, en la manga.

He añadido la inicial del nombre de mi personaje en la parte posterior de la chaqueta. He elegido un tipo de letra artístico y, para darle un aspecto más interesante, lo he sombreado para darle un efecto 3D que hará que destaque más.

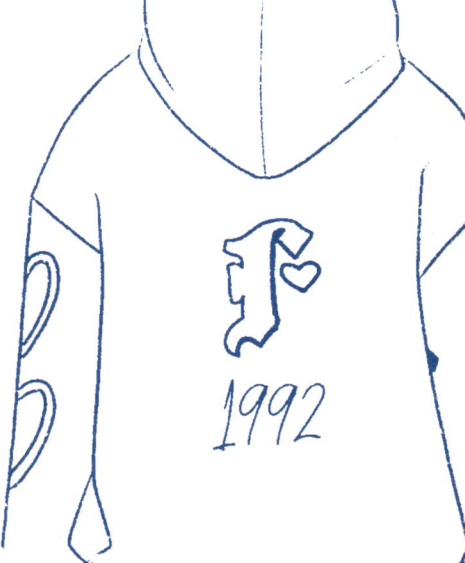

SUDADERAS CON CAPUCHA

Una sudadera con capucha es una prenda imprescindible para prácticamente cualquier estilo. Por lo general, está confeccionada con un tejido cómodo, y la capucha no solo le da un toque moderno, sino que también protege de las inclemencias del tiempo. En el manga, puedes añadir interés y variedad con gráficos en las partes anterior y posterior de la sudadera, y combinarla con cualquier prenda, desde vaqueros hasta pantalones cortos.

CAPUCHAS

Dibujar una capucha puede parecer un poco difícil al principio debido a las diferentes formas que crea cuando se ve desde un ángulo u otro, y en función de si el personaje lleva puesta la capucha o no. Practica con una referencia, ya sea unas fotografías o tu propia sudadera con capucha. Primero, haz un esbozo general y, luego, añade la abertura del cuello en proporción con el cuerpo.

Añade unas líneas descriptivas para las capas de pliegues y las costuras.

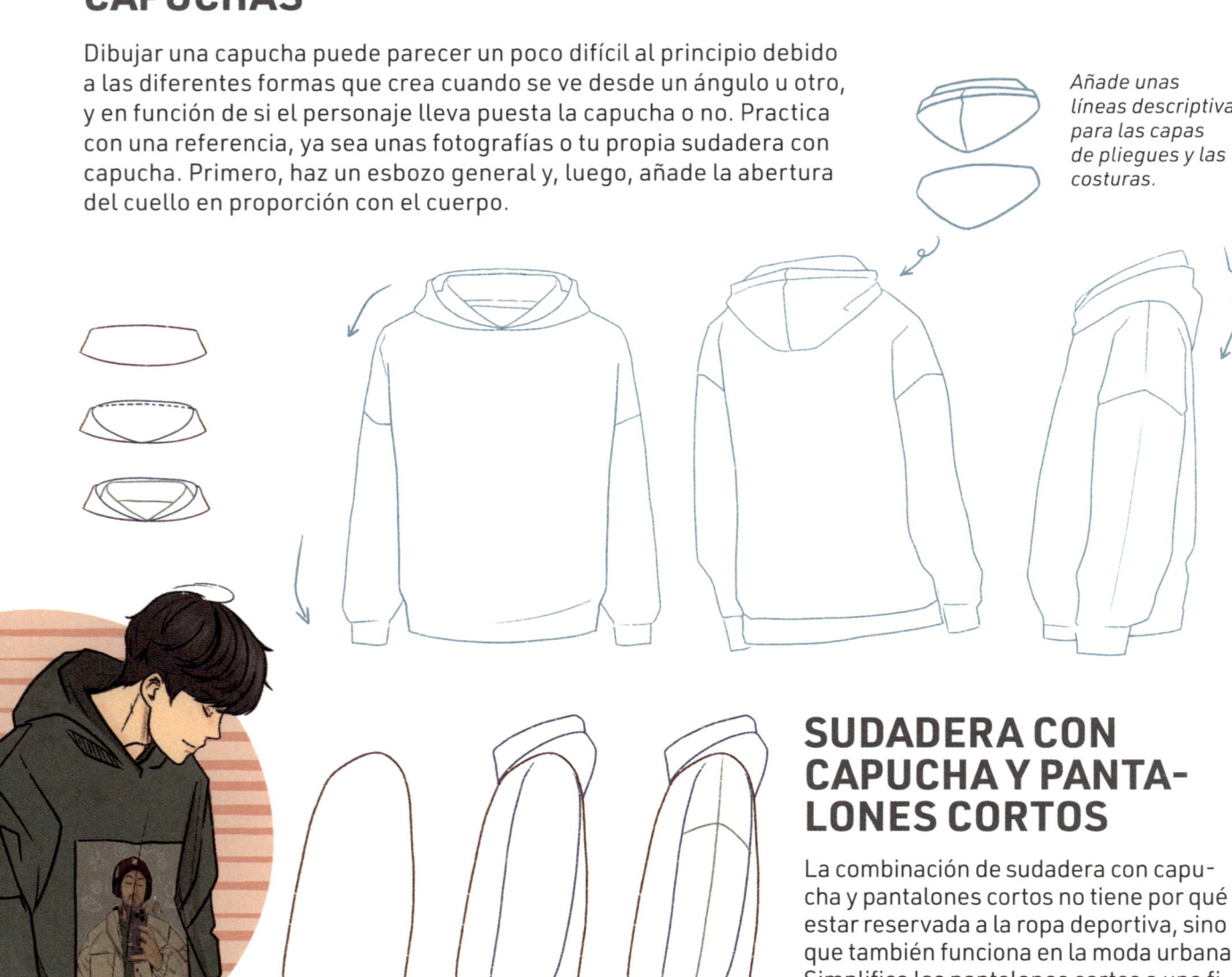

SUDADERA CON CAPUCHA Y PANTALONES CORTOS

La combinación de sudadera con capucha y pantalones cortos no tiene por qué estar reservada a la ropa deportiva, sino que también funciona en la moda urbana. Simplifica los pantalones cortos a una figura geométrica básica (consulta la página 122). Vista de lado, la forma de la sudadera con capucha debe seguir el ángulo del pecho, con las mangas y los hombros redondeados, para sugerir un tejido grueso.

SUDADERA CON CAPUCHA BÁSICA

Una sudadera con capucha es una versión más gruesa de una camiseta de manga larga (consulta la página 38), con un corte holgado que mantiene su propia forma en lugar de seguir el torso. Una vez dibujada la forma básica, añade el contorno de la abertura de la capucha, procurando que las proporciones coincidan con las de la abertura del cuello. Vista de frente, la abertura tiene forma de rombo redondeado. Ya puedes añadir los detalles, como un bolsillo frontal, cordones y elásticos en el bajo y los puños. Para que tu sudadera tenga un estilo inconfundiblemente urbano, adórnala con imágenes o logotipos.

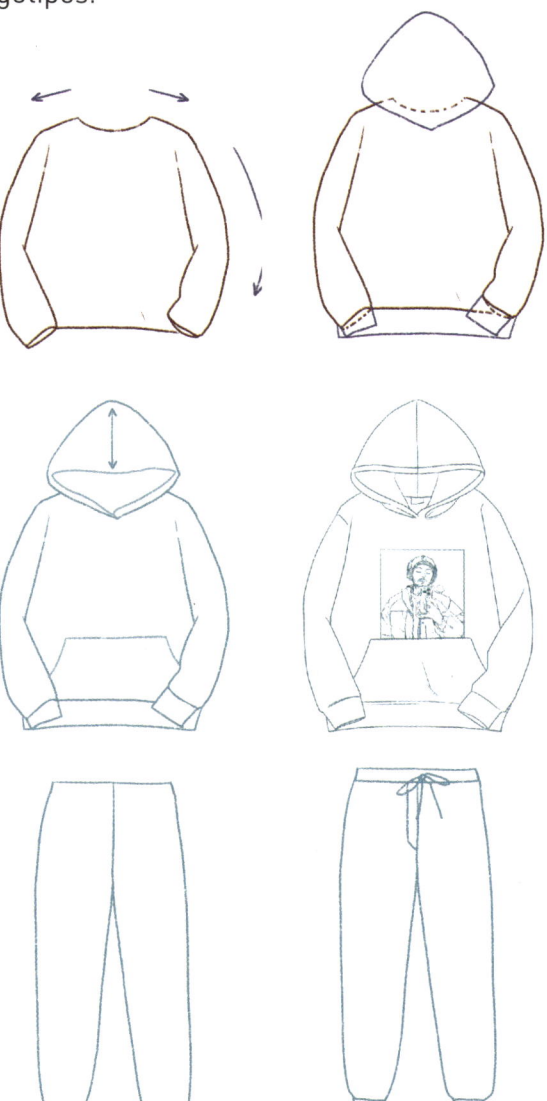

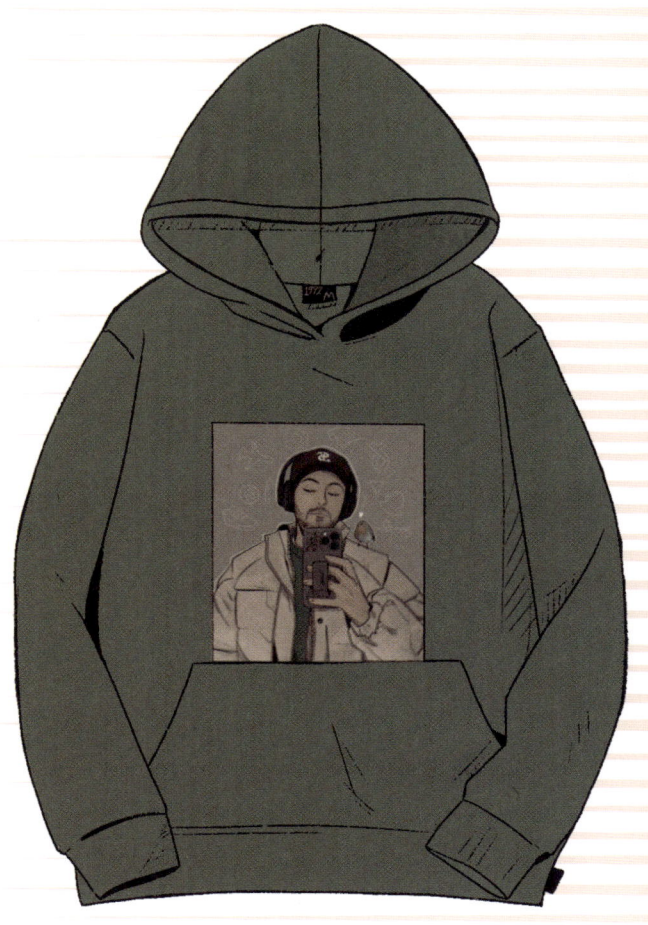

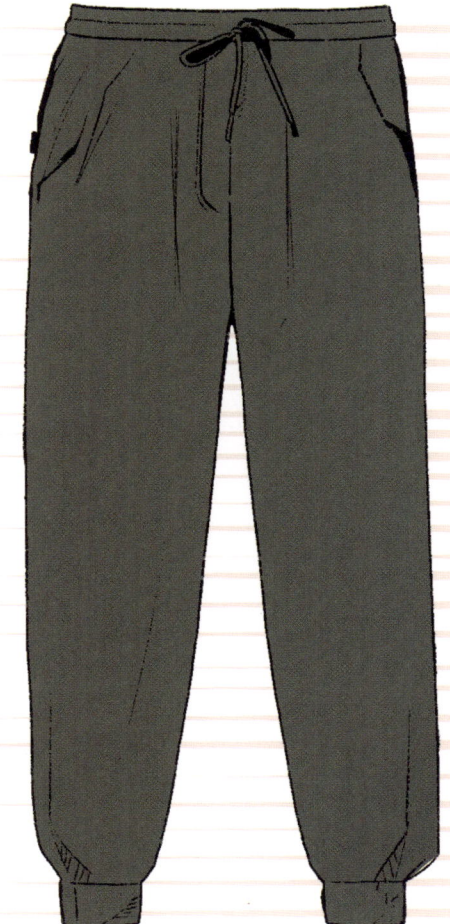

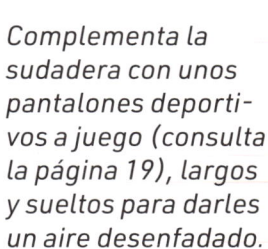

Complementa la sudadera con unos pantalones deportivos a juego (consulta la página 19), largos y sueltos para darles un aire desenfadado.

Dibuja una chaqueta básica para personalizarla con insignias (consulta las páginas 26-27). Utiliza fechas, iniciales o motivos que se adapten a tu personaje manga.

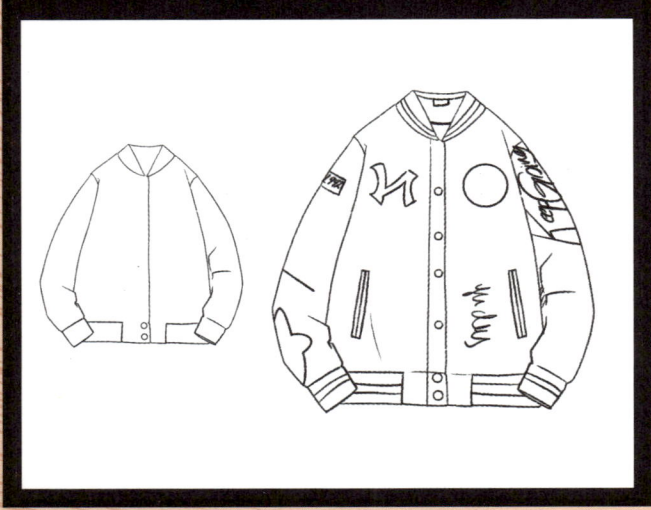

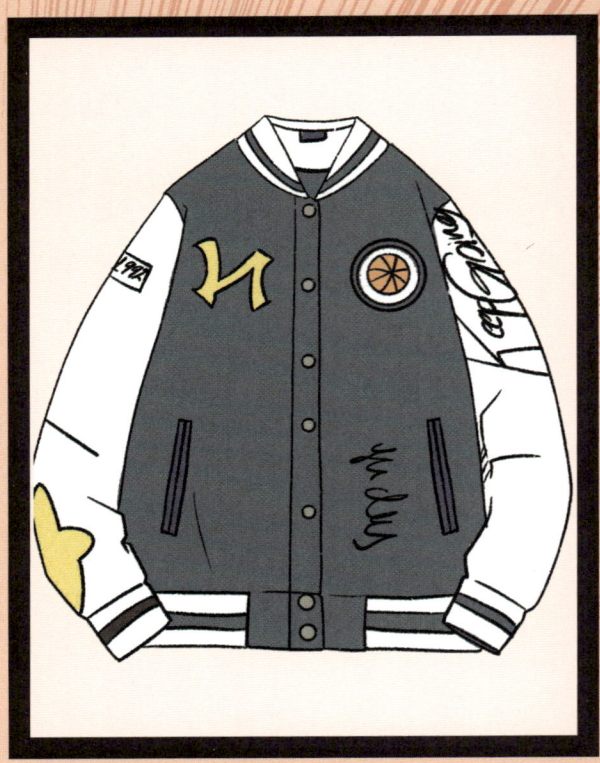

RESUMEN DEL EJERCICIO

Las señas de identidad de la moda urbana son la sobriedad y las prendas *oversize*. Haz estos ejercicios rápidos para conjuntar chaquetas y pantalones, y remata el combinado con un gorro, uno de los accesorios imprescindibles del estilo urbano.

Haz el ejercicio de la página 22 para dibujar unos pantalones anchos que complementen otras prendas urbanas.

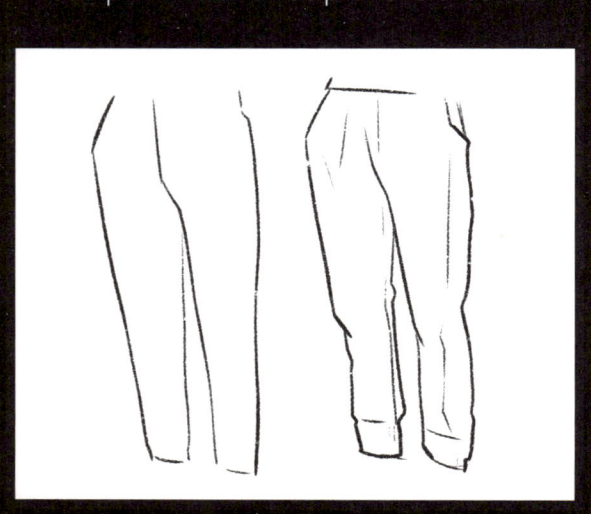

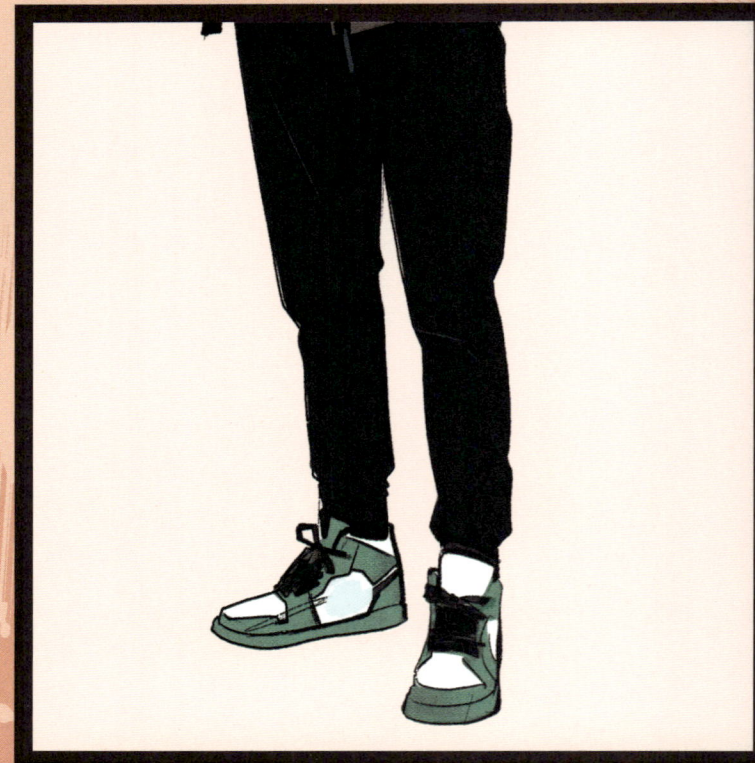

Diviértete experimentando con distintos tipos de sombreros. Empieza con el gorro de pescador de la página 24 a modo de guía y adáptalo a tus propios diseños.

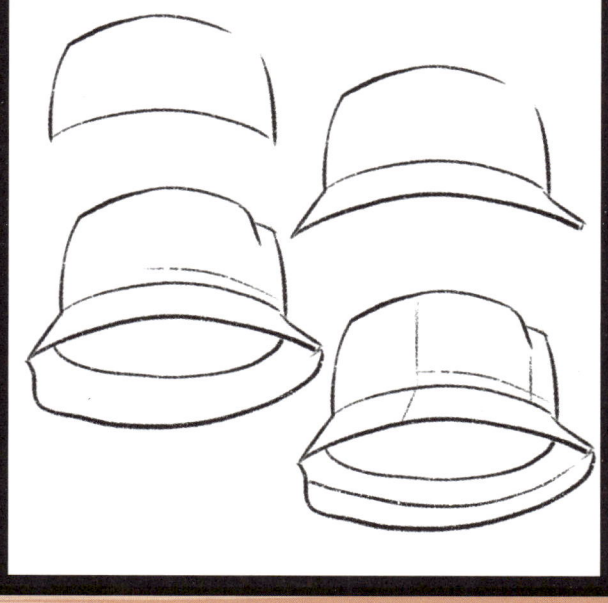

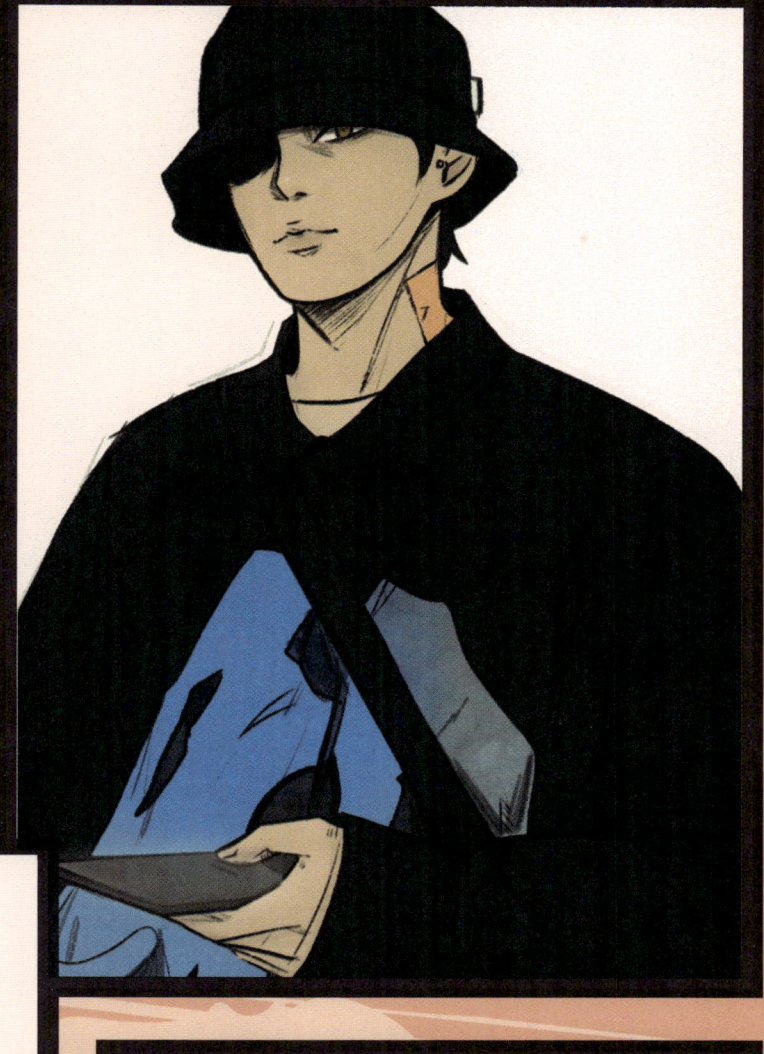

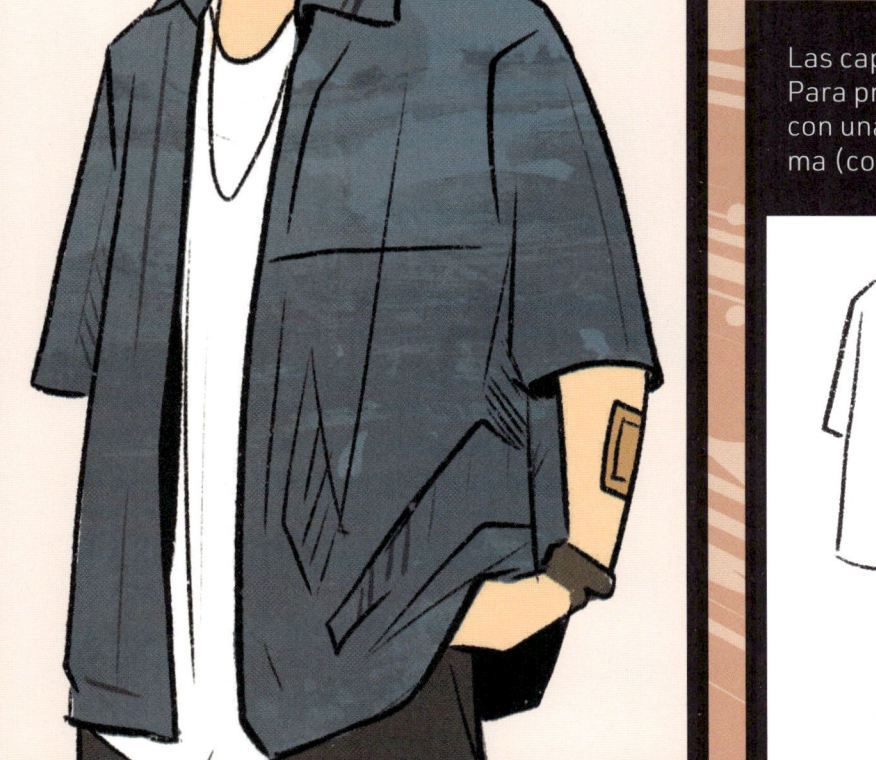

Las capas son la clave de la moda urbana. Para practicar, dibuja una camiseta ajustada con una camisa de manga corta básica encima (consulta la página 20).

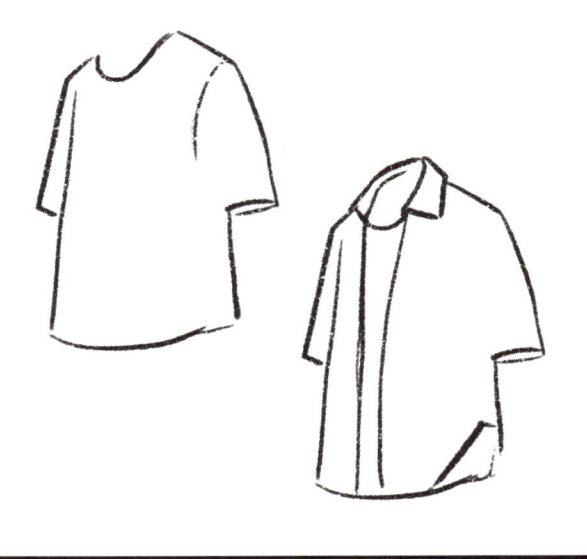

2.

ROPA INFORMAL

La ropa informal tiene una sencillez y una universalidad que la distinguen de otras tendencias. Un conjunto formado por unos vaqueros, una camiseta y unas zapatillas deportivas resume este estilo y hará que tu personaje parezca relajado y distendido.

PRÁCTICA
CÓMODA
MINIMALISTA
DESENFADADA
UNIVERSAL

DISTENDIDA
RELAJADA
VERSÁTIL
CONJUNTADA
DE DIARIO

DESPREOCUPADA
SENCILLA

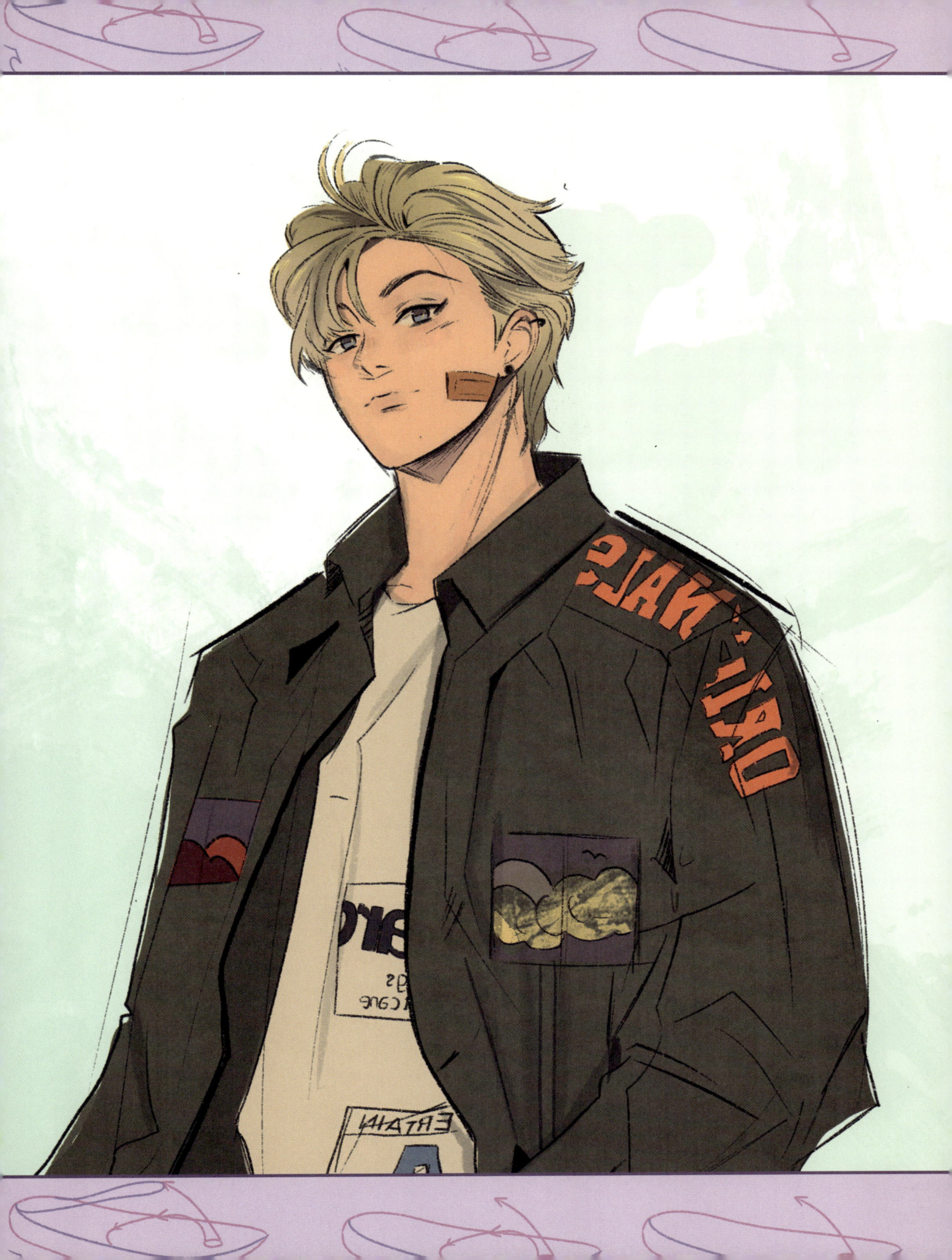

CAMISETAS DE MANGA CORTA

Las camisetas definen el estilo informal. Son una prenda con la que todos estamos familiarizados, y algo que solemos llevar a diario, ya sea estampada o lisa, ajustada u holgada. Suelen ser muy fáciles de dibujar y combinan con diversos atuendos, ya sea como capa básica o metidas por dentro de unos vaqueros para conseguir un *look* clásico.

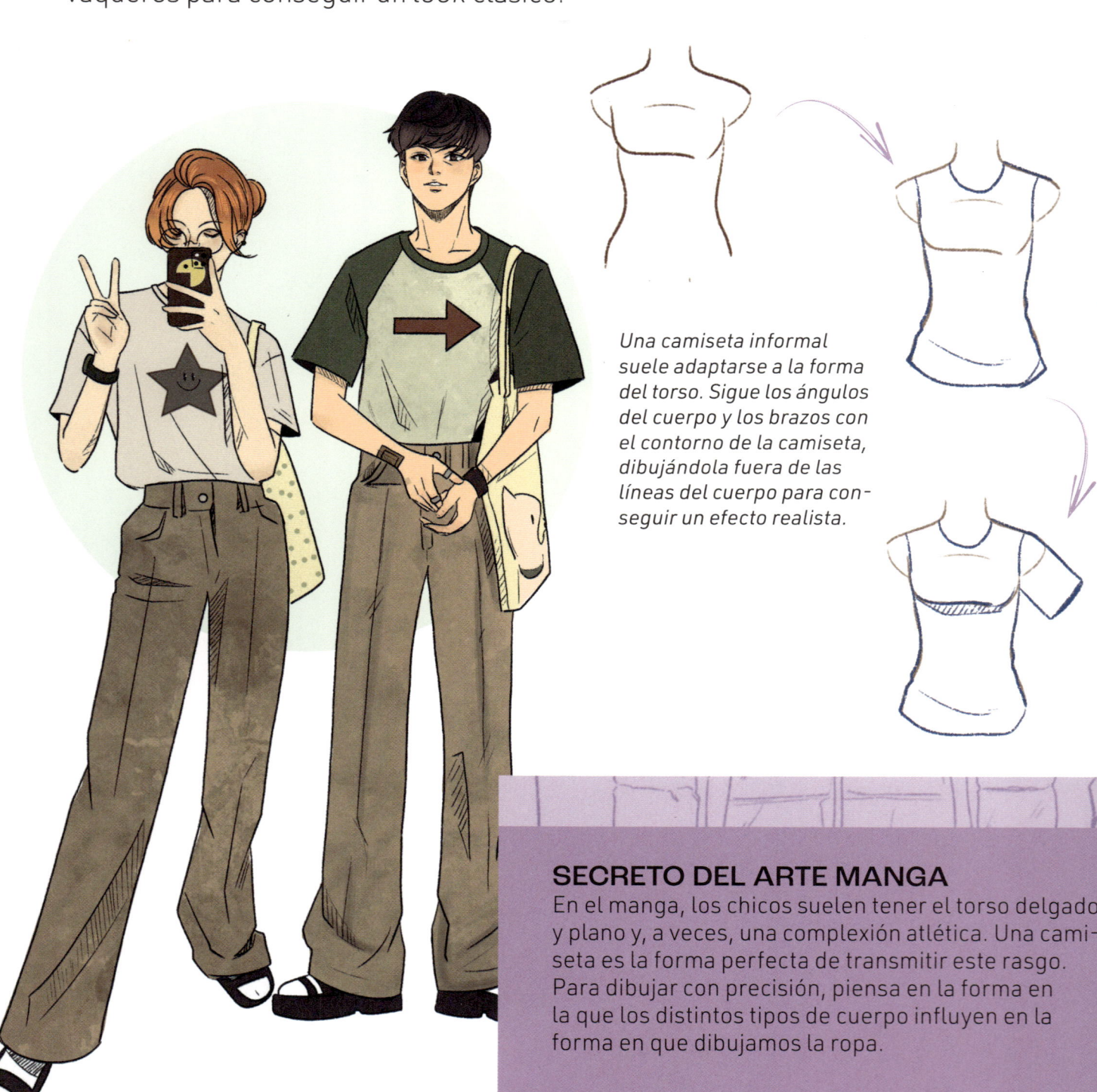

Una camiseta informal suele adaptarse a la forma del torso. Sigue los ángulos del cuerpo y los brazos con el contorno de la camiseta, dibujándola fuera de las líneas del cuerpo para conseguir un efecto realista.

SECRETO DEL ARTE MANGA

En el manga, los chicos suelen tener el torso delgado y plano y, a veces, una complexión atlética. Una camiseta es la forma perfecta de transmitir este rasgo. Para dibujar con precisión, piensa en la forma en la que los distintos tipos de cuerpo influyen en la forma en que dibujamos la ropa.

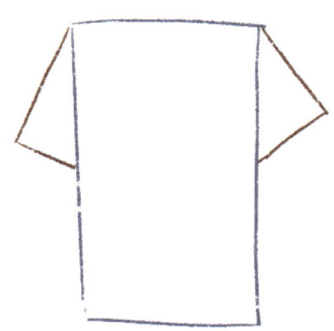 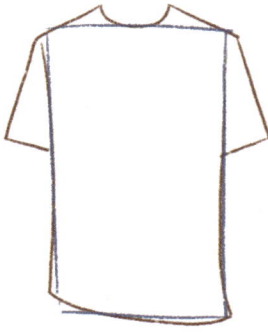 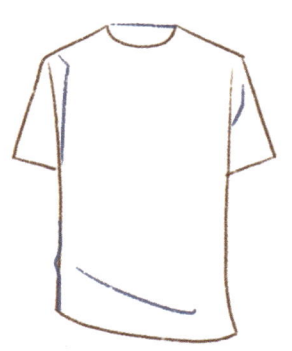 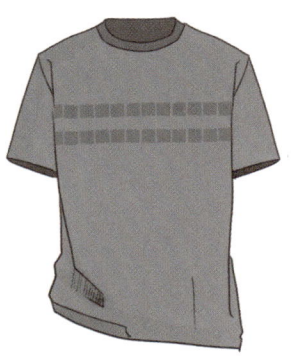

1 Para empezar, descompón la forma de la camiseta en sencillas figuras geométricas para el cuerpo y las mangas.

2 Añade el cuello e inclina el dobladillo para darle una forma más natural y redondeada.

3 Unas pocas líneas alrededor de las axilas y el dobladillo son todo lo que se necesita para sugerir los pliegues del tejido.

4 Los mismos principios se aplican a la hora de dibujar la parte posterior de una camiseta: es sencilla y fácil de llevar, ¡y de dibujar!

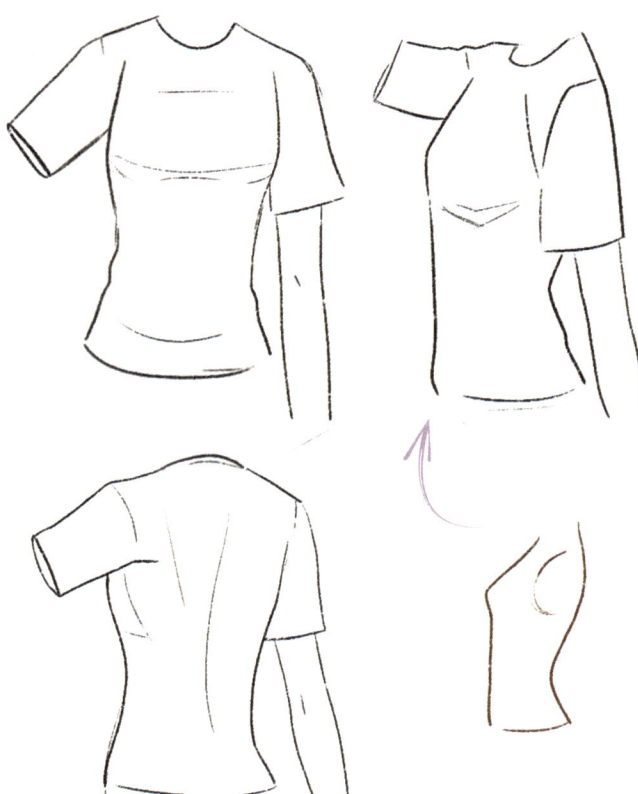

La camiseta presenta un diseño holgado, por lo que solo se necesita un boceto del cuerpo para empezar, que te dé una idea de la posición de los hombros y los brazos, y de las proporciones del cuerpo.

ACCESORIOS

Puedes crear un conjunto completo a partir de una camiseta. Aquí tienes algunos complementos que me gusta añadir a mis dibujos para conseguir un aire divertido y a la última en combinación con una camiseta básica.

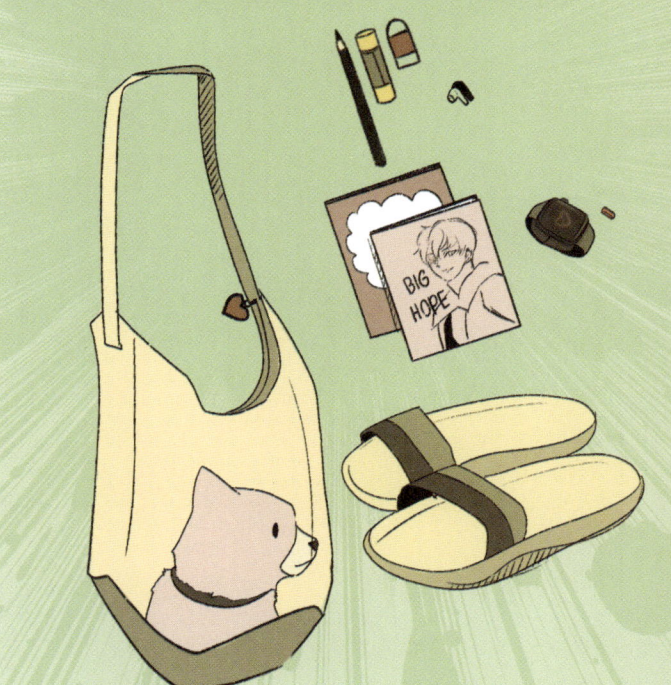

CALZADO INFORMAL

La comodidad y el estilo informal van de la mano, y algunas de las prendas que están más de moda son populares únicamente por su comodidad. Los zapatos sin cordones son lo último en calzado fácil de llevar. Incluye cualquier tipo de chanclas, zapatos destalonados, sandalias y zuecos en tus dibujos, y tu personaje tendrá al instante un aire moderno y relajado.

CHANCLAS

1 Si tu personaje lleva chanclas, la mayor parte del pie quedará a la vista, así que primero tienes que aprender a dibujar los pies con precisión. Para empezar, dibuja un pie plano apoyado en el suelo para utilizarlo como referencia.

2 A partir de la forma del pie, dibuja el contorno de la huella, procurando que quede con la orientación correcta y que el talón y la planta parezcan estar en contacto con el suelo.

3 Dibuja ahora la chancla, dándole profundidad a lo largo y estrechándola en los dedos para acentuar la forma del zapato.

4 Añade las tiras, empezando por la del medio. Dale altura y dibuja las tiras laterales en la posición correcta para que se curven alrededor del pie.

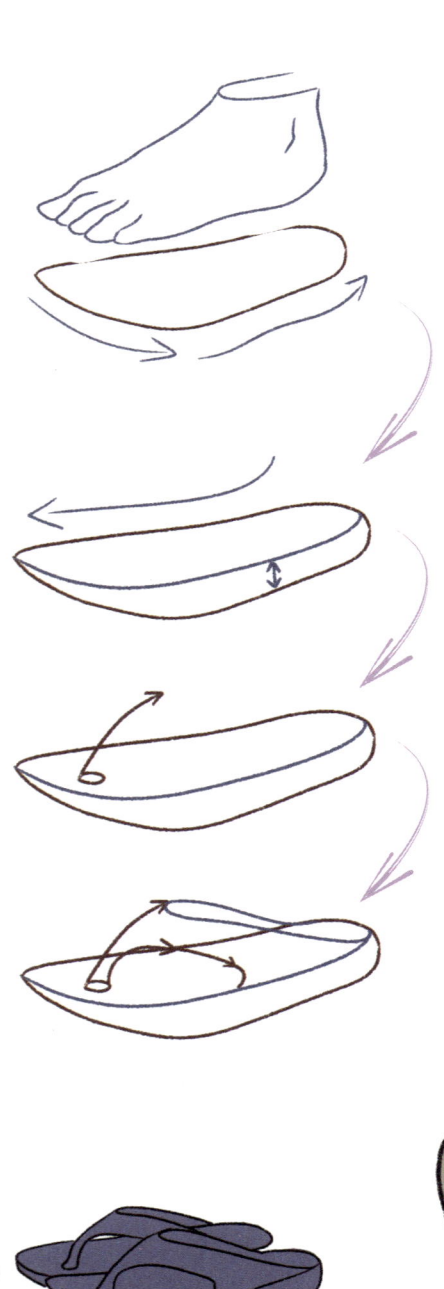

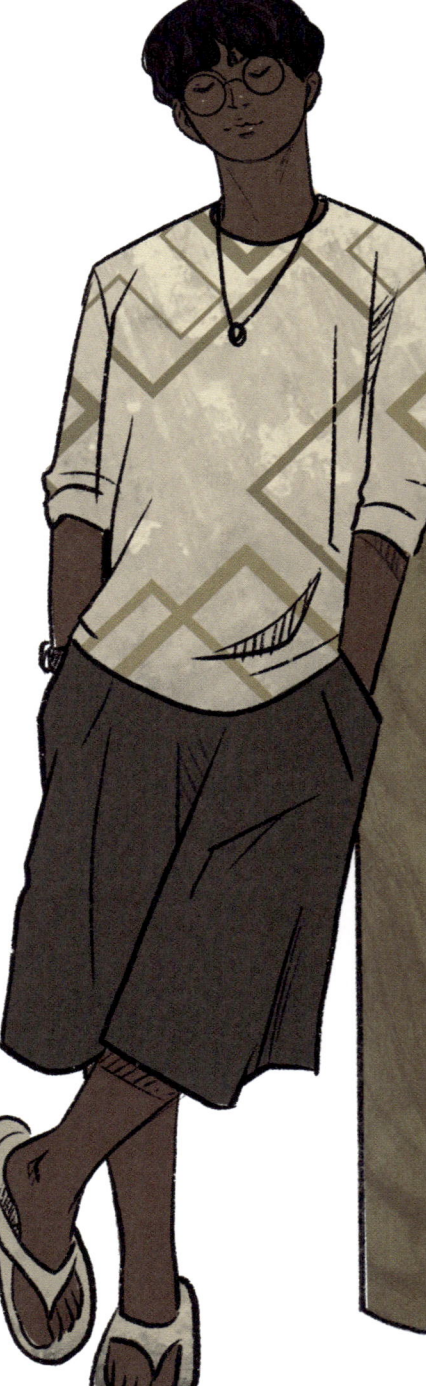

Las chanclas añaden el toque perfecto a este look relajado combinado con pantalones cortos anchos y una pose desenfadada.

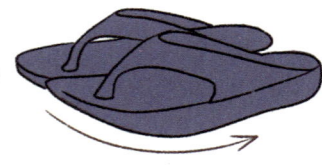

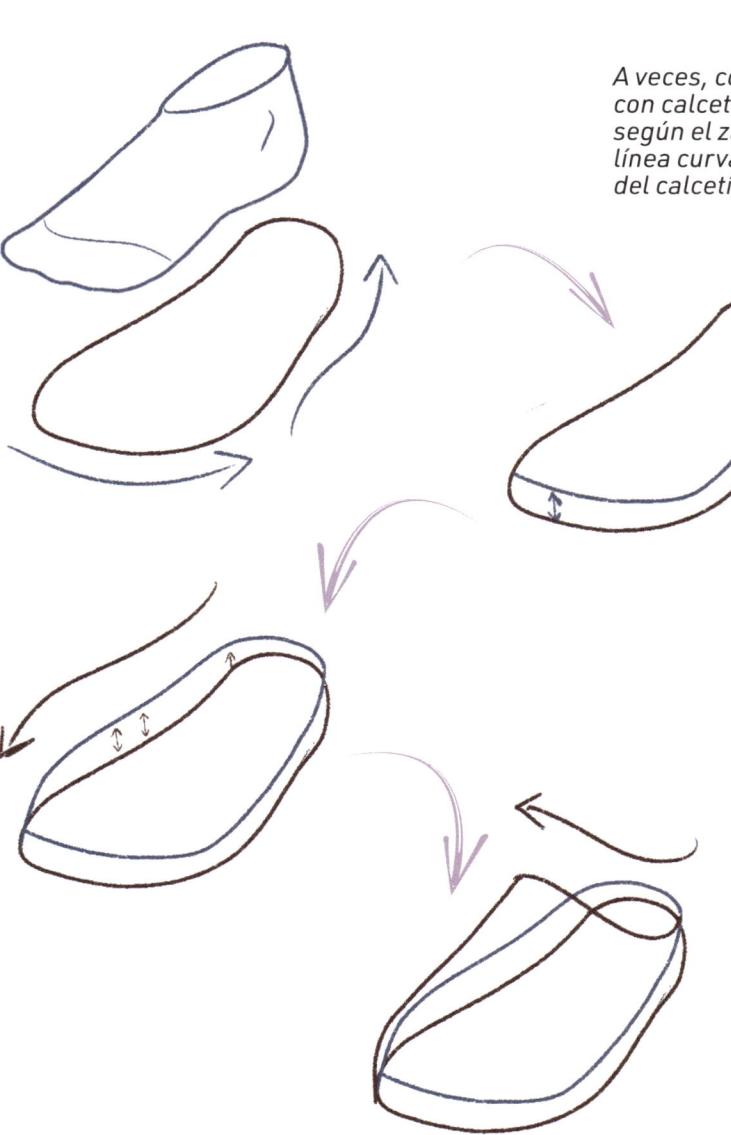

A veces, combinar calzado informal con calcetines puede estar de moda, según el zapato. Basta con trazar una línea curva en la pierna, a la altura del calcetín.

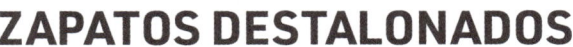

ZAPATOS DESTALONADOS

La puntera cerrada de los zapatos destalonados, los zuecos y las zapatillas es relativamente fácil de dibujar, ya que no hay que preocuparse de añadir los dedos. El cómodo calzado con el talón al descubierto es unisex y puede llevarse con pantalones, vaqueros, pantalones cortos y faldas. Sigue los mismos principios que para dibujar una chancla o unas sandalias, empezando por la huella que coincida con la posición de los pies y añadiendo una suela y un empeine que dejen el tobillo al descubierto.

SANDALIAS

Las sandalias son algo más fáciles de dibujar que las chanclas, ya que solo hay que añadir una banda continua en la parte superior del pie. Empieza siempre por la posición y la orientación de los pies, y guíate por la huella para añadir la suela. ¡No te olvides de dibujar los dedos de los pies!

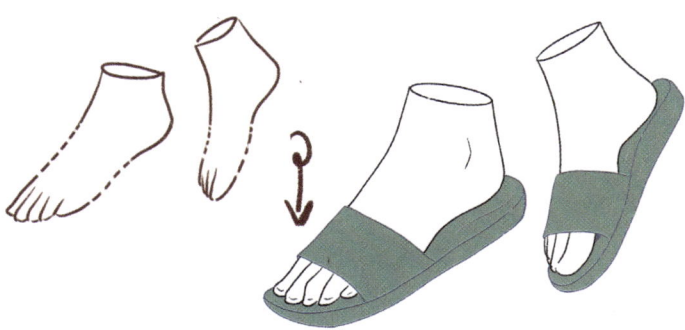

SECRETO DEL ARTE MANGA
Al dibujar un personaje manga, puedes definir su estilo individual de forma sutil. Por ejemplo, si añades suelas gruesas al calzado, la figura ganará altura y también cierto aire urbano.

CAMISETAS DE MANGA LARGA

Un *look* informal debería parecer un estilo de vestir sin complicaciones, y la camiseta de manga larga cumple este requisito a la perfección. Normalmente confeccionadas con tejidos suaves y un corte holgado y cómodo que se adapta a los movimientos, funcionan por sí solas o debajo de una chaqueta.

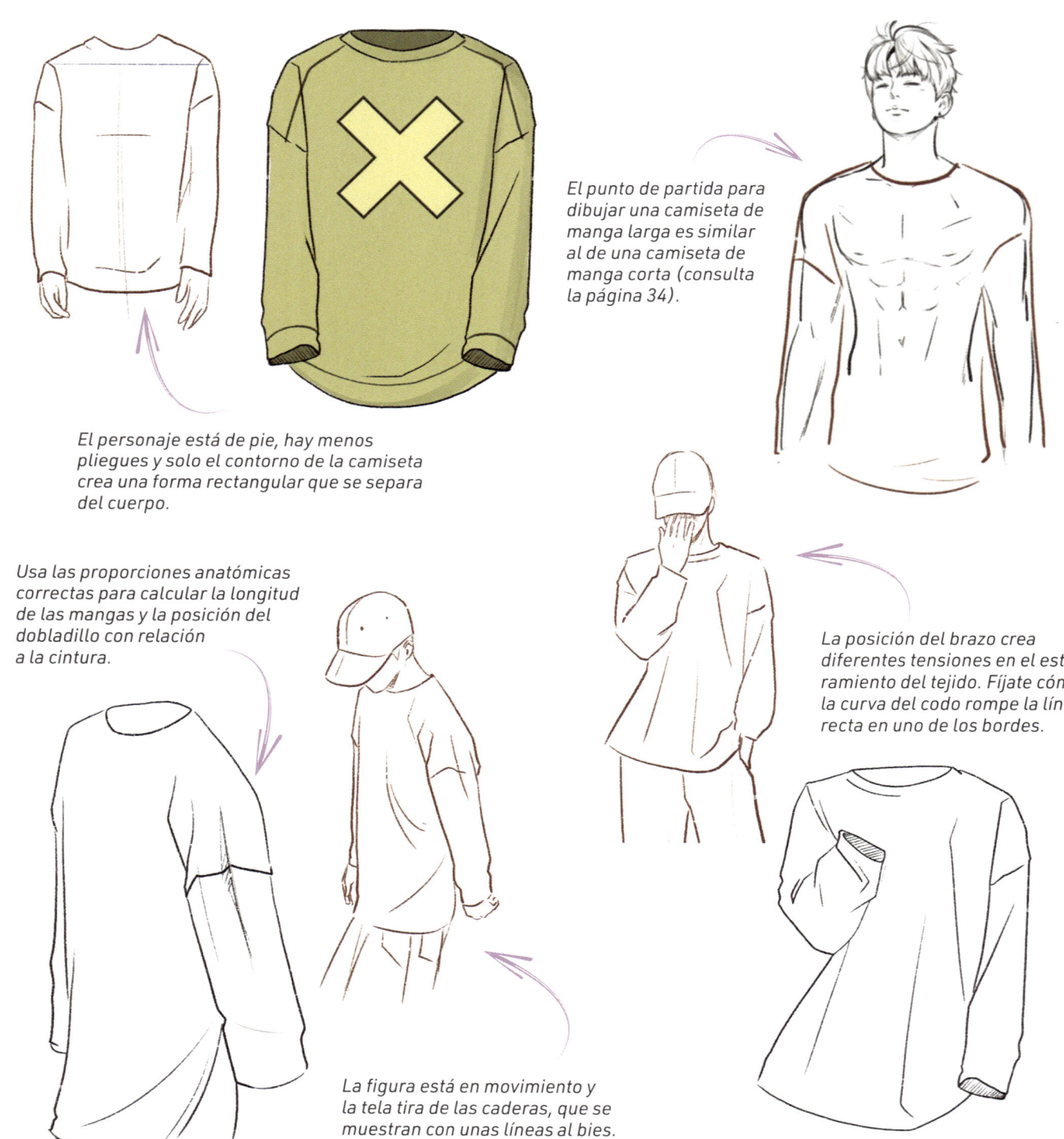

El punto de partida para dibujar una camiseta de manga larga es similar al de una camiseta de manga corta (consulta la página 34).

El personaje está de pie, hay menos pliegues y solo el contorno de la camiseta crea una forma rectangular que se separa del cuerpo.

Usa las proporciones anatómicas correctas para calcular la longitud de las mangas y la posición del dobladillo con relación a la cintura.

La posición del brazo crea diferentes tensiones en el estiramiento del tejido. Fíjate cómo la curva del codo rompe la línea recta en uno de los bordes.

La figura está en movimiento y la tela tira de las caderas, que se muestran con unas líneas al bies.

La mayoría de las camisetas de manga larga tienen un diseño similar de cuello redondo y los puños y el dobladillo pespunteados. Las costuras de las mangas pueden ir por debajo del hombro o ser interiores si las mangas son de un color que contraste. Estos pequeños detalles son todo lo que necesitas para convertir un simple esbozo en una prenda realista.

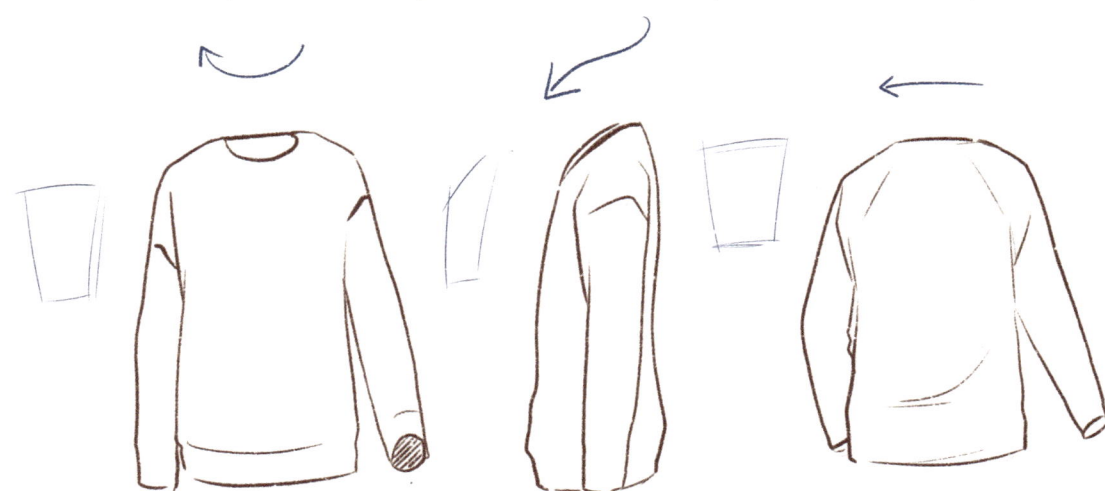

La abertura del cuello difiere según la vista: es redondeada cuando se ve de frente, como una hendidura en ángulo vista de perfil, y como una línea casi horizontal cuando se ve desde atrás.

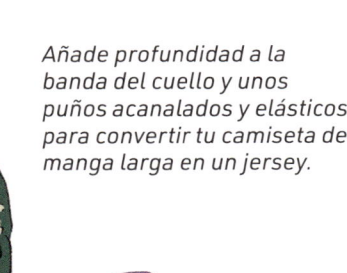

Añade profundidad a la banda del cuello y unos puños acanalados y elásticos para convertir tu camiseta de manga larga en un jersey.

Haz un boceto del contorno del cuerpo y de la pose. Utiliza estas guías para definir el corte general y la forma de la parte superior. Cuanto más ajustada sea la prenda, más influirá el cuerpo en el tejido y más detallado será el dibujo.

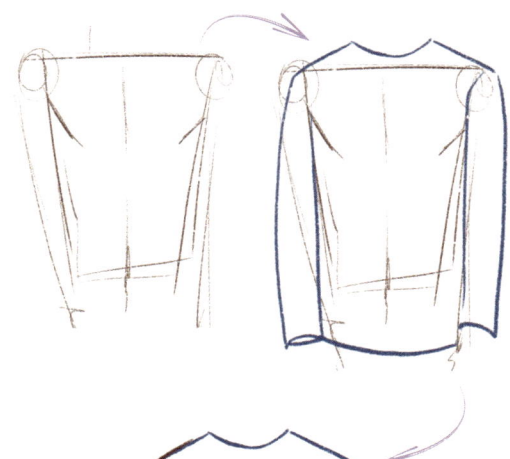

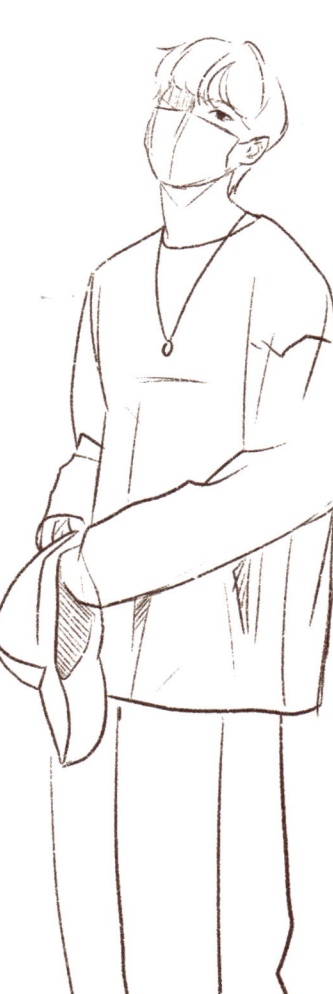

SECRETO DEL ARTE MANGA
La observación real de cómo influye una pose en la ropa te ayudará a que tus dibujos sean aún más profesionales. Mira páginas web, revistas, fotografías, anuncios de moda y otras ilustraciones manga para inspirarte.

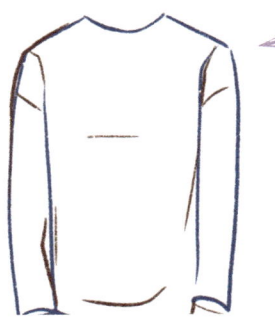

Añade pliegues donde el tejido tira a lo largo del pecho.

CAMISETAS AJUSTADAS

Aunque el estilo informal suele equivaler a prendas de corte más relajado, la ropa ajustada es igual de popular. Para mayor comodidad, las mallas deportivas, los tops cortos y las camisetas sin mangas se inspiran en materiales diseñados para el deporte y la libertad de movimientos. Unos vaqueros pitillo o una falda lápiz combinados con una camiseta ajustada también dan un toque moderno a la ropa de diario.

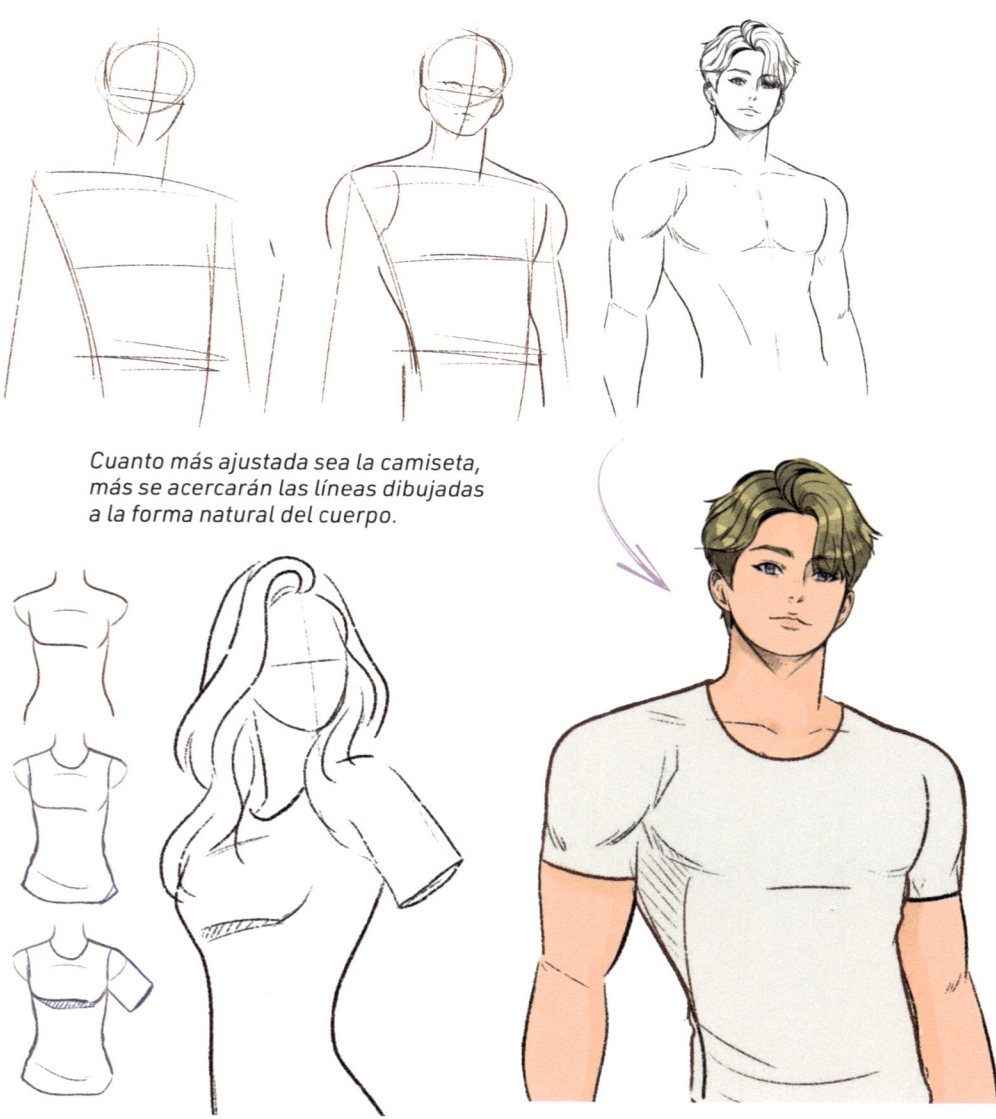

Cuanto más ajustada sea la camiseta, más se acercarán las líneas dibujadas a la forma natural del cuerpo.

1 Esboza la pose con el contorno de la cabeza y el torso. Mi personaje tiene una complexión atlética, por lo que los hombros y el pecho son anchos y, en comparación, la cintura es estrecha.

2 Empieza a añadir las líneas exteriores, indicando por dónde entra la cintura. Añade pequeñas curvas para el músculo del hombro y los bíceps.

3 Esboza la definición de los músculos del brazo y del pecho con líneas sutiles que indiquen los contornos de los bíceps y los pectorales. Estas líneas darán un *look* realista a la camiseta.

4 Termina de abocetar el cuerpo. Para acabar de dibujar la camiseta, añade el cuello y las mangas. Aprovecha la curva de los bíceps para cerrar la manga y conseguir un ajuste ceñido.

Para dibujar una camiseta de chica, empieza por el torso, esbozando un top corto o un sujetador para que te guíe por dónde tirará y formará pliegues la tela.

ZAPATILLAS DEPORTIVAS

Las zapatillas deportivas son un complemento básico del estilo informal o urbano, y el toque final de cualquier atuendo. A partir de una forma simple, puedes embellecerlas con correas, adornos brillantes, logotipos, plantillas, rejillas, cordones… ¡todo vale!

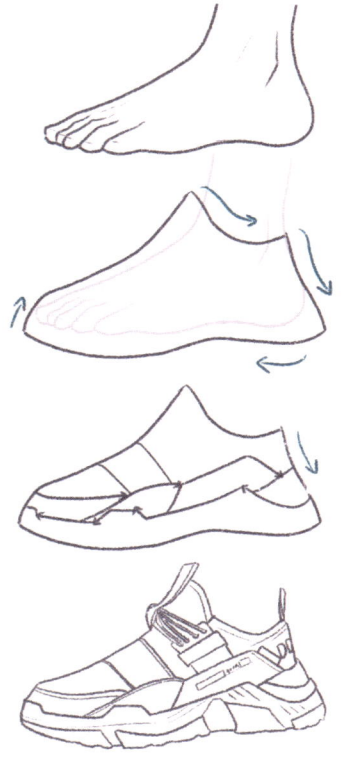

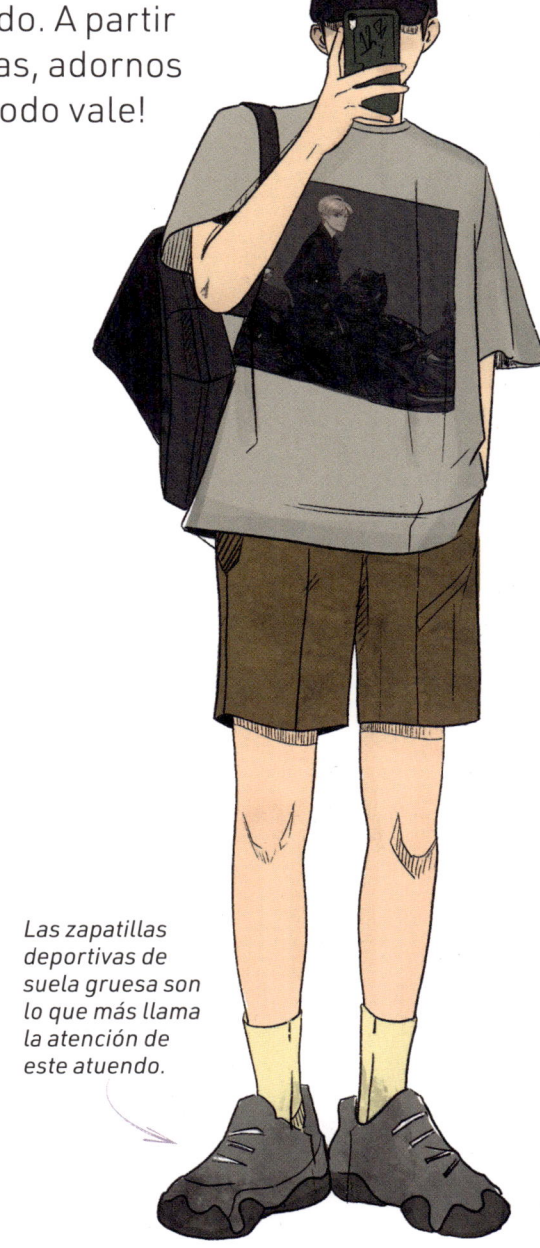

1 Esboza primero la posición del pie. Un perfil lateral es la vista más sencilla para empezar a dibujar.

2 Añade el contorno de la zapatilla siguiendo el pie, pero extendiendo ligeramente el talón hacia fuera y elevando la lengüeta por encima del tobillo.

3 Las zapatillas suelen tener empeines complejos, así que añade cada elemento por separado, comprobando que mantienes la forma exterior correcta.

4 Termina con los detalles de la suela acolchada: puedes hacer que sea tan sencilla o tan detallada como quieras.

Las zapatillas deportivas de suela gruesa son lo que más llama la atención de este atuendo.

Practica dibujando cordones sin atar para darles un toque original.

Desde atrás solo se ve el borde de la puntera.

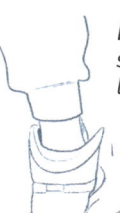

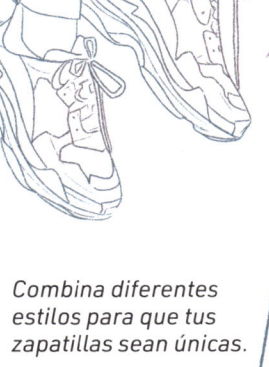

Combina diferentes estilos para que tus zapatillas sean únicas.

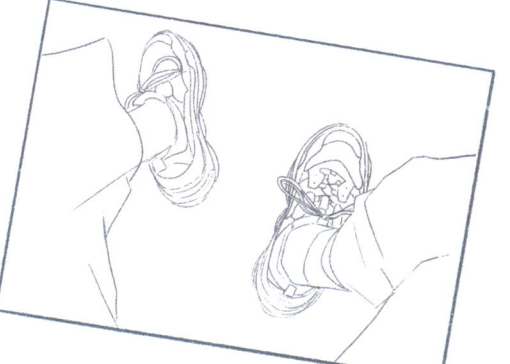

SECRETO DEL ARTE MANGA
Diviértete diseñando tu propia marca de zapatillas, añadiendo correas o cordones, bandas de colores, adornos brillantes y suelas acolchadas.

TEJIDO VAQUERO

El tejido vaquero es versátil, duradero y combina con todo. Desde los pantalones hasta las chaquetas, es un básico del estilo informal que dará a tu personaje un *look* clásico y atemporal. En comparación con el corte más holgado y relajado de otros tipos de ropa informal, la tela vaquera plantea distintos retos a la hora de dibujarla, desde la rigidez del material hasta los pequeños detalles.

PANTALONES VAQUEROS

Los pantalones vaqueros tienen muchos detalles: bolsillos, trabillas, pespuntes destacados en las costuras, un botón y una cremallera, así como un logotipo de la marca en la parte posterior. Tus pantalones vaqueros pueden ser de tonos azules tradicionales o de los colores que prefieras. También puedes añadir desgarrones en las rodillas o los muslos para darles un *look* más atrevido.

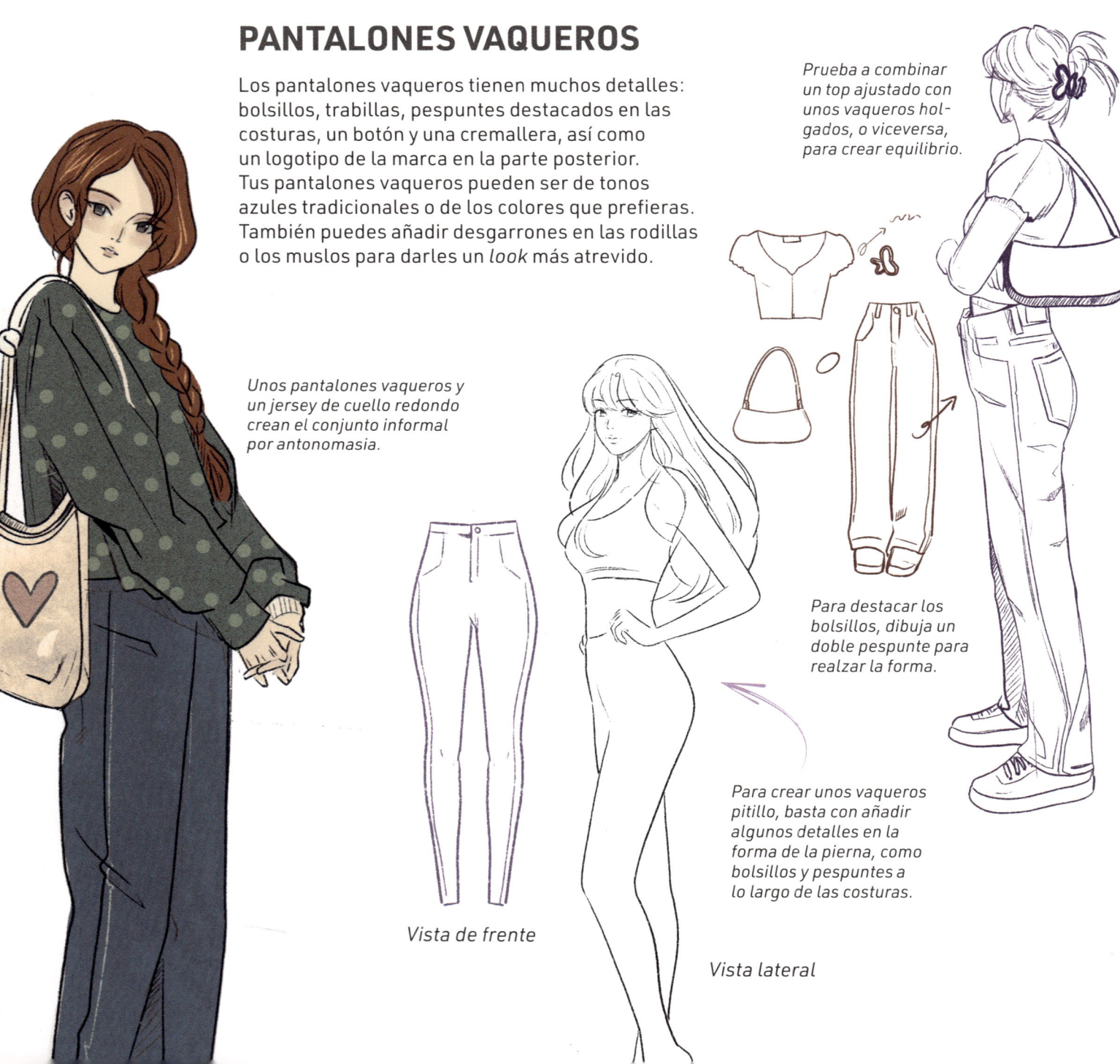

Prueba a combinar un top ajustado con unos vaqueros holgados, o viceversa, para crear equilibrio.

Unos pantalones vaqueros y un jersey de cuello redondo crean el conjunto informal por antonomasia.

Para destacar los bolsillos, dibuja un doble pespunte para realzar la forma.

Para crear unos vaqueros pitillo, basta con añadir algunos detalles en la forma de la pierna, como bolsillos y pespuntes a lo largo de las costuras.

Vista de frente

Vista lateral

FALDAS VAQUERAS

Hay faldas de muchos estilos y formas diferentes. Una falda vaquera es más limitada, ya que el tejido es rígido, por lo que no se crearán tantas arrugas y pliegues como en una falda de seda. Empieza por esbozar las caderas y las piernas y luego añade la forma de la falda, dejando algo de espacio alrededor de los muslos y las pantorrillas si quieres que quede suelta.

Para empezar, haz la pose y el contorno del cuerpo. Añade las prendas por capas, empezando por el top y la falda, y procurando que esta última quede a la altura de la cintura. Dibuja algunos detalles, como el bolsillo, la cremallera y el botón, y luego borra con cuidado el dibujo preliminar.

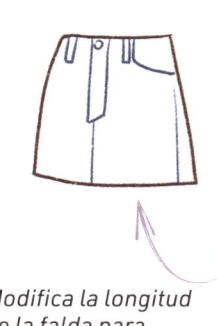

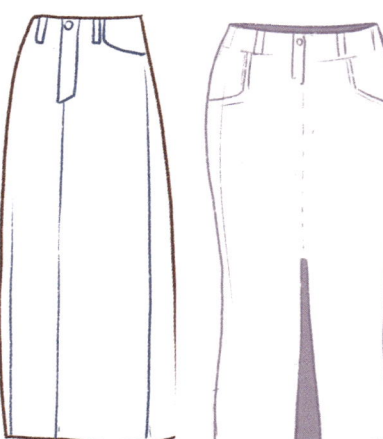

Modifica la longitud de la falda para adaptarla a tu personaje y a la estación del año.

Una falda lápiz simplemente sigue las curvas de las caderas y las líneas exteriores de las piernas.

Siempre puedes añadir personalidad a una falda vaquera. Prueba con un estampado o un degradado para plasmar el estilo de tu personaje.

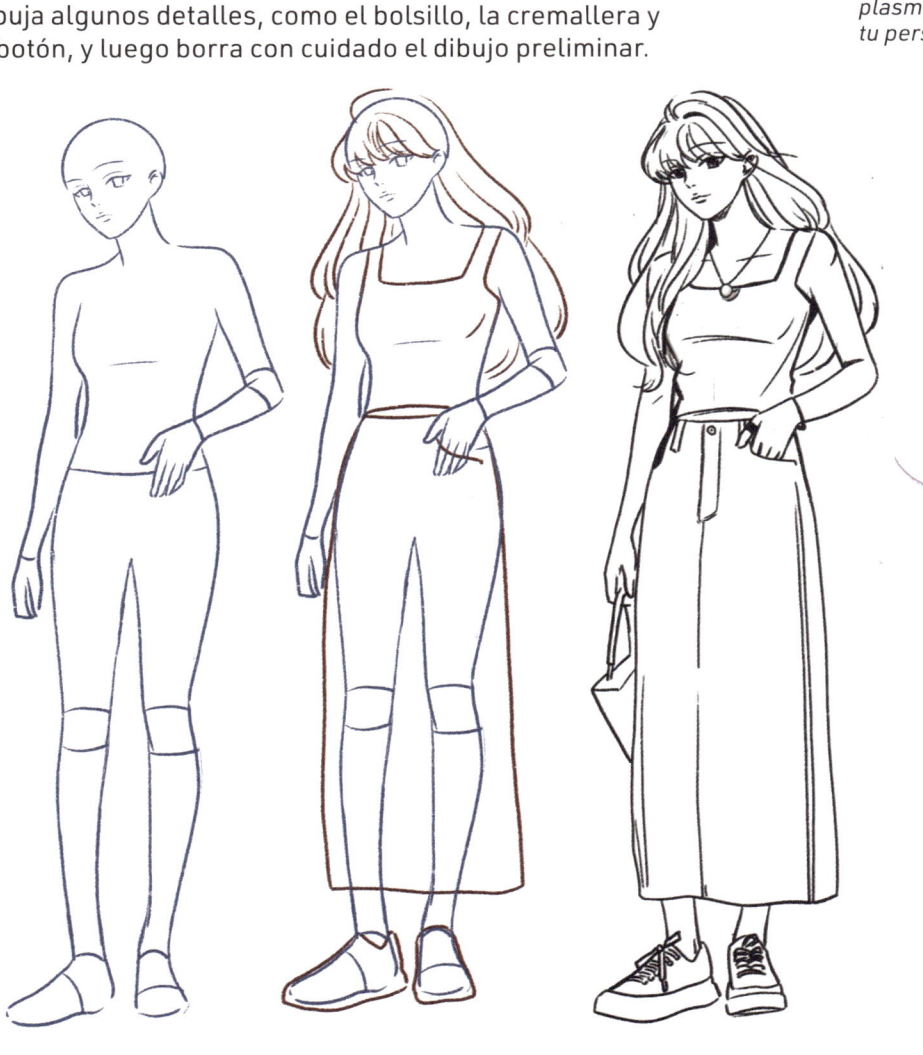

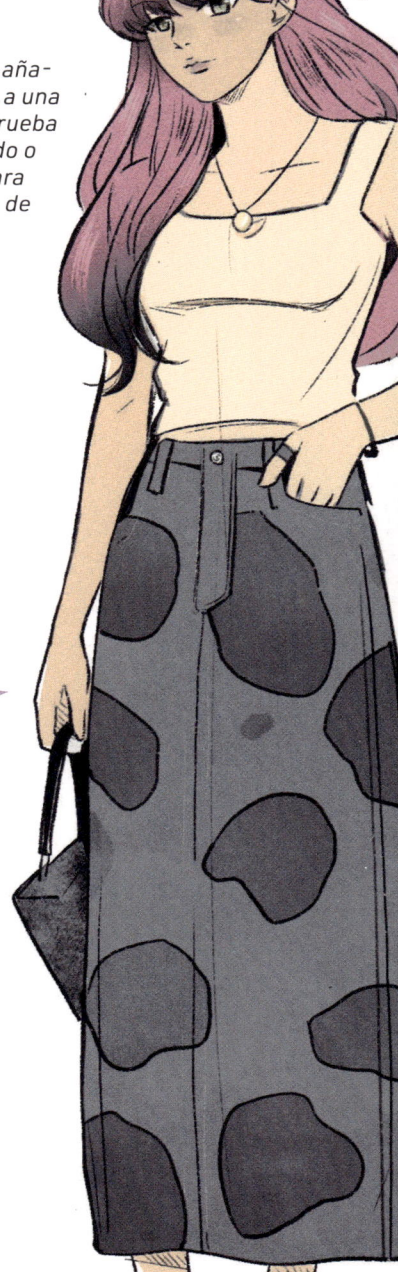

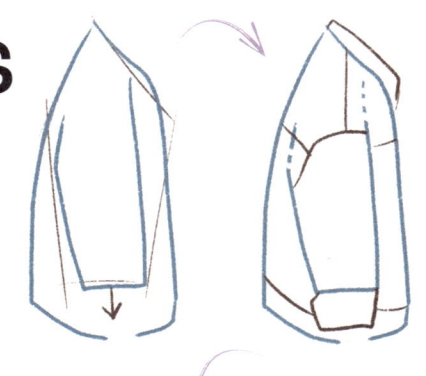

CHAQUETAS VAQUERAS

El tejido grueso da una forma estructurada al cuerpo y las mangas, y detalles como los cuellos y los puños también tienen formas más geométricas. Añade también detalles adicionales divertidos, como remaches y botones metálicos, bolsillos con solapa y etiquetas que definen el estilo de una chaqueta vaquera.

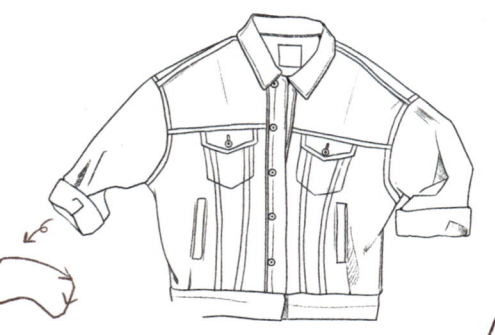

Uno de los atractivos del tejido vaquero es su resistencia, especialmente en el caso de la chaqueta vaquera.

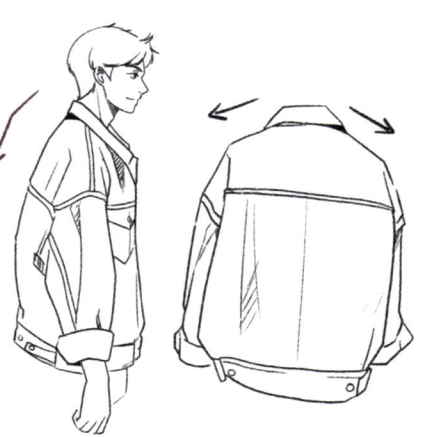

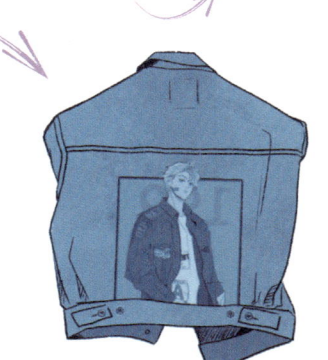

La clásica chaqueta vaquera se reconoce al instante por el característico cuello, los bolsillos en el pecho y la banda ancha del bajo.

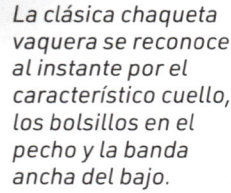

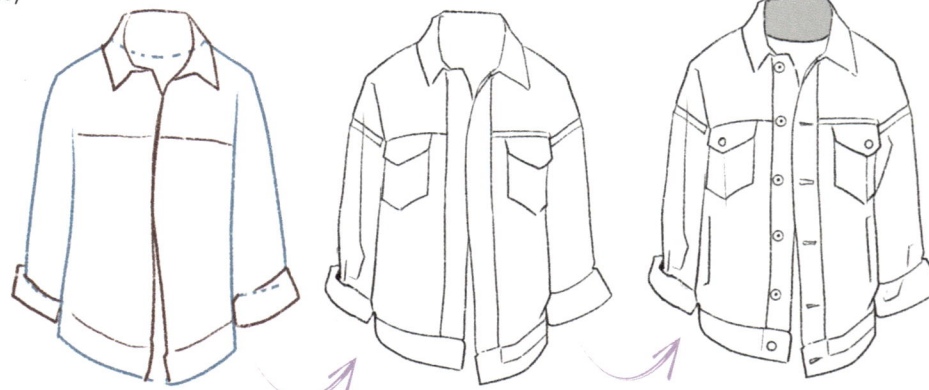

A partir de un sencillo esbozo, dibuja la chaqueta por partes, dando forma a las mangas y añadiendo los puños antes de dibujar las costuras que definen cada parte pespunteada. Dibuja unas líneas para los pliegues y las arrugas que proporcionan peso al tejido.

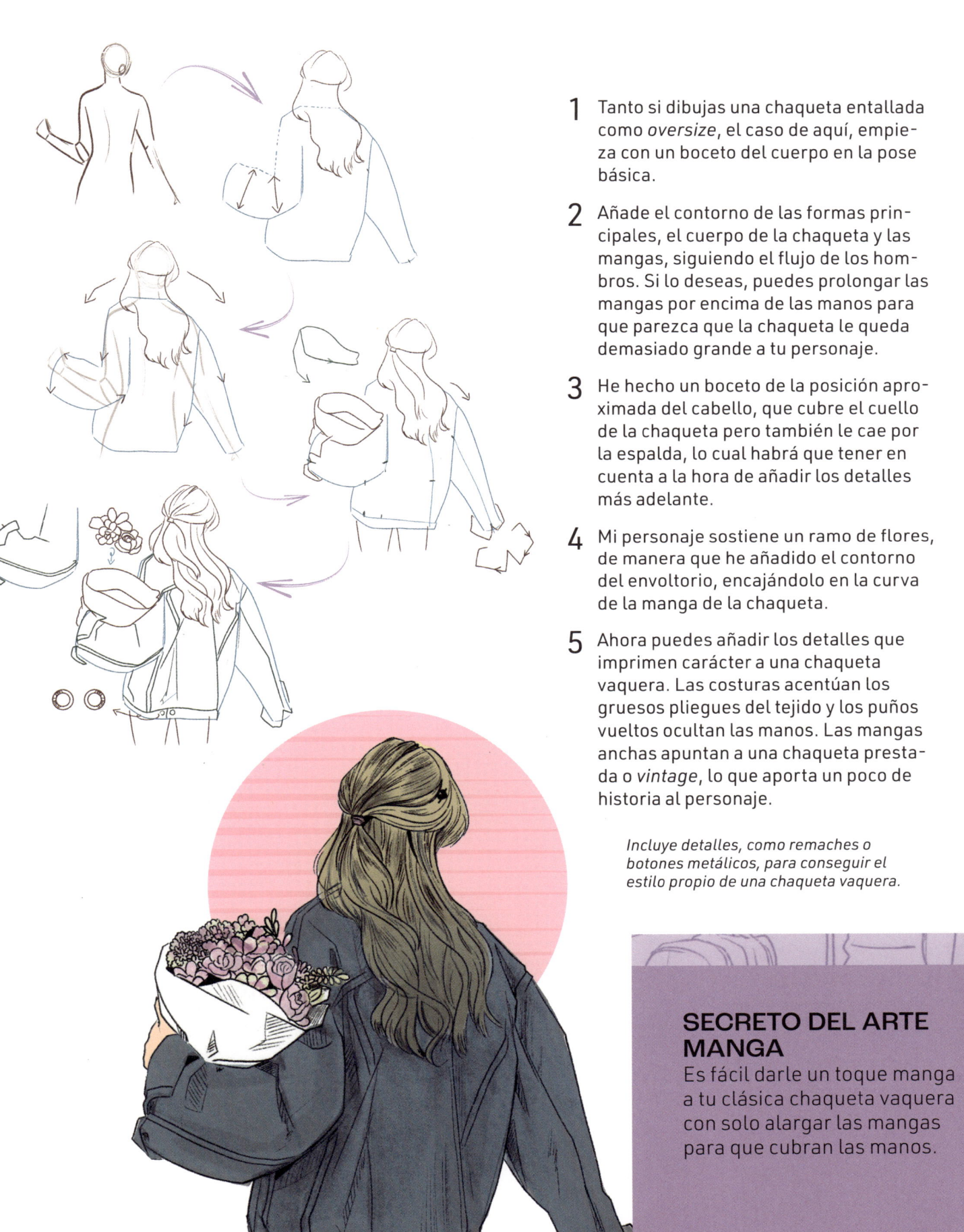

1 Tanto si dibujas una chaqueta entallada como *oversize*, el caso de aquí, empieza con un boceto del cuerpo en la pose básica.

2 Añade el contorno de las formas principales, el cuerpo de la chaqueta y las mangas, siguiendo el flujo de los hombros. Si lo deseas, puedes prolongar las mangas por encima de las manos para que parezca que la chaqueta le queda demasiado grande a tu personaje.

3 He hecho un boceto de la posición aproximada del cabello, que cubre el cuello de la chaqueta pero también le cae por la espalda, lo cual habrá que tener en cuenta a la hora de añadir los detalles más adelante.

4 Mi personaje sostiene un ramo de flores, de manera que he añadido el contorno del envoltorio, encajándolo en la curva de la manga de la chaqueta.

5 Ahora puedes añadir los detalles que imprimen carácter a una chaqueta vaquera. Las costuras acentúan los gruesos pliegues del tejido y los puños vueltos ocultan las manos. Las mangas anchas apuntan a una chaqueta prestada o *vintage*, lo que aporta un poco de historia al personaje.

Incluye detalles, como remaches o botones metálicos, para conseguir el estilo propio de una chaqueta vaquera.

SECRETO DEL ARTE MANGA

Es fácil darle un toque manga a tu clásica chaqueta vaquera con solo alargar las mangas para que cubran las manos.

Sigue las instrucciones de la página 38 para dibujar la sencilla forma rectangular de una camiseta de manga larga.

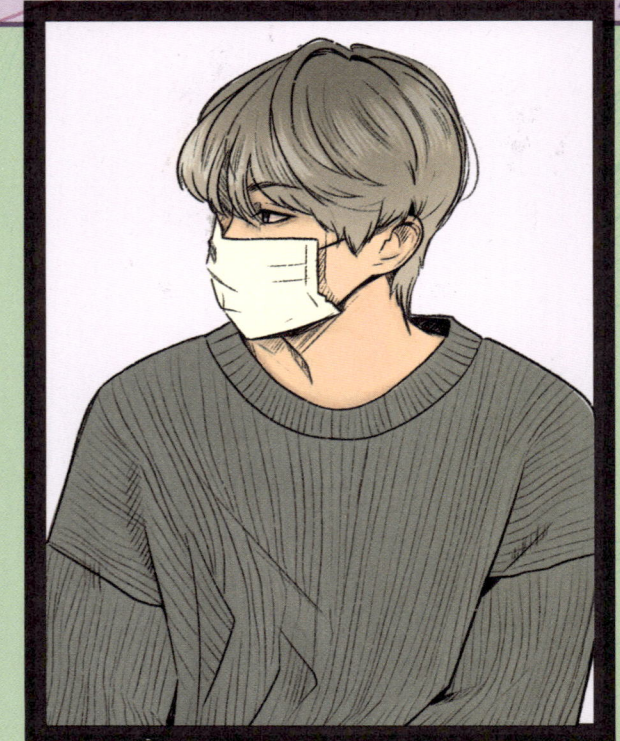

RESUMEN DEL EJERCICIO

Nada más fácil que combinar prendas informales. Basta con una camiseta y unos pantalones rematados por una chaqueta y unas zapatillas deportivas cómodas.Haz estos ejercicios para practicar con la misma facilidad.

Dibuja chaquetas vaqueras desde todos los ángulos, especialmente con las manos en los bolsillos. Para ver más ejemplos, consulta las páginas 44–45.

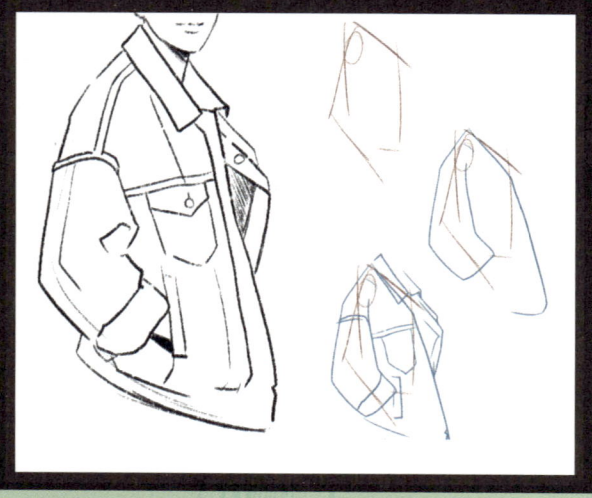

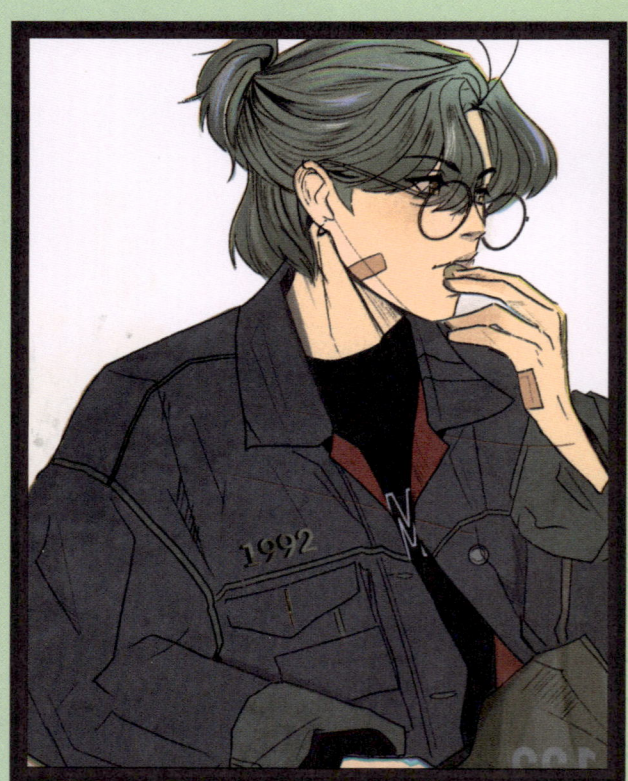

Dibuja unas chanclas para completar el atuendo. Esboza los pies en la postura correcta y sigue las instrucciones de la página 36 para dibujar el zapato alrededor.

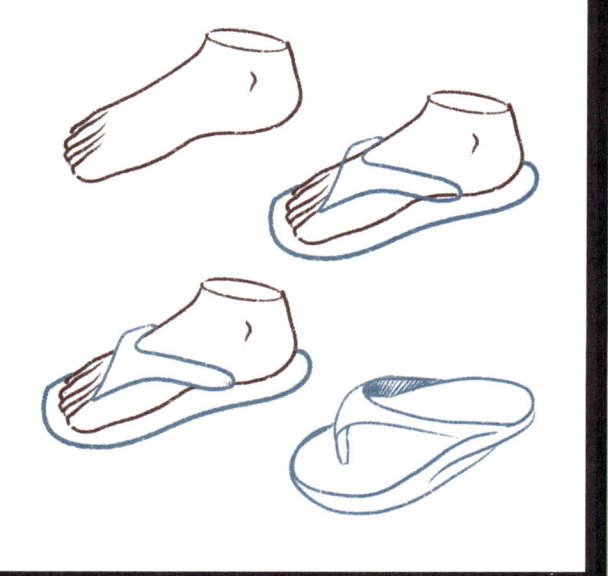

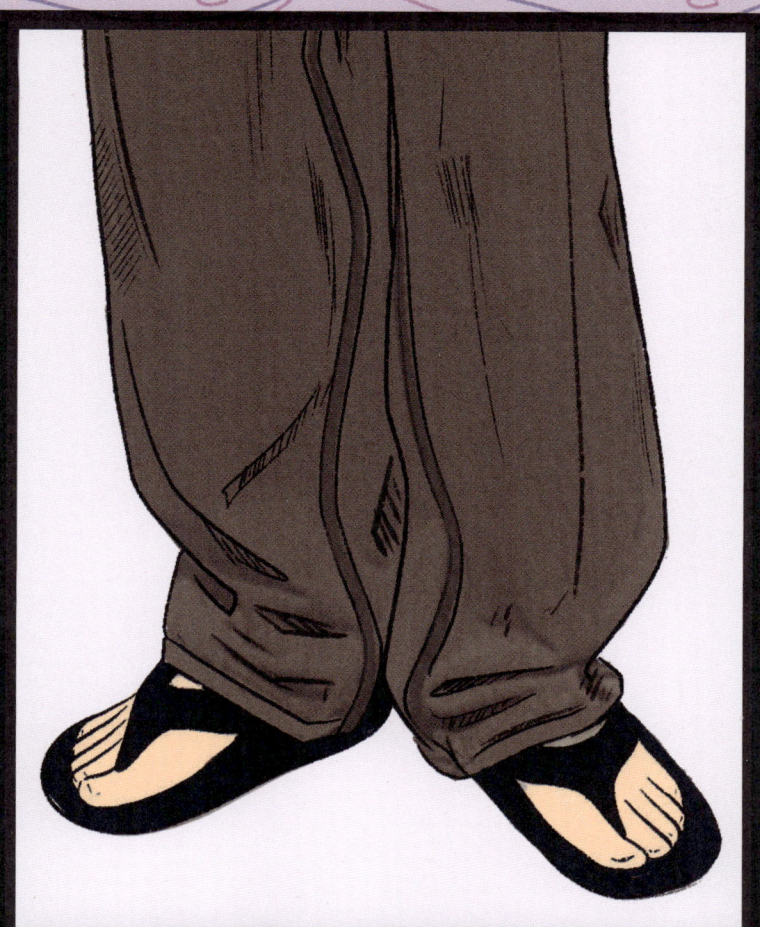

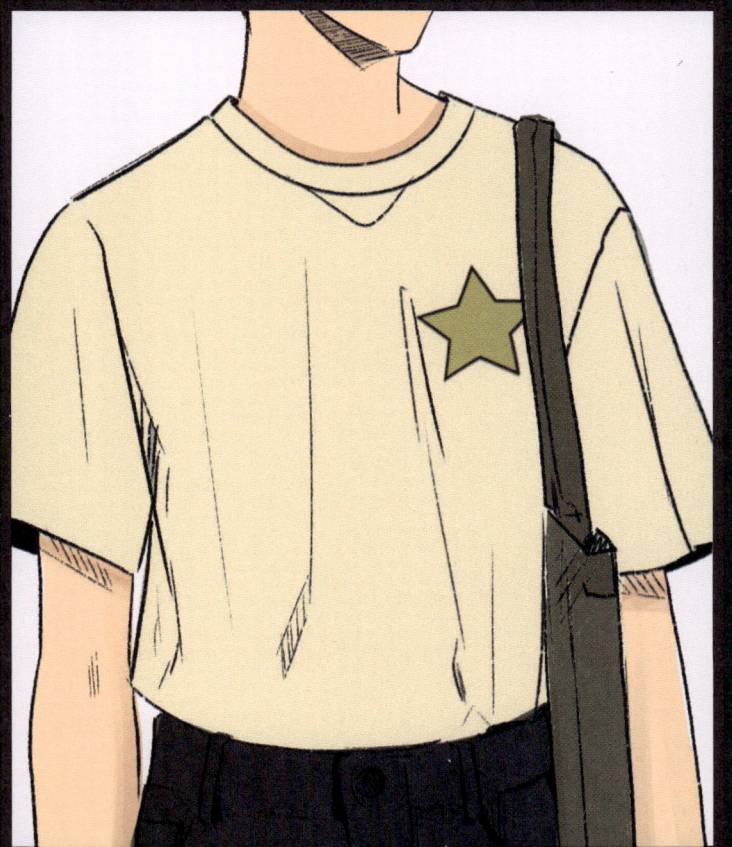

Haz un boceto aproximado del torso a modo de guía y dibuja una camiseta clásica de corte holgado (si fuera necesario, consulta los pasos de la página 34).

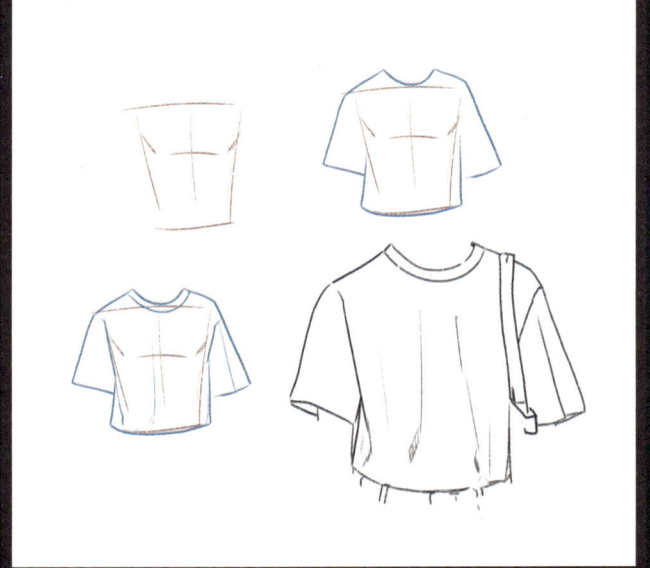

M. UMAIR ALI (@MANGAKAUA983)

Hola a todos, soy un artista que vive en el Estado de Texas, Estados Unidos. Mi amor por el arte manga empezó cuando descubrí este cómic de origen japonés en mi biblioteca y vi varios animes clásicos en la televisión. Empecé con papel y rotuladores, pero me pasé al dibujo digital porque me resultaba más intuitivo. Mi objetivo es lograr una combinación atractiva de arte en blanco y negro destacable, con semitonos y tinta negra, y un colorido envolvente.

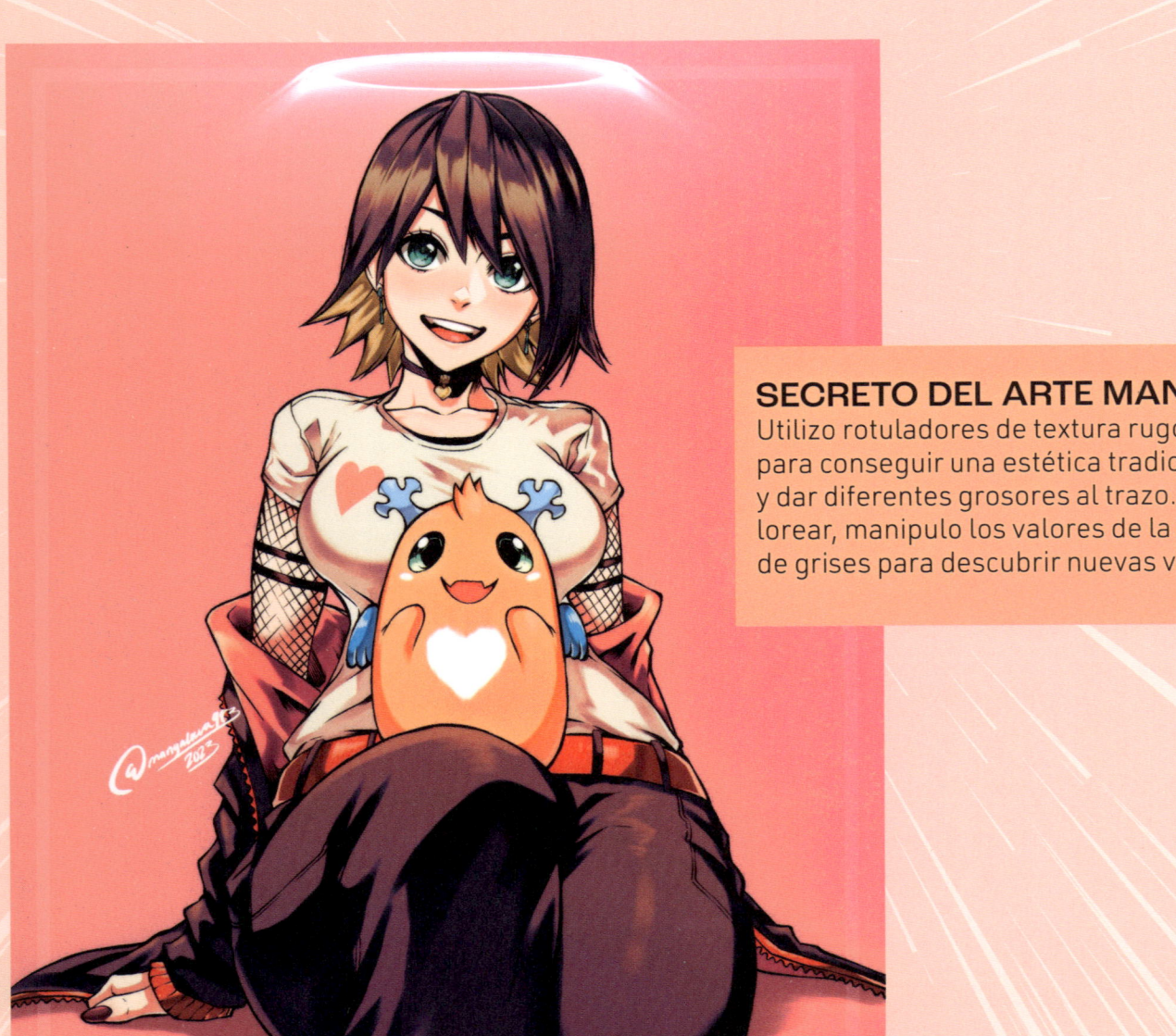

SECRETO DEL ARTE MANGA

Utilizo rotuladores de textura rugosa para conseguir una estética tradicional y dar diferentes grosores al trazo. Al colorear, manipulo los valores de la escala de grises para descubrir nuevas vías.

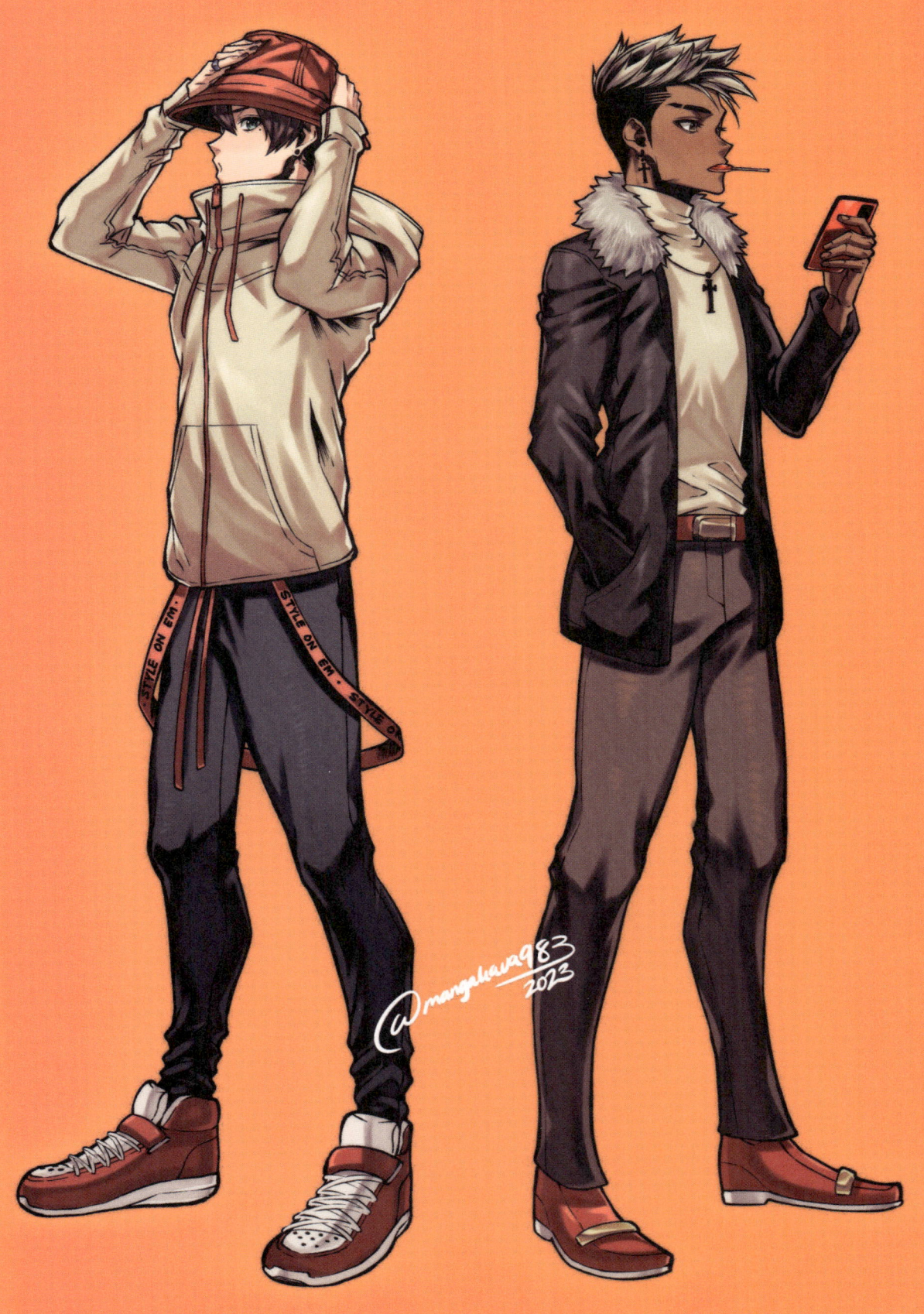

3.

ROPA DE TEMPORADA

Una nueva temporada significa un nuevo estilo. Utiliza la ropa de tu personaje para indicar la época del año, creando muchas combinaciones divertidas de ropa y accesorios que se adapten al clima, haya lluvia y nieve o haga sol y calor.

ACOGEDORA

ACOLCHADA

PIEL

CAPAS

ABRIGOS

AISLANTE

TEXTURAS

ROPA DE PLAYA

IMPERMEABLE

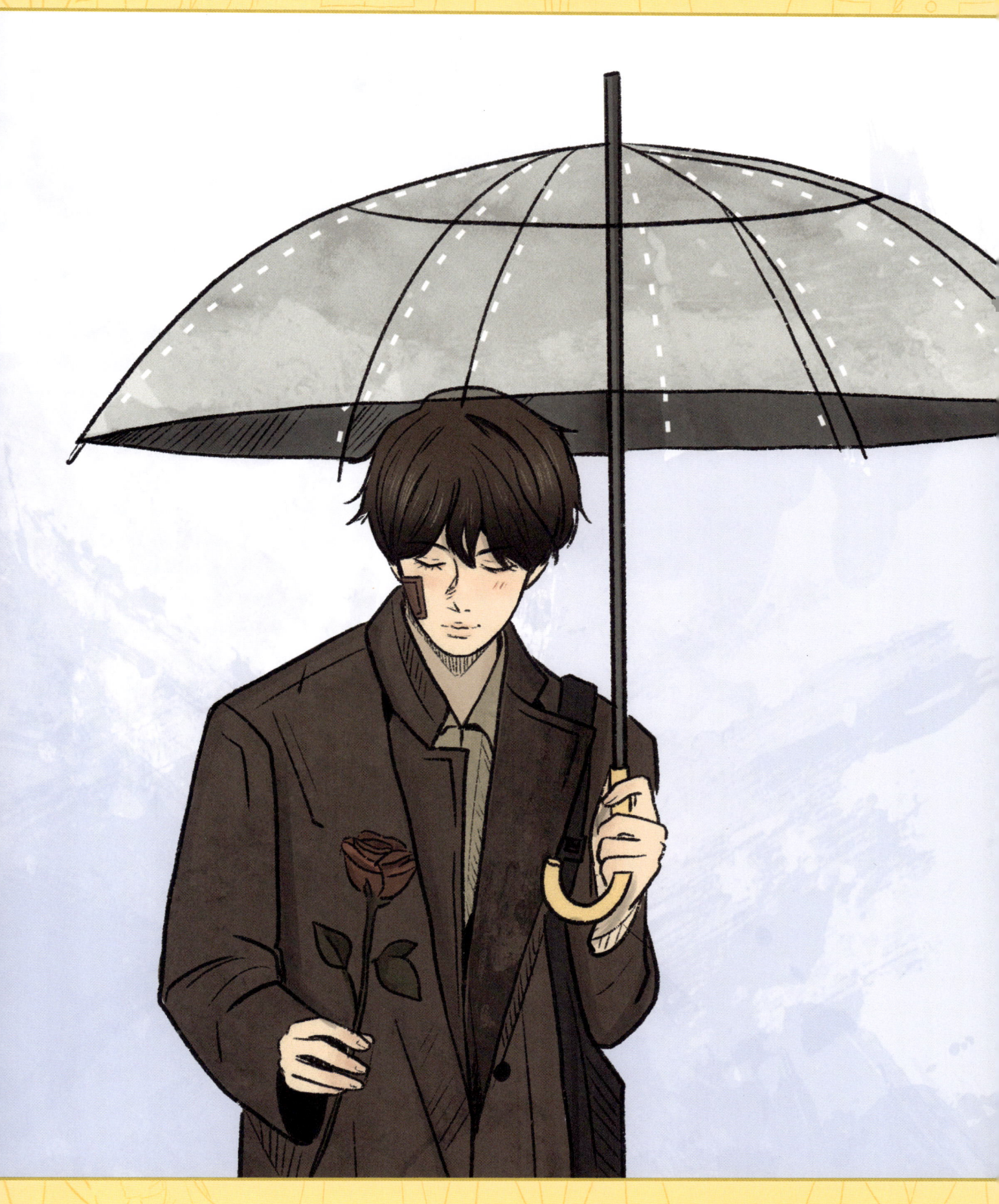

CONJUNTOS DE INVIERNO

Vestirse para el invierno es sinónimo de capas cálidas y tejidos con textura. Una chaqueta acolchada y aislante es esencial para mantener el calor. Puedes adaptarla a tu personaje: aquí he acortado una chaqueta estándar y le he añadido un cuello de pelo para convertirla en una declaración de estilo manga. Para obtener más información sobre las chaquetas acolchadas, consulta la página 18.

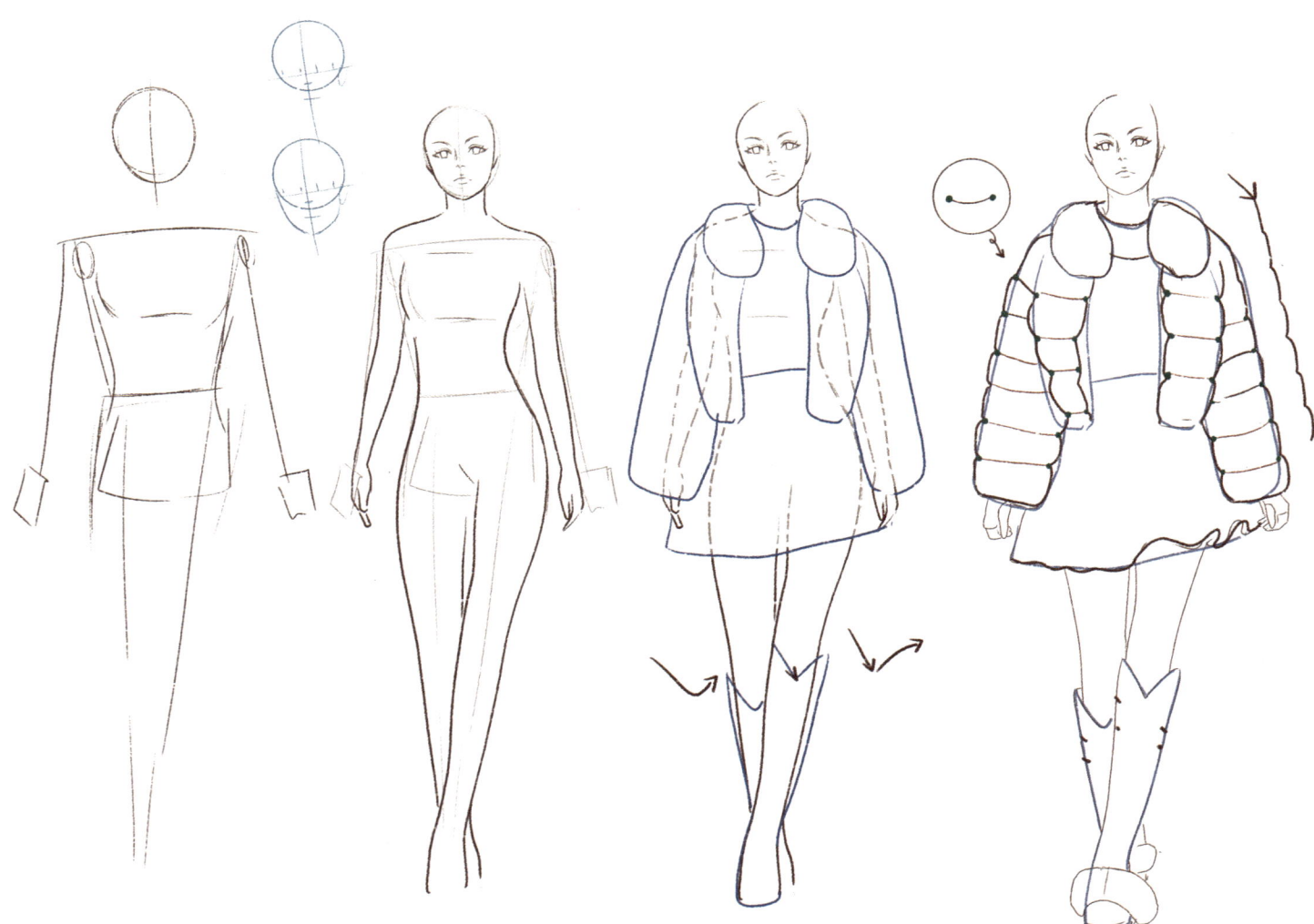

1 Para empezar, descompón la pose en figuras geométricas simples y establece las proporciones del cuerpo (consulta las páginas 11-12).

2 Crea una forma natural del cuerpo alrededor de las guías para crear una base realista con la que «vestir» tu personaje manga.

3 Esboza el contorno del traje. En este caso me he decantado por un bonito modelo invernal en el que las capas básicas, la falda, las botas y la chaqueta acolchada son lo que más destaca.

4 Dibuja hileras de pespuntes ligeramente curvados para dividir la chaqueta en secciones y darle un aspecto abombado y acolchado.

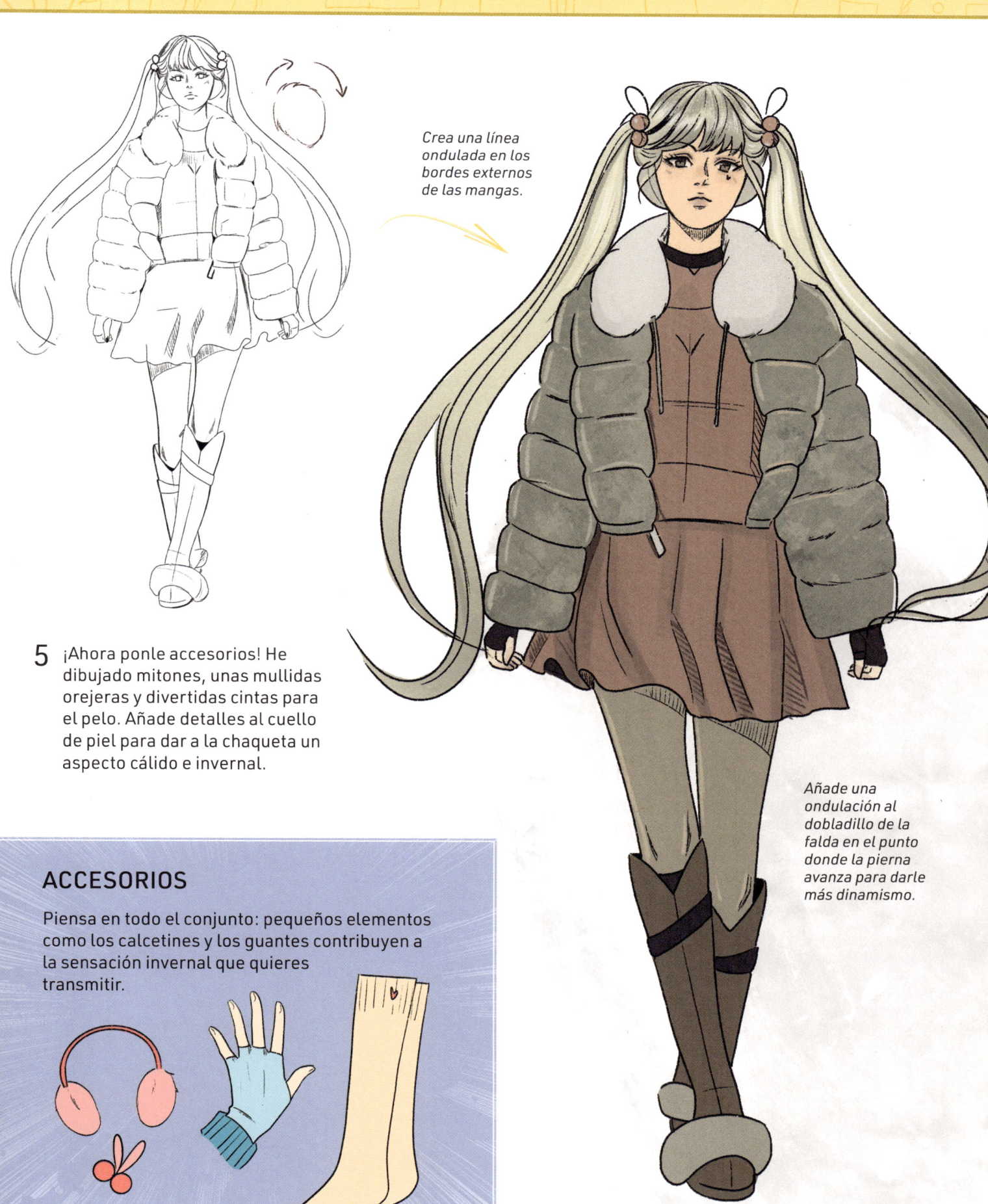

Crea una línea ondulada en los bordes externos de las mangas.

5 ¡Ahora ponle accesorios! He dibujado mitones, unas mullidas orejeras y divertidas cintas para el pelo. Añade detalles al cuello de piel para dar a la chaqueta un aspecto cálido e invernal.

Añade una ondulación al dobladillo de la falda en el punto donde la pierna avanza para darle más dinamismo.

ACCESORIOS

Piensa en todo el conjunto: pequeños elementos como los calcetines y los guantes contribuyen a la sensación invernal que quieres transmitir.

ABRIGOS

Un clásico elegante, el abrigo largo es una opción popular para mantenerse abrigado y seco. Los abrigos pueden ser tanto formales como informales, y existen en multitud de estilos y cortes perfectos para llevar en diferentes capas.

ABRIGO CRUZADO

1 Para empezar, aprende a dibujar a la perfección un abrigo básico. Esboza una guía de forma rectangular para indicar la longitud y la anchura del cuerpo del abrigo.

2 Añade las mangas, procurando que la longitud sea proporcional al cuerpo y que sean lo bastante anchas para el grosor y el peso del material.

3 A continuación, añade las solapas y el cuello, manteniendo las formas bastante angulosas para sugerir la relativa rigidez del material del que están hechos. Termina añadiendo los detalles de botones y bolsillos.

Para la versión cruzada, el abrigo se abotona descentrado.

Para dibujar el cuello, simplifica la forma de la abertura y luego añade el cuello y las solapas.

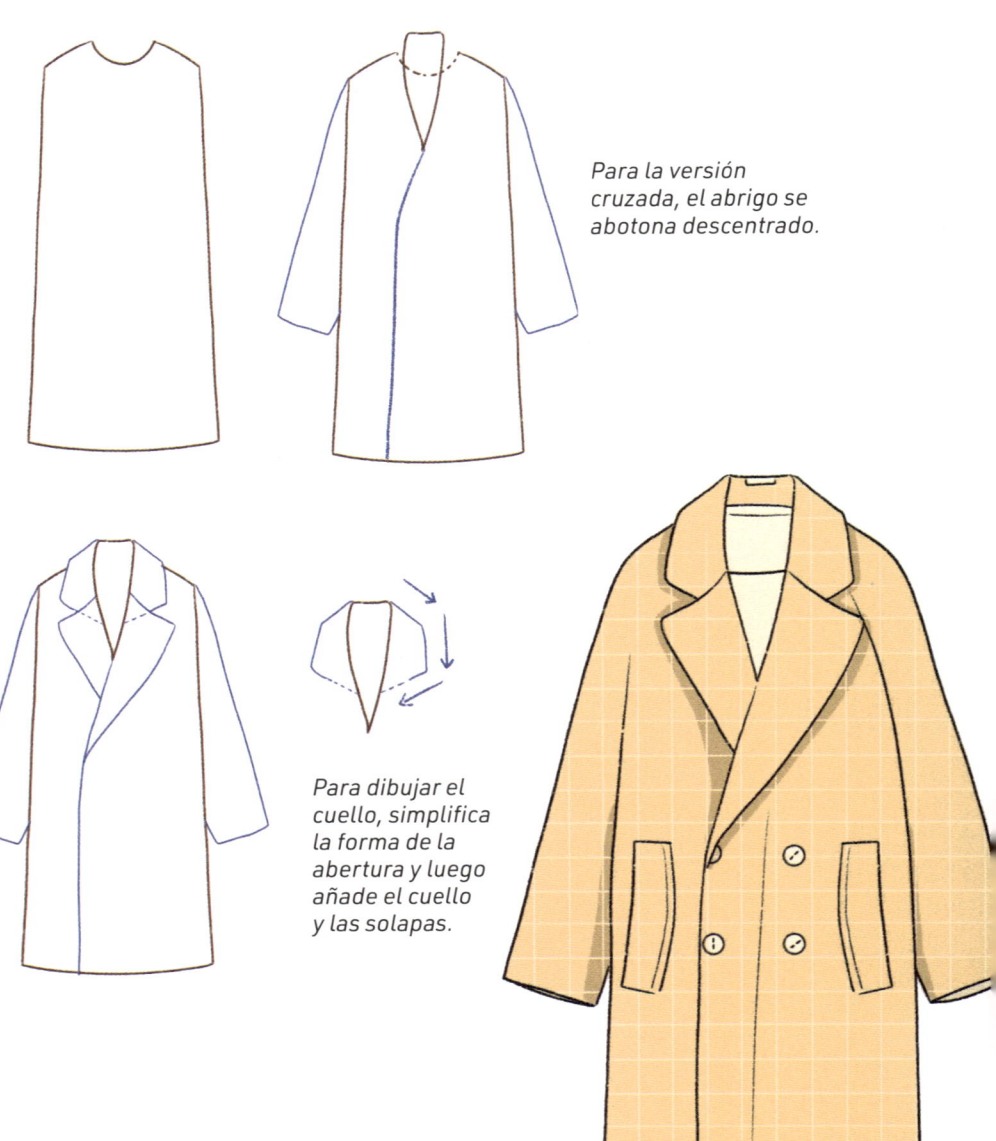

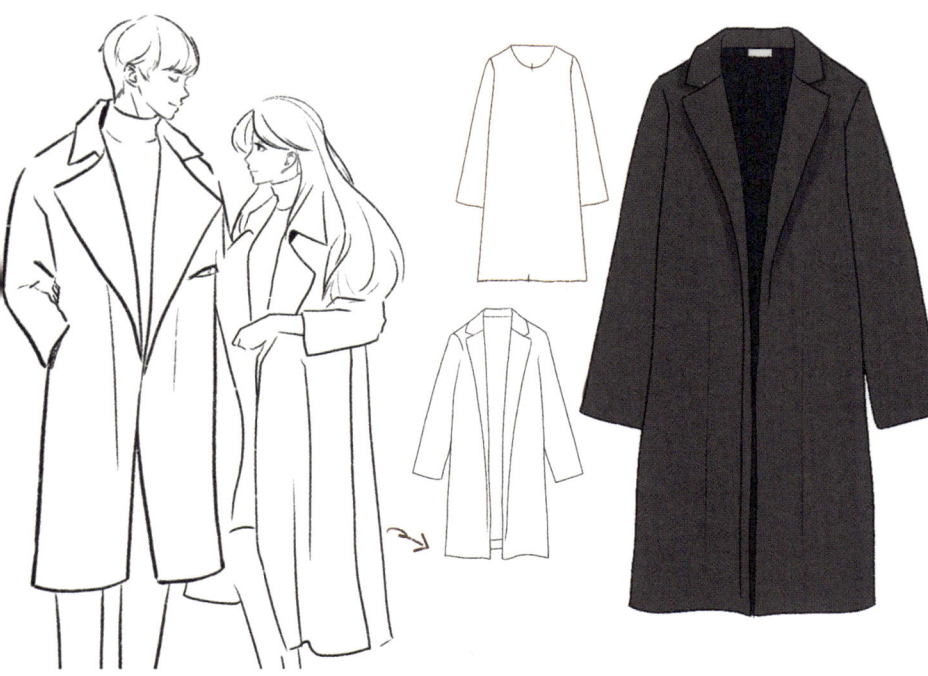

GABARDINA

No todos los abrigos se utilizan en invierno. Un abrigo adecuado para primavera u otoño, como una gabardina, está confeccionado con un tejido más ligero, y puedes indicarlo añadiendo líneas y pliegues más fluidos al dibujo y dando al abrigo una silueta más estilizada con mangas más estrechas.

Para darle un toque manga, un abrigo debe ser grande y largo, con un contorno sencillo que remate un atuendo para dar al personaje un aire refinado.

ABRIGO-VESTIDO

Hay abrigos de muchos cortes y formas, y las versiones con cinturón o entalladas son ideales para realzar el estilo femenino. Este modelo presenta el cuello cruzado y la parte superior entallada, así como una falda fruncida que se indica simplemente con el dobladillo ondulado y las líneas de pliegue correspondientes.

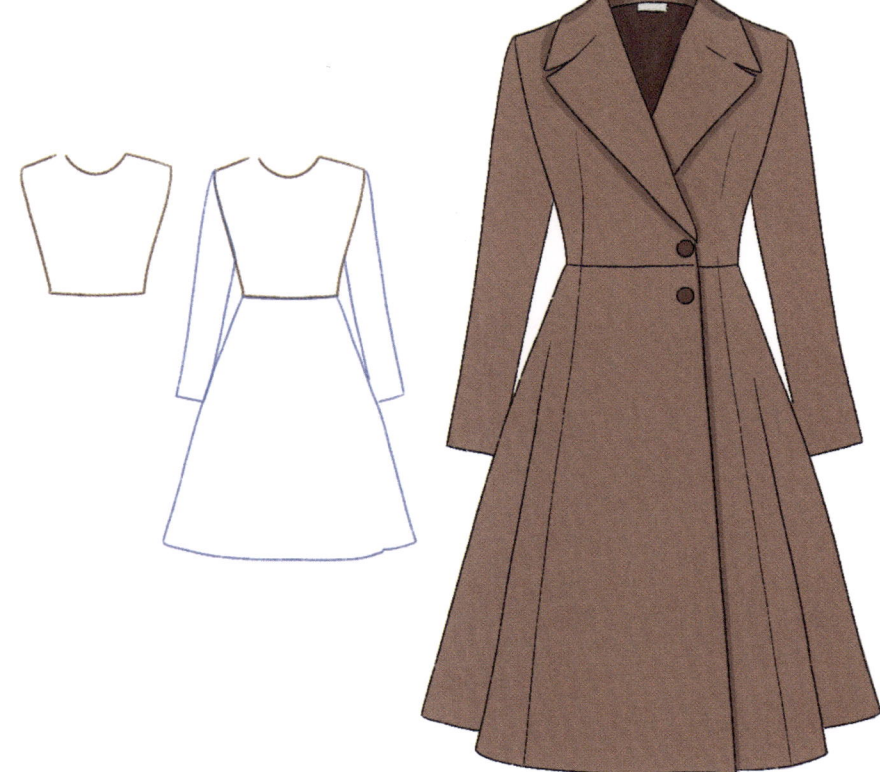

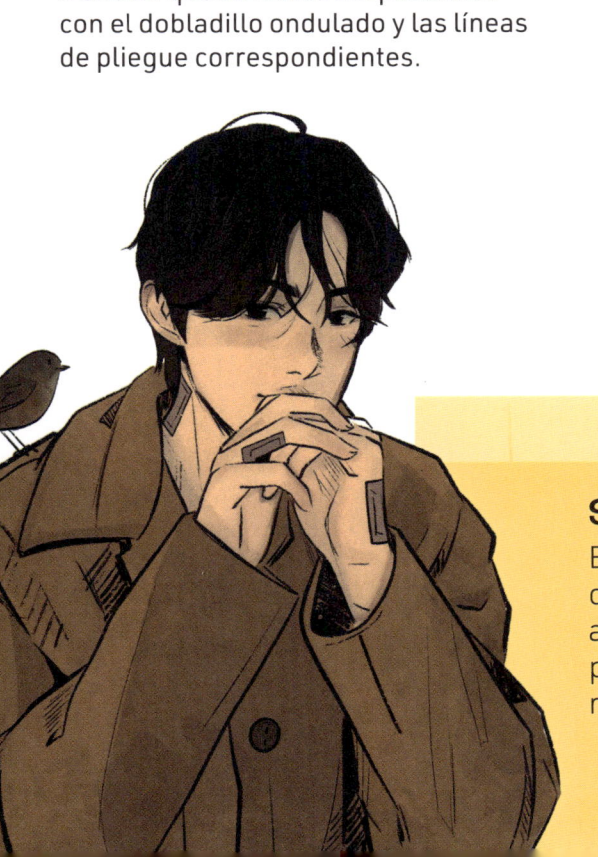

SECRETO DEL ARTE MANGA

En cuanto a las mangas, si dibujas de arriba abajo obtendrás líneas suaves. Puedes aplicar esta técnica a cualquier cosa, desde la ropa hasta el pelo. Sigue practicando y las líneas se irán suavizando; de esta manera, los resultados serán aún más profesionales.

ROPA PARA DÍAS LLUVIOSOS

Sea cual sea la estación del año, cuando llueve podemos optar por atuendos divertidos que resultan adorables y requieren accesorios como botas de agua y paraguas, elementos con los que puedes experimentar e incorporar a una pose expresiva.

BOTAS DE AGUA

Las clásicas botas para los días de lluvia son de goma, por lo que mantienen bien la forma. Las botas pueden ser hasta la rodilla o más cortas, pero generalmente siguen la forma de la pantorrilla y tienen la suela robusta.

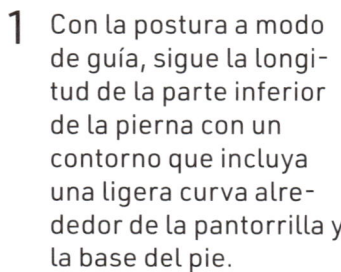

1 Con la postura a modo de guía, sigue la longitud de la parte inferior de la pierna con un contorno que incluya una ligera curva alrededor de la pantorrilla y la base del pie.

2 La bota tomará forma rápidamente al añadir los detalles de las costuras engomadas de la parte superior del pie e indicar la suela gruesa.

3 Dibuja la pierna en el punto en el que sale de la bota y rellena el interior del borde superior con sombras oscuras para darle profundidad.

HEBILLAS Y CORREAS

Las botas de agua tradicionales suelen tener una correa con hebilla en el borde exterior. Dibuja primero la base de la hebilla y, después, añade la correa.

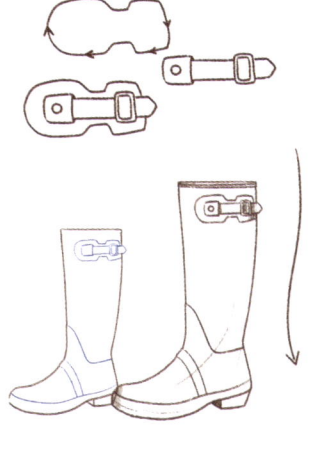

Los sutiles reflejos de las punteras y la parte anterior de las botas sugieren una superficie brillante.

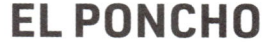

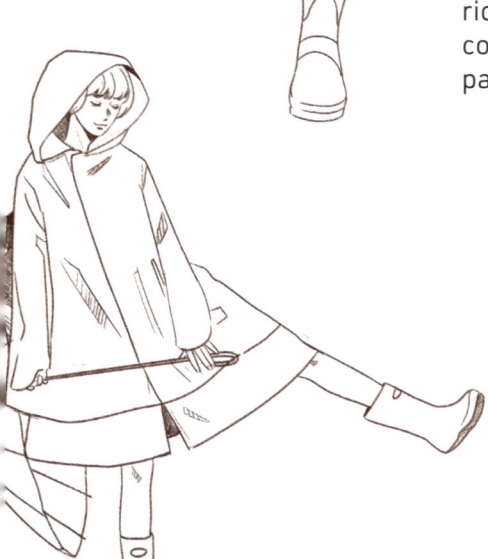

EL PONCHO

El poncho para la lluvia, una capa impermeable con capucha, es una bonita prenda para los días de lluvia que aporta un poco de diversión y estilo atemporal. Las capuchas también son una forma estupenda de realzar la cara de tu personaje.

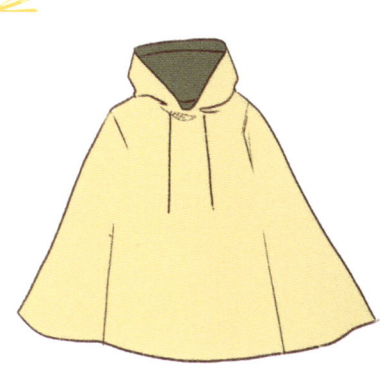

PARAGUAS

El accesorio clásico para los días de lluvia. Puedes divertirte mucho con este artículo de uso cotidiano: utilízalo para dibujar a una pareja de enamorados, para añadir una atmósfera de melancolía en un día lluvioso o como un accesorio elegante cuando está plegado. Puedes adaptar fácilmente la forma básica a una sombrilla de verano o hacer que sea transparente.

PARAGUAS PLEGADO

Un paraguas plegado o enrollado es un accesorio elegante. Une las líneas direccionales con la punta de cada varilla y fíjate en cómo se juntan los pliegues en la correa.

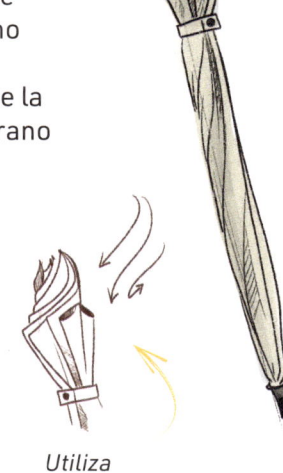

Utiliza sombreado en el interior de los pliegues para dar profundidad.

PARAGUAS TRANSPARENTE

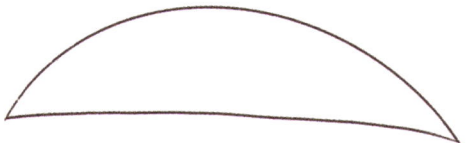

1 La forma exterior básica de la cubierta es un semicírculo muy sencillo. Esbózala con una línea ligeramente curva a lo largo de la base.

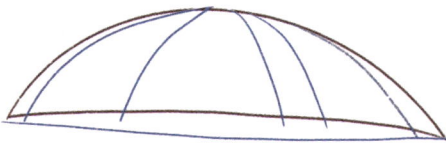

2 Para darle un efecto 3D, dibuja una elipse en el borde inferior y luego añade los paneles a la cubierta.

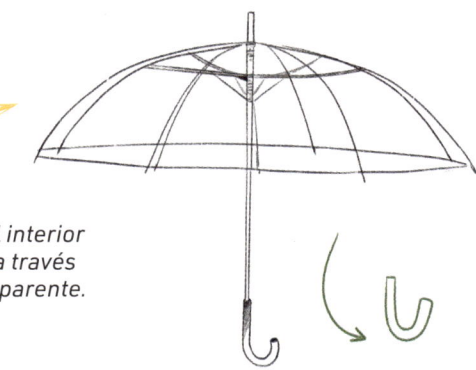

Las varillas del interior serán visibles a través de la tela transparente.

3 Añade el bastón en el centro, con un mango curvado en la base y una punta en la parte superior.

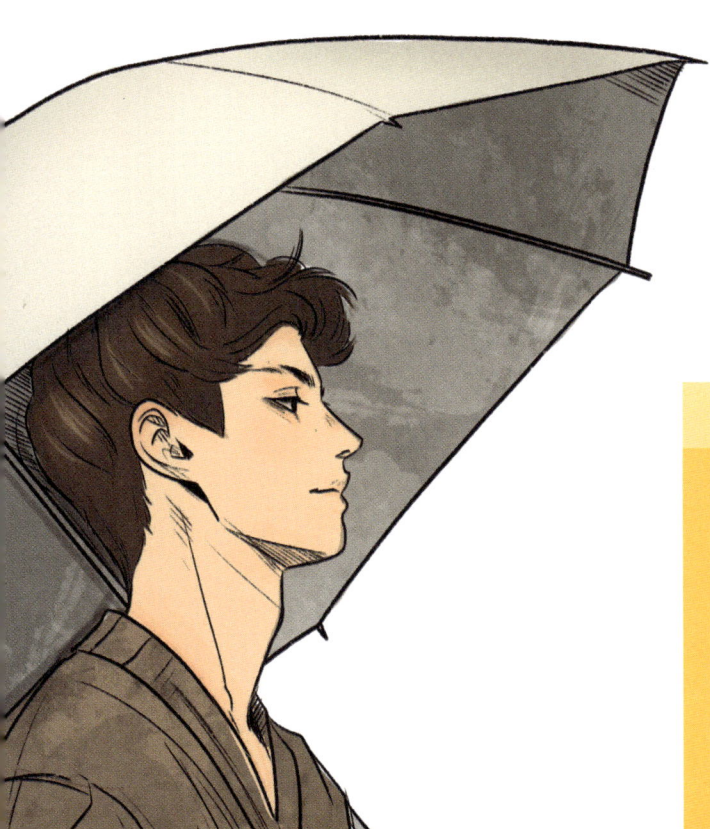

SECRETO DEL ARTE MANGA

Utiliza un paraguas abierto para enmarcar la cara de tu personaje. Dibuja una elipse, o forma de ojo, para el contorno y, a continuación, añade detalles como las varillas entre las secciones de la cubierta. Sombrea el interior e incorpora la pose de manera proporcional al resto de la figura.

CONJUNTOS DE VERANO

La ropa para el tiempo más caluroso suele ser ligera, con bajos acortados y tops por encima de la cintura. Aquí he reunido un conjunto de verano completo para un personaje femenino, y en lugar de pantalones cortos o vestido he optado por un mono que combina la parte de arriba y la de abajo en una sola prenda; el resultado es chic y desenfadado a la vez. Para completar el atuendo, he dibujado un bolso y un sombrero, ambos de paja.

MONO

Un mono aúna elegancia y comodidad. Para darle un toque aún más chic, le he añadido un cinturón. No es difícil de dibujar y hará que el resultado final parezca más complejo.

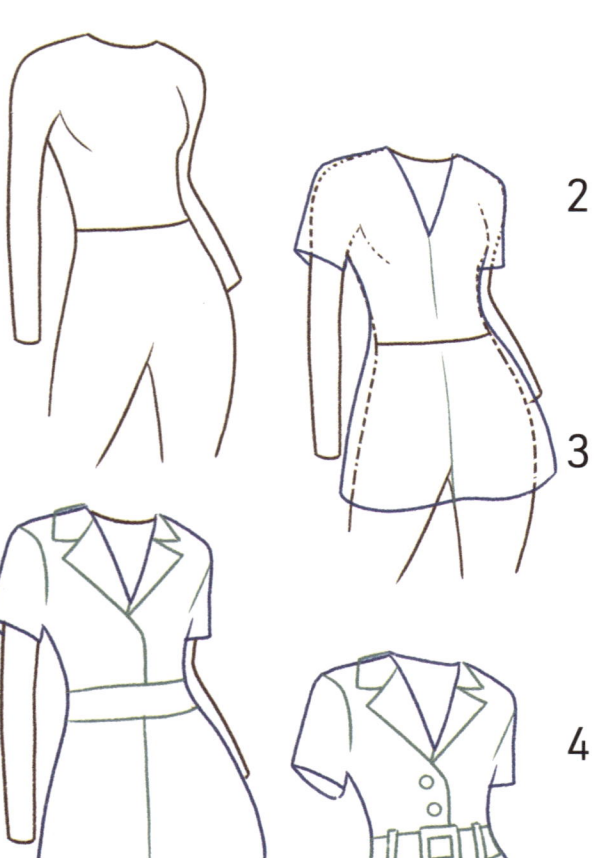

1 Para empezar, dibuja la postura básica del cuerpo, fijándote en la posición de la cintura y las caderas, ya que estas guiarán el corte del mono.

2 Añade un contorno general para la prenda justo fuera de las líneas iniciales para que el mono no quede superajustado, ya que la ropa de verano debe quedar holgada.

3 Define el contorno para añadir detalles de estilo, como la camiseta, el cuello con solapa (cuello plano en forma de V) y la cintura, con una abertura en la falda para los pantalones cortos.

4 Personaliza tu conjunto. En este caso, he añadido botones y un cinturón que le dan un aire veraniego y urbano.

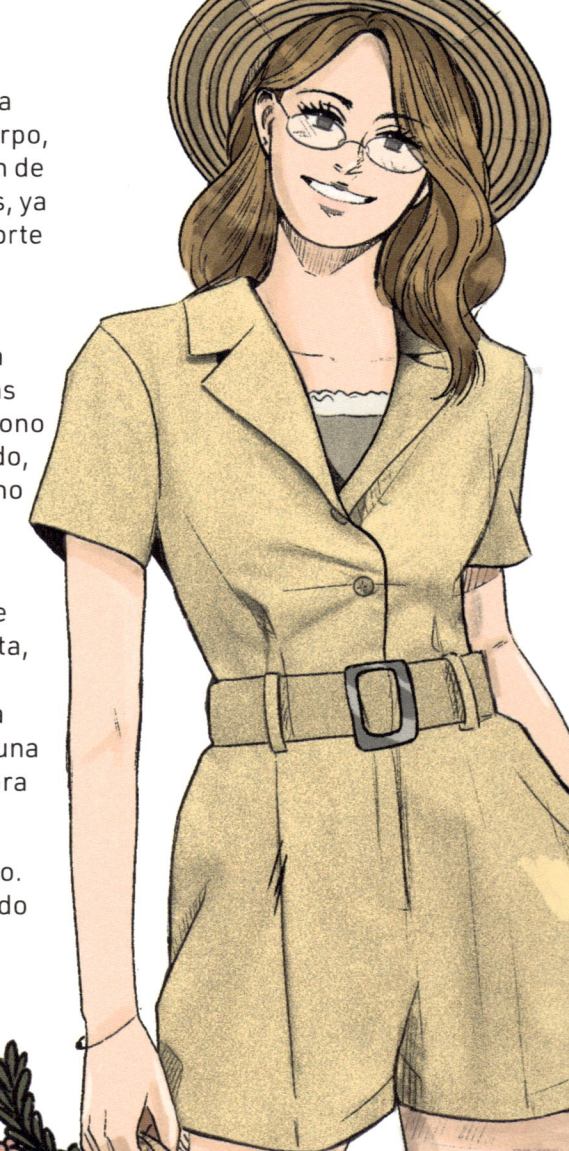

El mono tiene una forma aún más sencilla visto desde atrás.

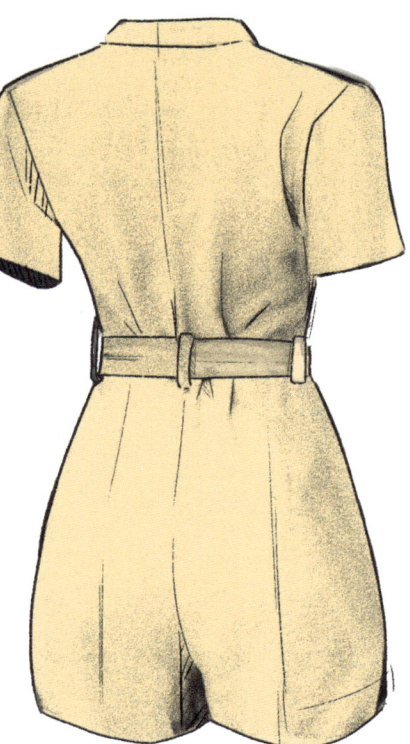

BOLSO DE PAJA

Un bolso de paja quedará genial con el mono y pondrá contexto al personaje. Puedes adaptar esta forma a un bolso más pequeño, ¡o llenar el bolso de flores!

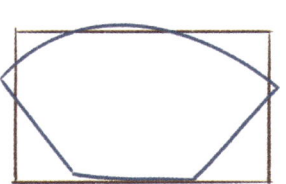

1 Dibuja un rectángulo a modo de guía para el tamaño y las proporciones generales del bolso. Dibuja una forma de abanico con la base plana.

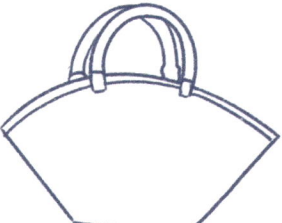

2 Añade las asas y una segunda línea para marcar la parte posterior de la bolsa, dándole un efecto 3D.

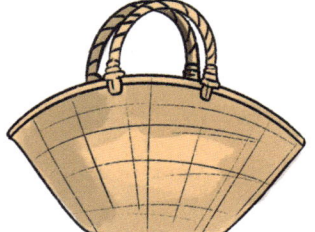

3 Dibuja una trama cruzada en todo el bolso para sugerir la paja trenzada y añade unas líneas en las asas.

SOMBREROS FLEXIBLES

Para dibujar el ala ancha y flexible de un sombrero de verano, debes hacerlo en varios pasos, empezando por la copa y añadiendo las formas exteriores e interiores del ala.

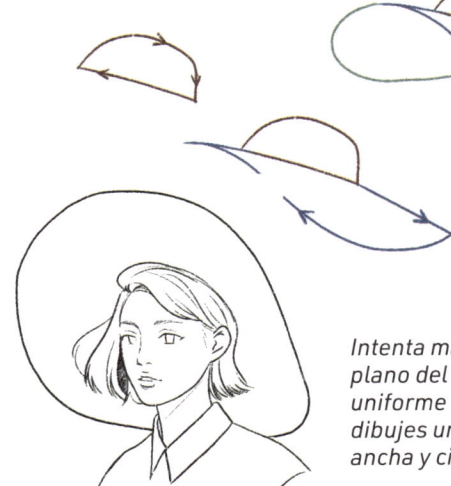

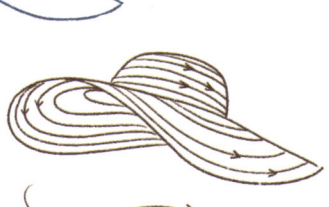

Intenta mantener el plano del sombrero uniforme cuando dibujes un ala ancha y circular.

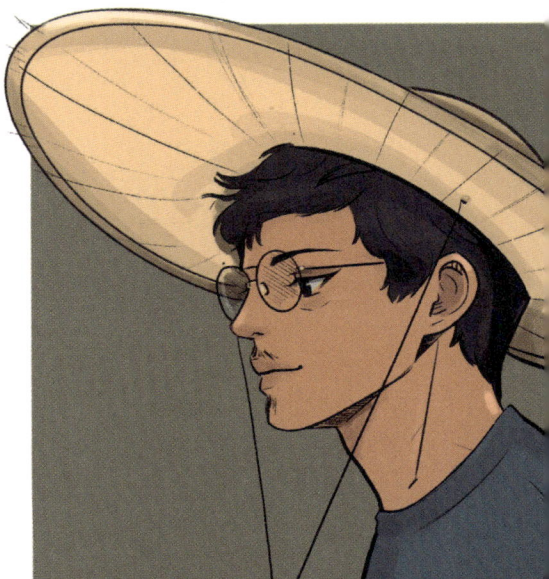

SECRETO DEL ARTE MANGA

Dibujar al estilo manga significa que puedes simplificar los detalles, de modo que, por ejemplo, la trama de un bolso o un sombrero de paja no tiene por qué ser precisa ni realista: puedes seguir destacando el efecto con solo esbozar unas pocas líneas.

Dibuja el clásico abrigo largo desde distintos ángulos para que puedas vestir a tu personaje con estilo. Consulta las páginas 54-55 para ver cortes y formas alternativos.

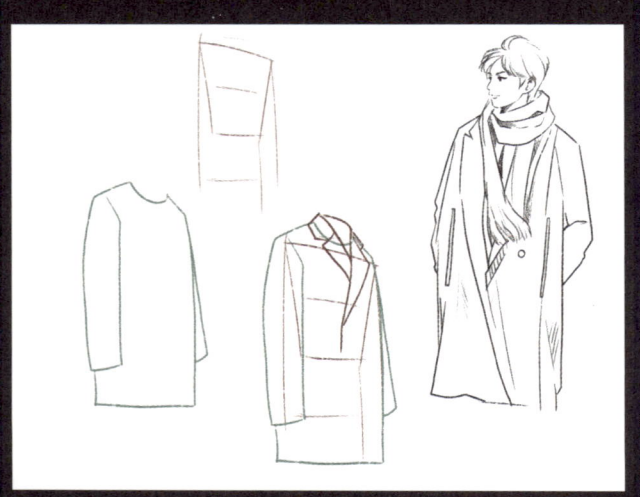

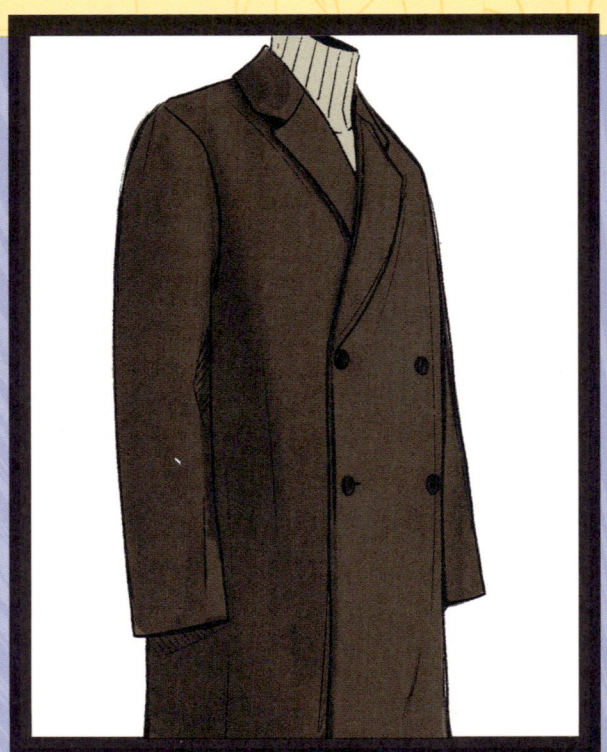

RESUMEN DEL EJERCICIO

Haz los ejercicios para vestir a tu personaje en cualquier estación del año. Una vez que domines los elementos individuales, intenta combinarlos en un dibujo para añadirlos a tu narrativa.

Con el pie a modo de guía, dibuja unas botas de agua que se ajusten holgadamente y se curven ligeramente alrededor de las pantorrillas. Añade los toques finales como se detalla en la página 56.

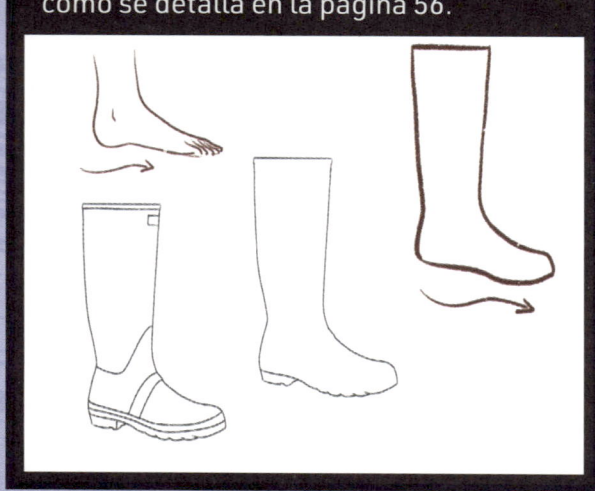

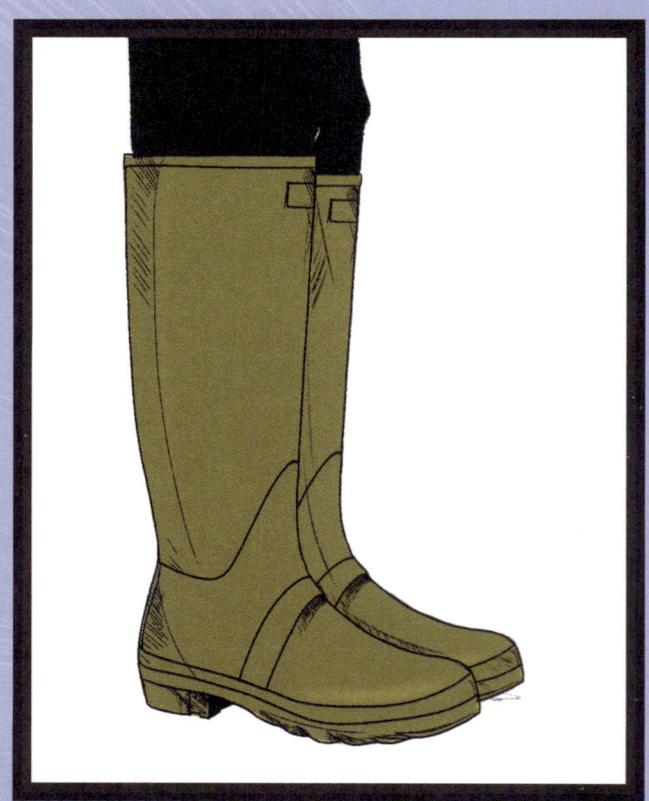

Para dibujar de lado un poncho para la lluvia (consulta la página 56), descompón la forma en figuras sencillas, añadiendo líneas fluidas para el contorno del dobladillo y las mangas.

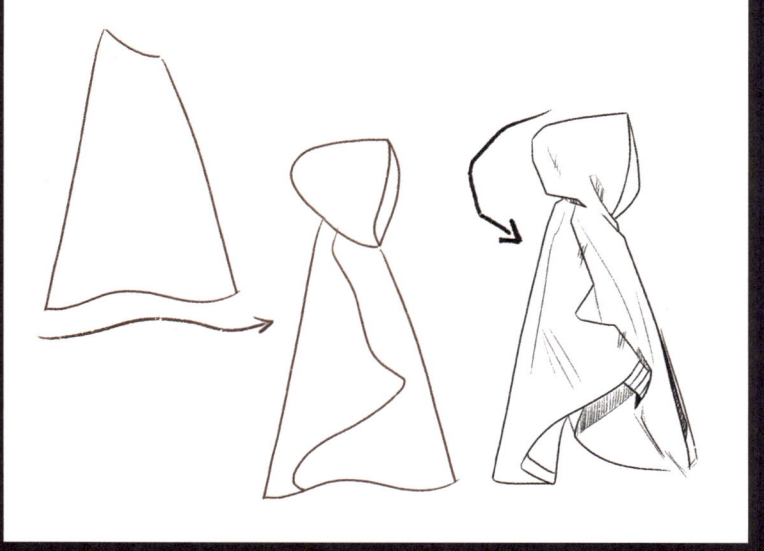

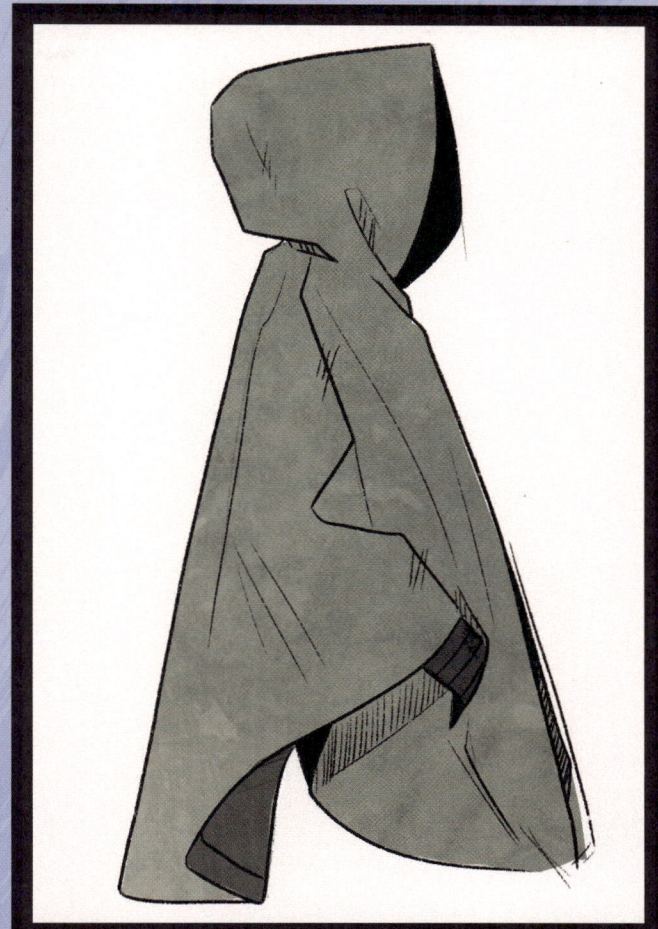

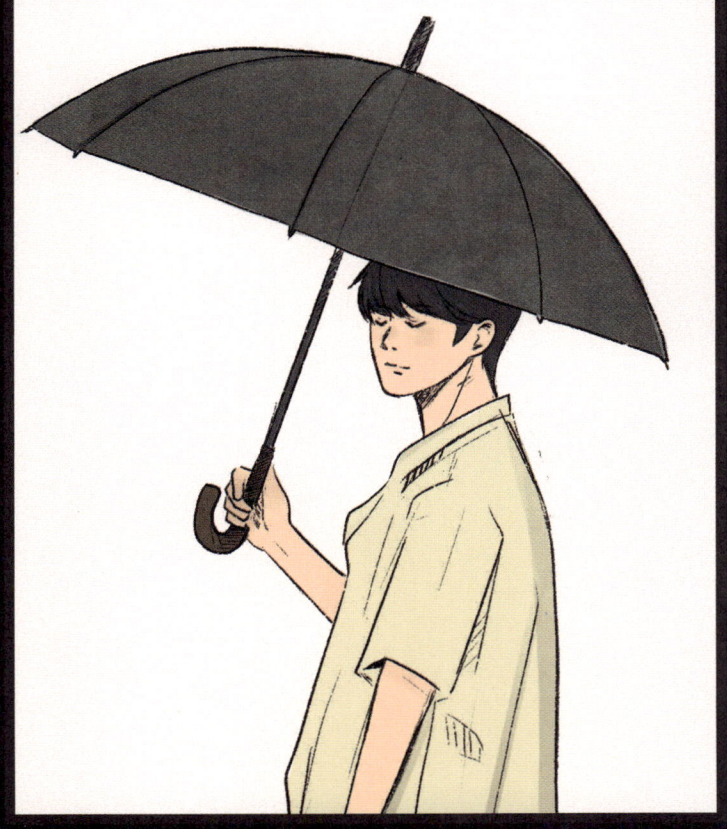

A partir de la elipse básica, añade un paraguas a tu pose para sugerir las inclemencias del tiempo. Consulta la página 57 para saber cómo dibujar también paraguas transparentes o plegados.

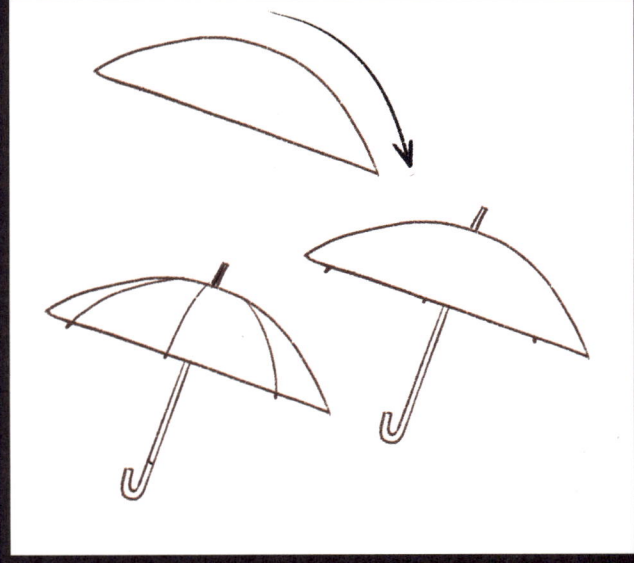

ARUNYI (@ARUNYI_)

Me llamo Arunyi y soy una artista independiente de Portugal. De niña, el anime me inspiraba a crear y dibujar mis propios personajes llenos de colorido, y desde entonces no he dejado de dibujar. Mis principales fuentes de inspiración para diseñar personajes son el Renacimiento y el Barroco, ¡me encanta recrearlos añadiéndoles un toque manga! Mis dibujos también se inspiran en muchos otros temas, desde personajes adorables en suaves tonos pastel hasta otros góticos con tintes oscuros y dramáticos.

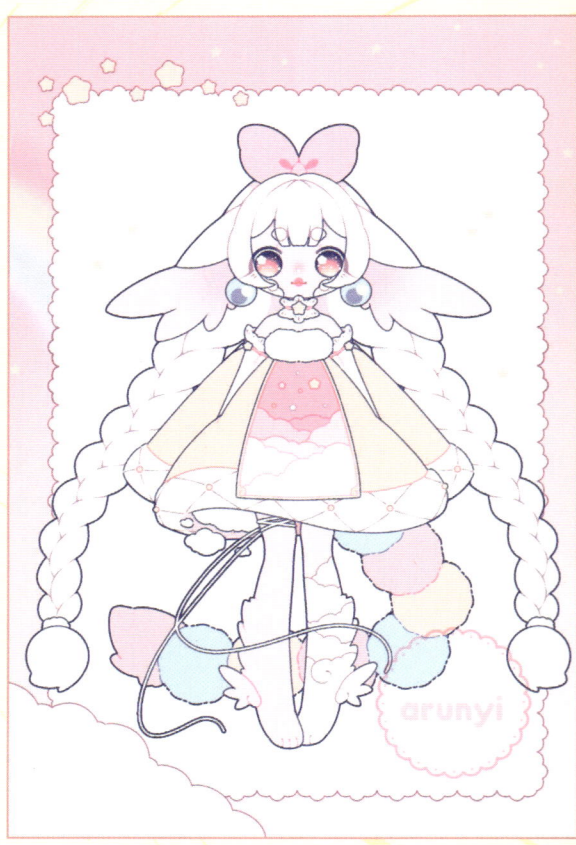

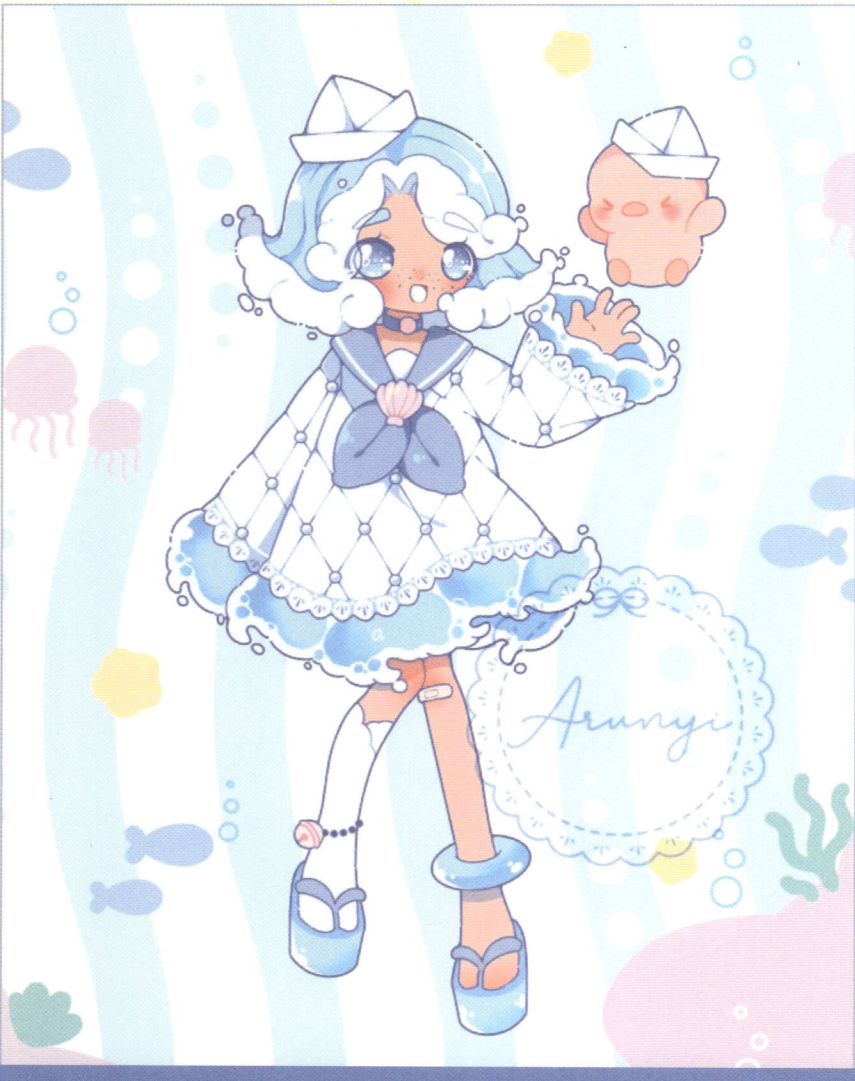

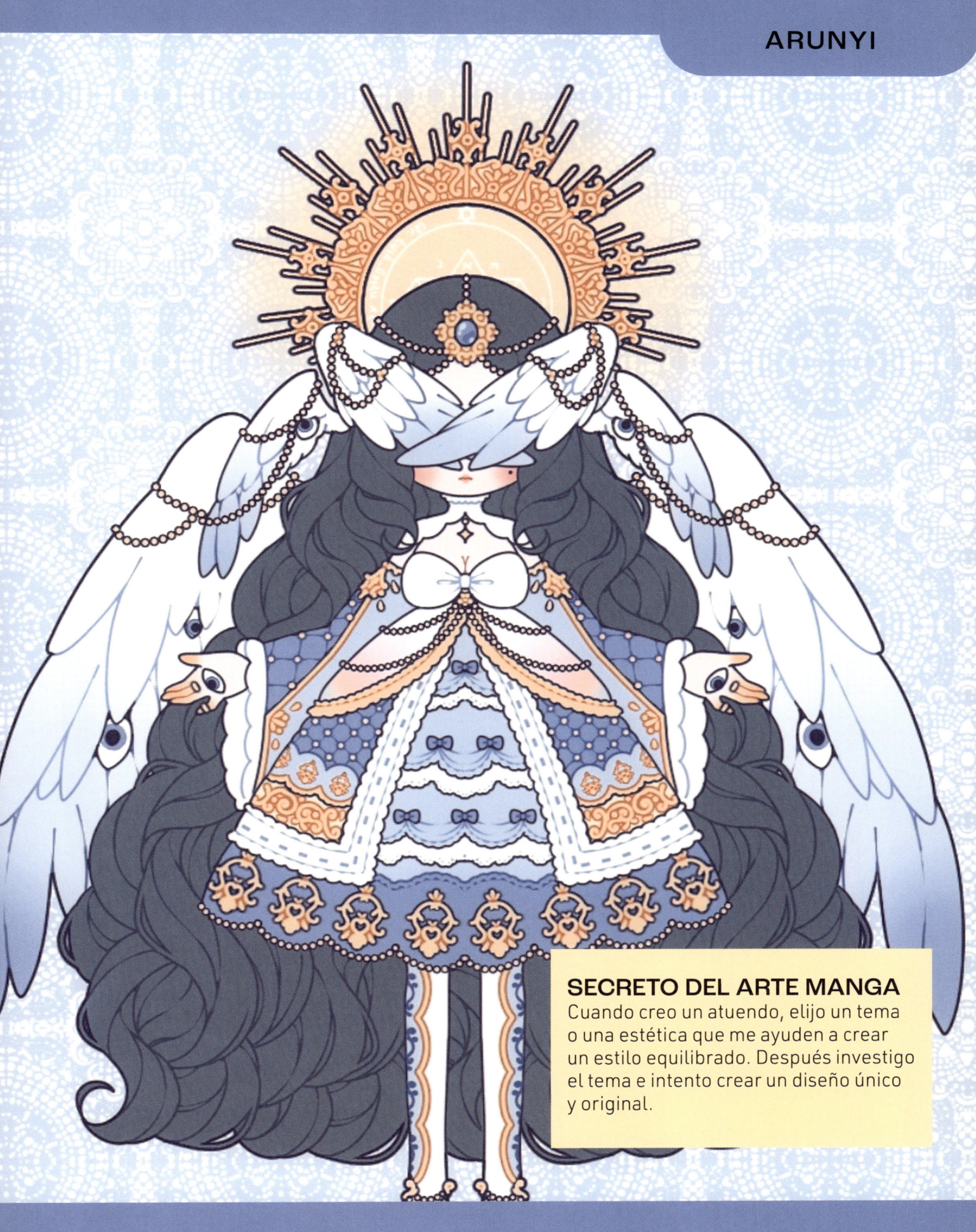

SECRETO DEL ARTE MANGA
Cuando creo un atuendo, elijo un tema o una estética que me ayuden a crear un estilo equilibrado. Después investigo el tema e intento crear un diseño único y original.

4.

ROPA ELEGANTE

Introducir un toque de glamur, romanticismo o elegancia a la antigua usanza es sencillo cuando optas por vestir a tu personaje con magníficos vestidos de noche y trajes elegantes.

FORMAL
ROMÁNTICA
ATEMPORAL
A MEDIDA
CLÁSICA

ESPECTACULAR
BAILE DE GRADUACIÓN
GLAMUR

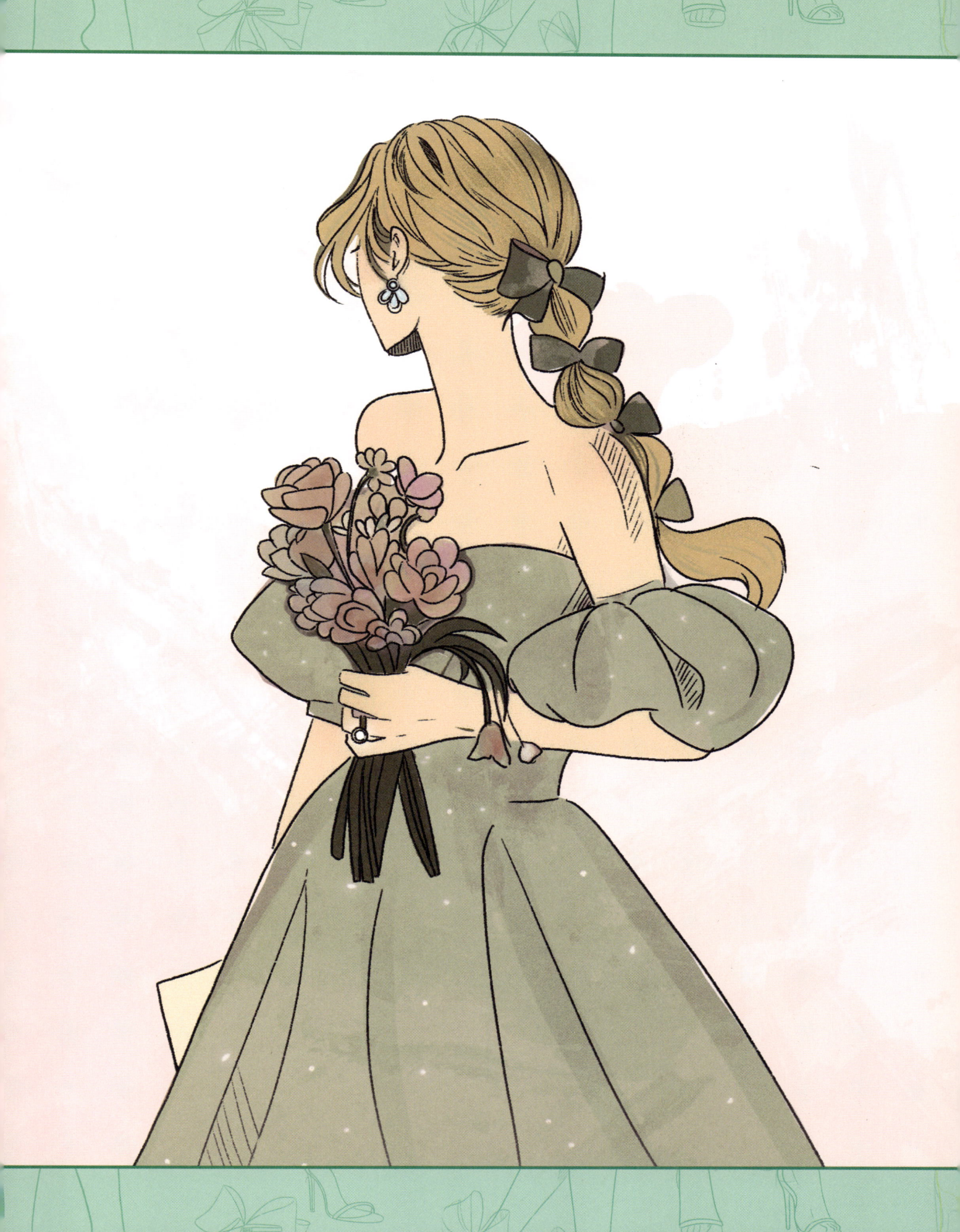

VESTIDOS DE FIESTA

Un vestido de noche glamuroso es la elección perfecta si quieres que tu personaje se vea elegante. Dibujar estos vestidos es muy divertido: una vez que tengas una forma básica, puedes adaptarla de infinitas maneras. Te mostraré cómo analizar la figura femenina y adaptar tu vestido a su forma para que tengas una base para tus diseños creativos.

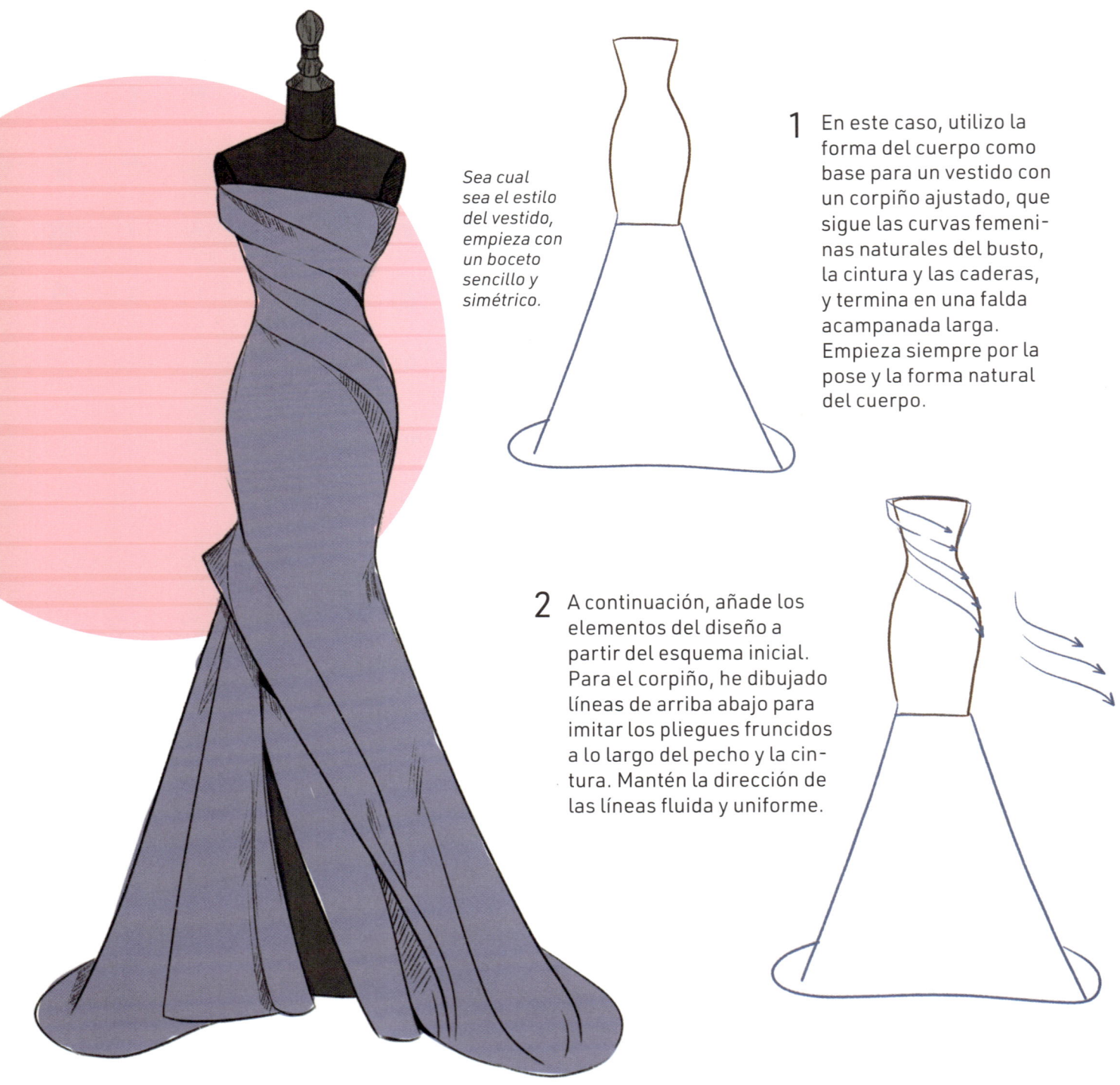

Sea cual sea el estilo del vestido, empieza con un boceto sencillo y simétrico.

1 En este caso, utilizo la forma del cuerpo como base para un vestido con un corpiño ajustado, que sigue las curvas femeninas naturales del busto, la cintura y las caderas, y termina en una falda acampanada larga. Empieza siempre por la pose y la forma natural del cuerpo.

2 A continuación, añade los elementos del diseño a partir del esquema inicial. Para el corpiño, he dibujado líneas de arriba abajo para imitar los pliegues fruncidos a lo largo del pecho y la cintura. Mantén la dirección de las líneas fluida y uniforme.

3 La espectacular abertura de la falda y los voluminosos pliegues contribuyen a dar un efecto 3D. Acentúalos con sombreados en el interior y un dobladillo vuelto a lo largo de la abertura, con parte de la tela tocando el suelo. Dibuja cada pliegue por separado, perfilando las formas antes de añadir los sombreados.

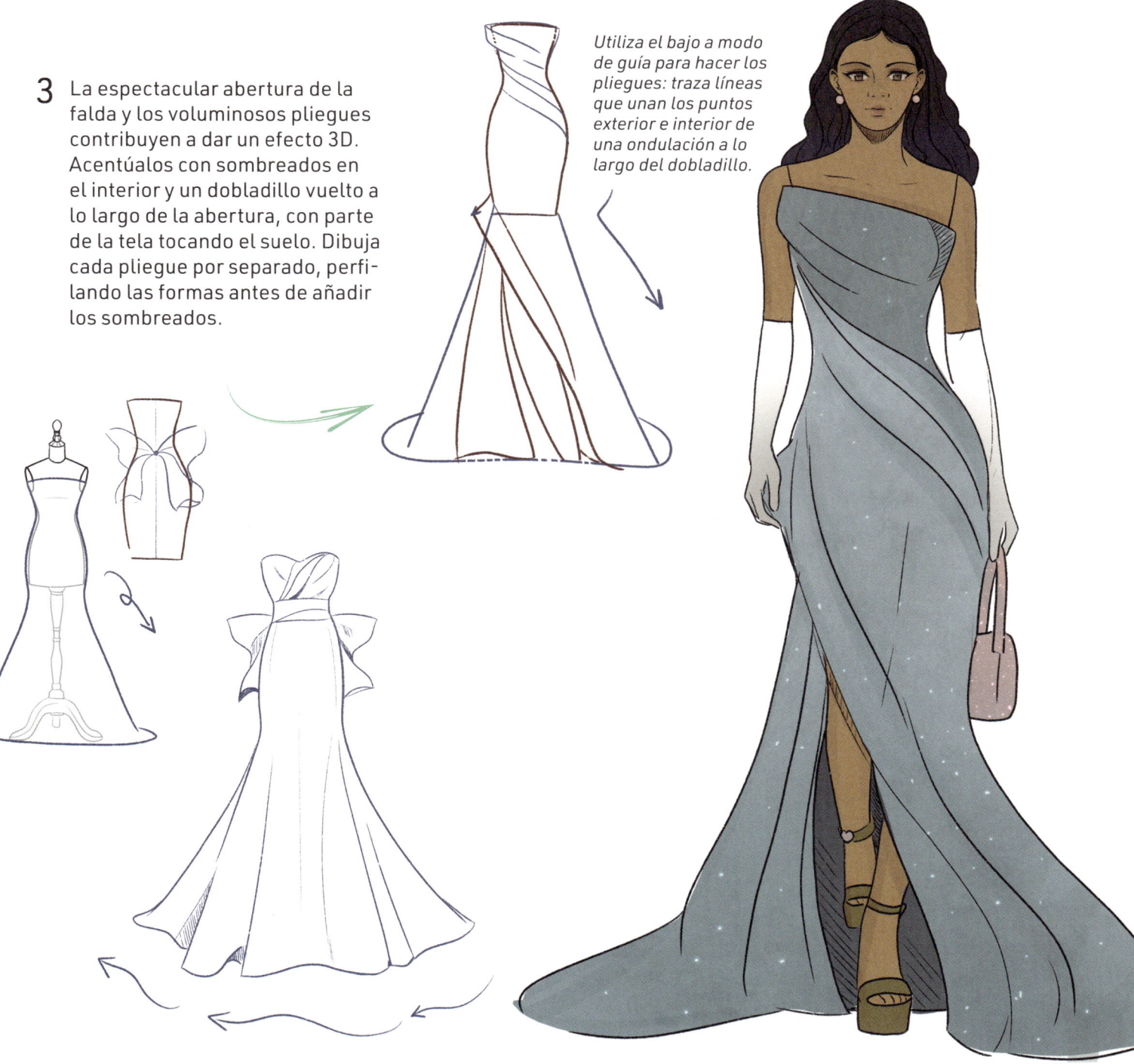

Utiliza el bajo a modo de guía para hacer los pliegues: traza líneas que unan los puntos exterior e interior de una ondulación a lo largo del dobladillo.

Aquí he partido del mismo boceto básico del vestido, pero le he añadido un escote en forma de corazón y un extravagante lazo de gran tamaño en la parte posterior. Es importante que la posición de estos elementos sea coherente vista de frente, de espaldas o de perfil.

SECRETO DEL ARTE MANGA
Para mantener la coherencia al dibujar el mismo elemento desde distintos ángulos, imagina que trabajas con un maniquí de modista que puedes girar y ver desde todos los lados.

Es fácil dejarse llevar por la belleza de los vestidos de noche una vez que empiezas a dibujarlos, y pronto empezarás a adaptar una idea a otra para crear tu propia «colección».

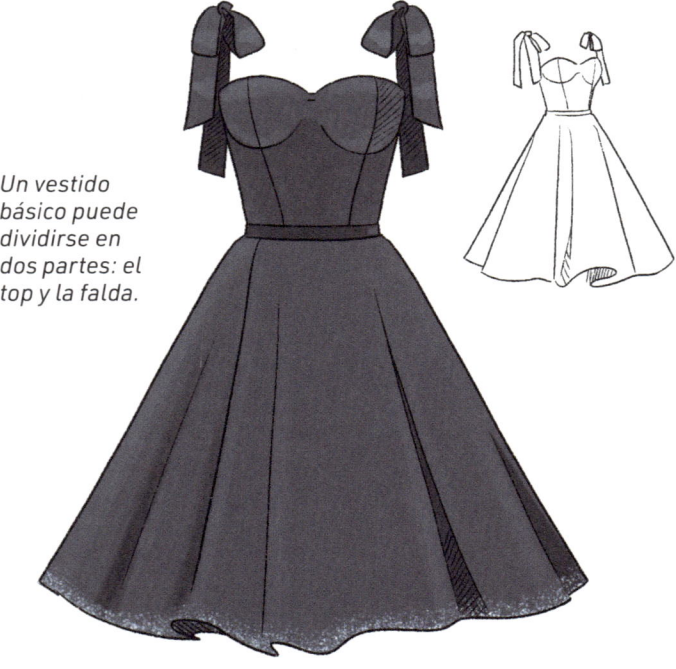

Un vestido básico puede dividirse en dos partes: el top y la falda.

FALDAS CORTAS

Los bajos más cortos dan un aire más juvenil a los trajes de noche, pero con todo el glamur y la elegancia de un vestido de baile tradicional.

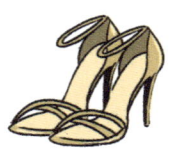

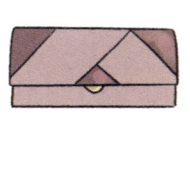

Piensa también en los accesorios y las joyas, y planifícalos antes de añadirlos a la pose final.

CORTO POR DELANTE Y LARGO POR DETRÁS

Dispones de muchas opciones: modificar la longitud, variar el escote, añadir mangas o tirantes, o dibujarlo sin tirantes.

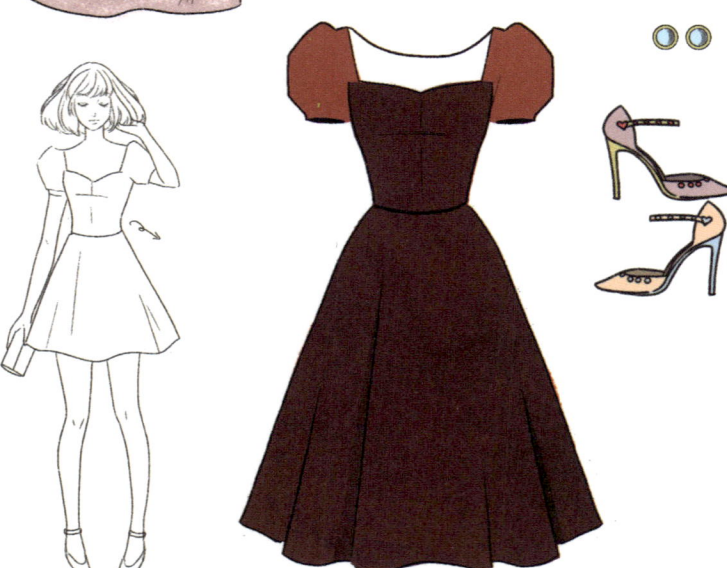

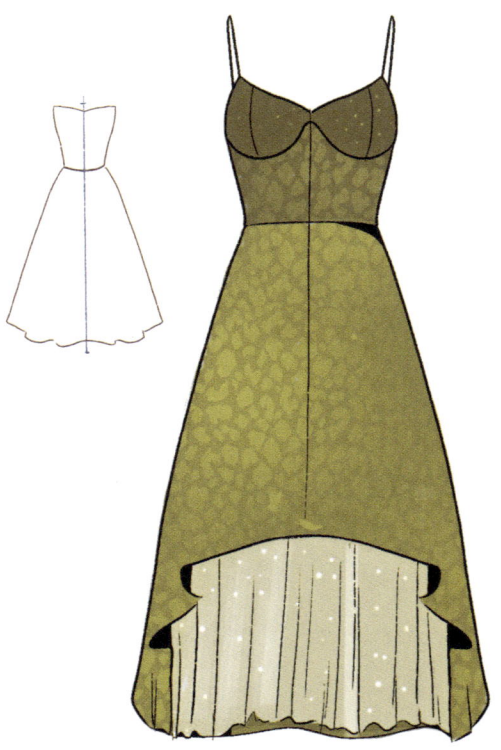

VESTIDO LARGO

Estas tres variaciones demuestran cómo se puede adaptar un boceto básico con cambios sencillos que dan como resultado un *look* muy diferente.

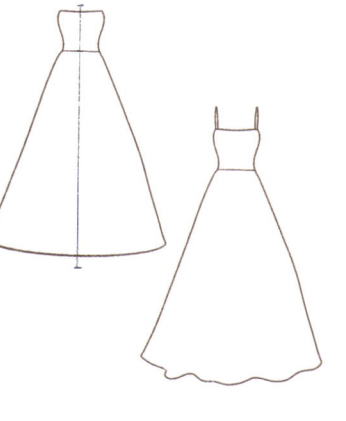

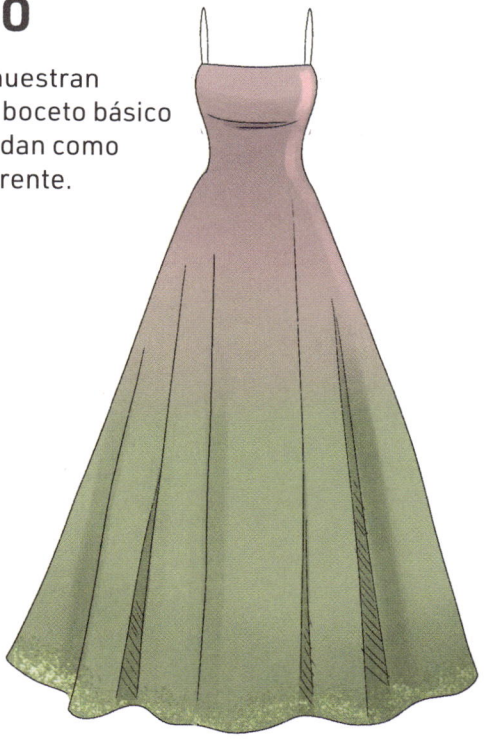

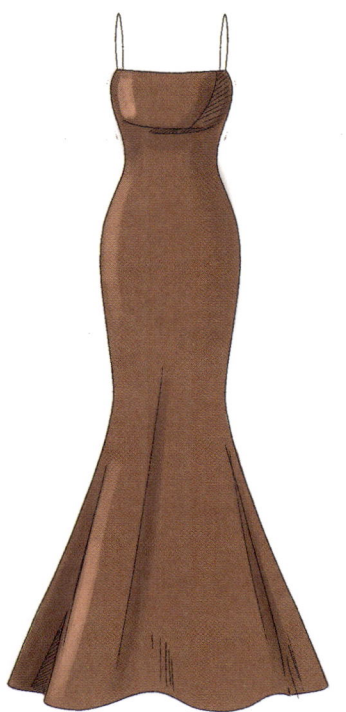

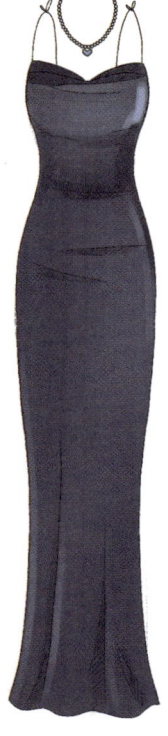

En círculo　　　*Pliegues en forma de cola de pez*　　*Efecto columna*

ESCOTE EN FORMA DE CORAZÓN

La falda con vuelo y el corpiño entallado sugieren un *look* clásico para el baile de graduación. Este escote acentuará el busto.

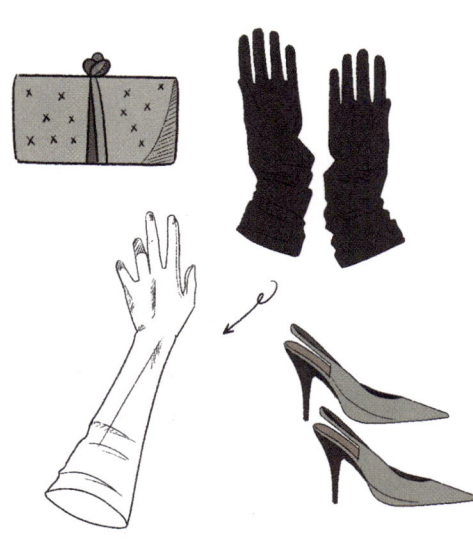

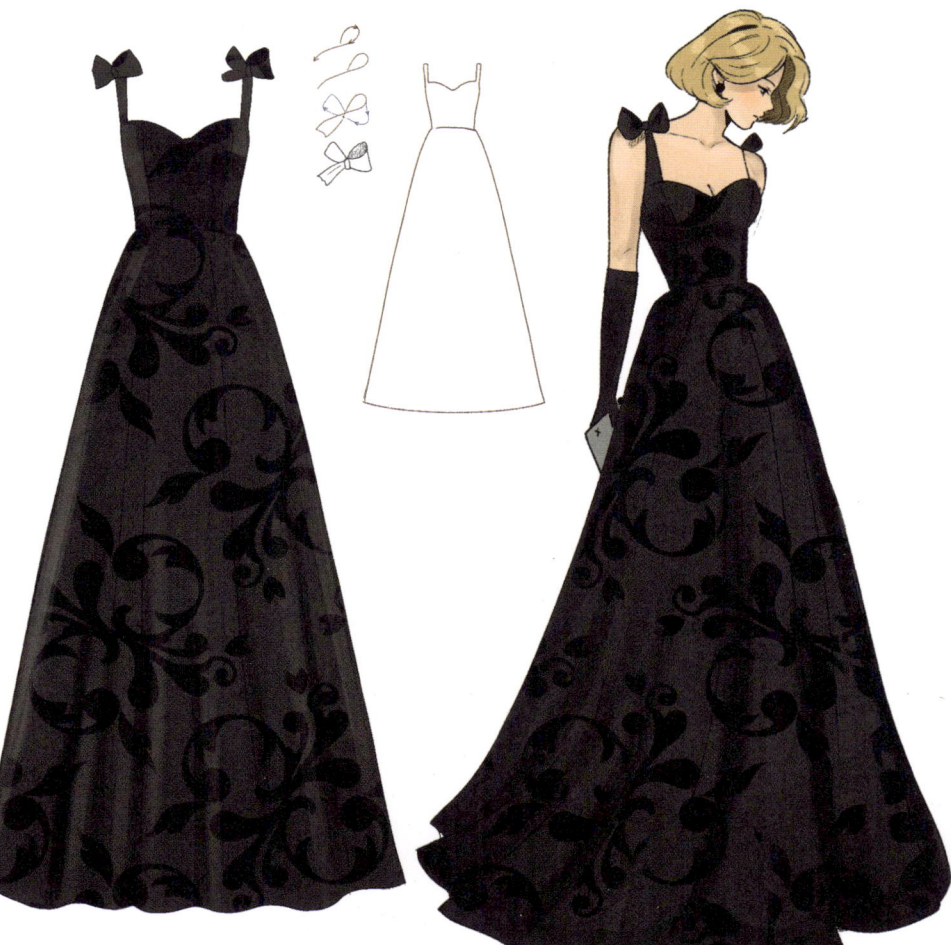

VESTIDO DE GALA

Aquí vamos a dibujar un atuendo completo para nuestro personaje: desde el peinado con una trenza hasta los pendientes. Empieza con un concepto para todo el vestido; a mí me gusta dibujar mi diseño en un maniquí de modista. A continuación, esboza la pose básica y empieza a «vestirla», añadiendo el top, las mangas y la falda y, después, los accesorios uno a uno.

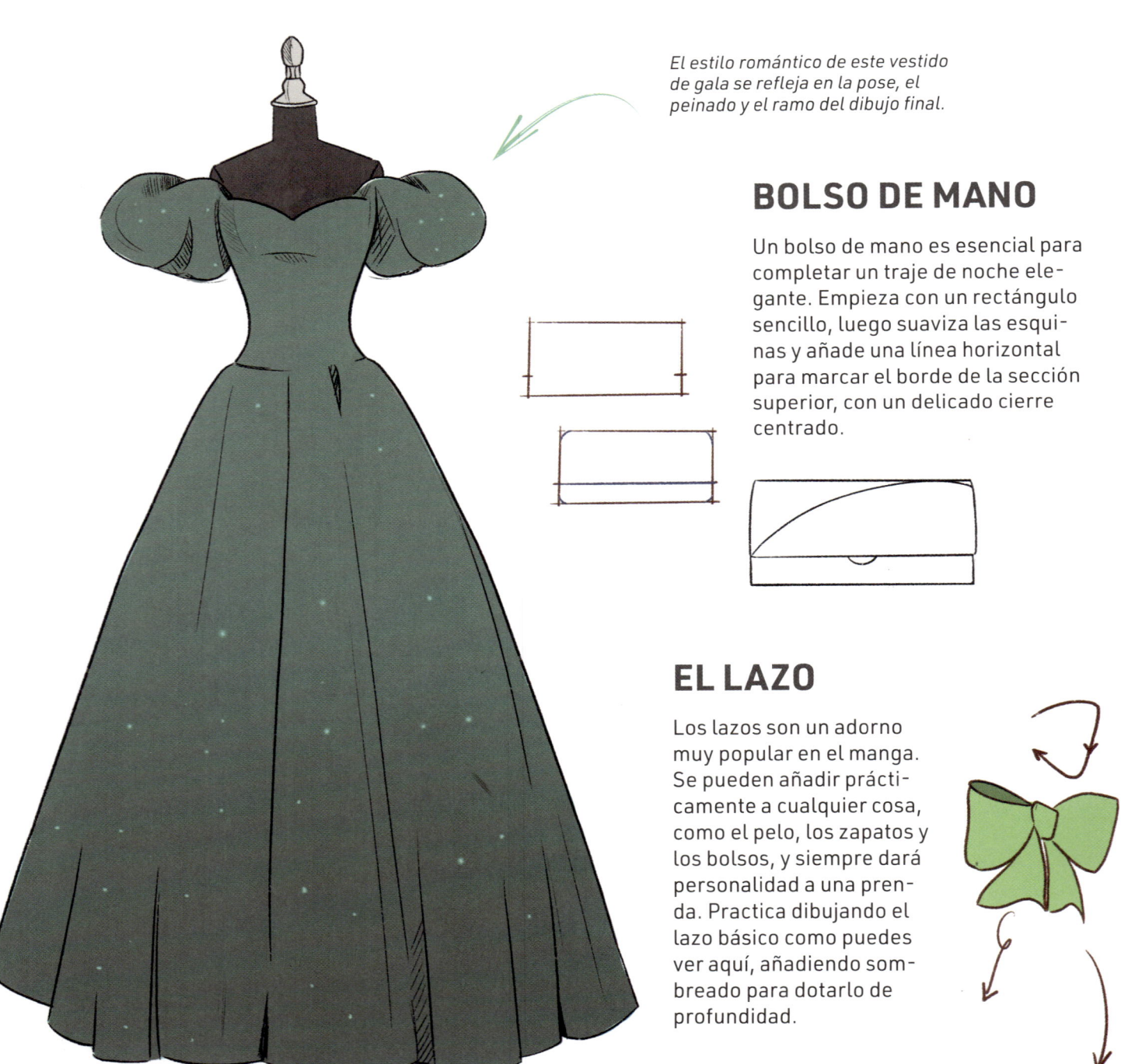

El estilo romántico de este vestido de gala se refleja en la pose, el peinado y el ramo del dibujo final.

BOLSO DE MANO

Un bolso de mano es esencial para completar un traje de noche elegante. Empieza con un rectángulo sencillo, luego suaviza las esquinas y añade una línea horizontal para marcar el borde de la sección superior, con un delicado cierre centrado.

EL LAZO

Los lazos son un adorno muy popular en el manga. Se pueden añadir prácticamente a cualquier cosa, como el pelo, los zapatos y los bolsos, y siempre dará personalidad a una prenda. Practica dibujando el lazo básico como puedes ver aquí, añadiendo sombreado para dotarlo de profundidad.

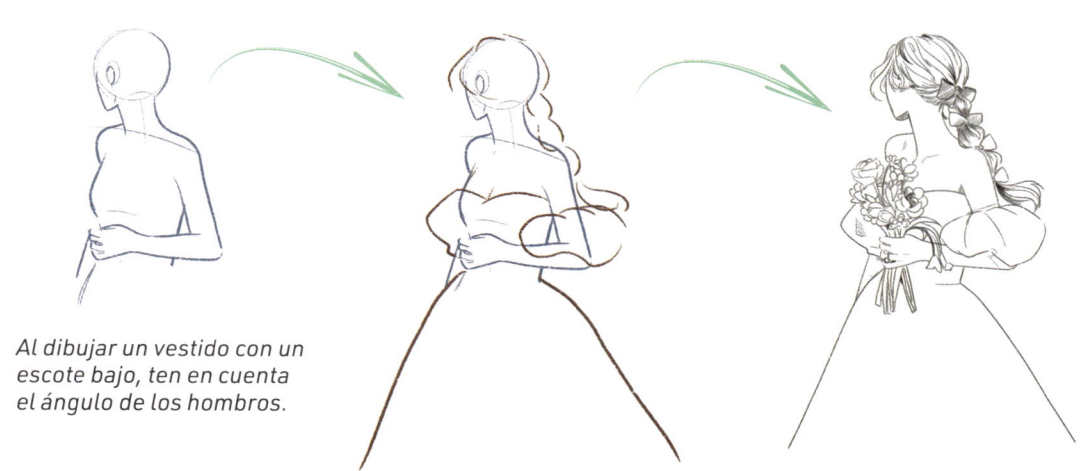

Al dibujar un vestido con un escote bajo, ten en cuenta el ángulo de los hombros.

Con una vista lateral puedes hacer que el peinado que elijas sea un rasgo distintivo.

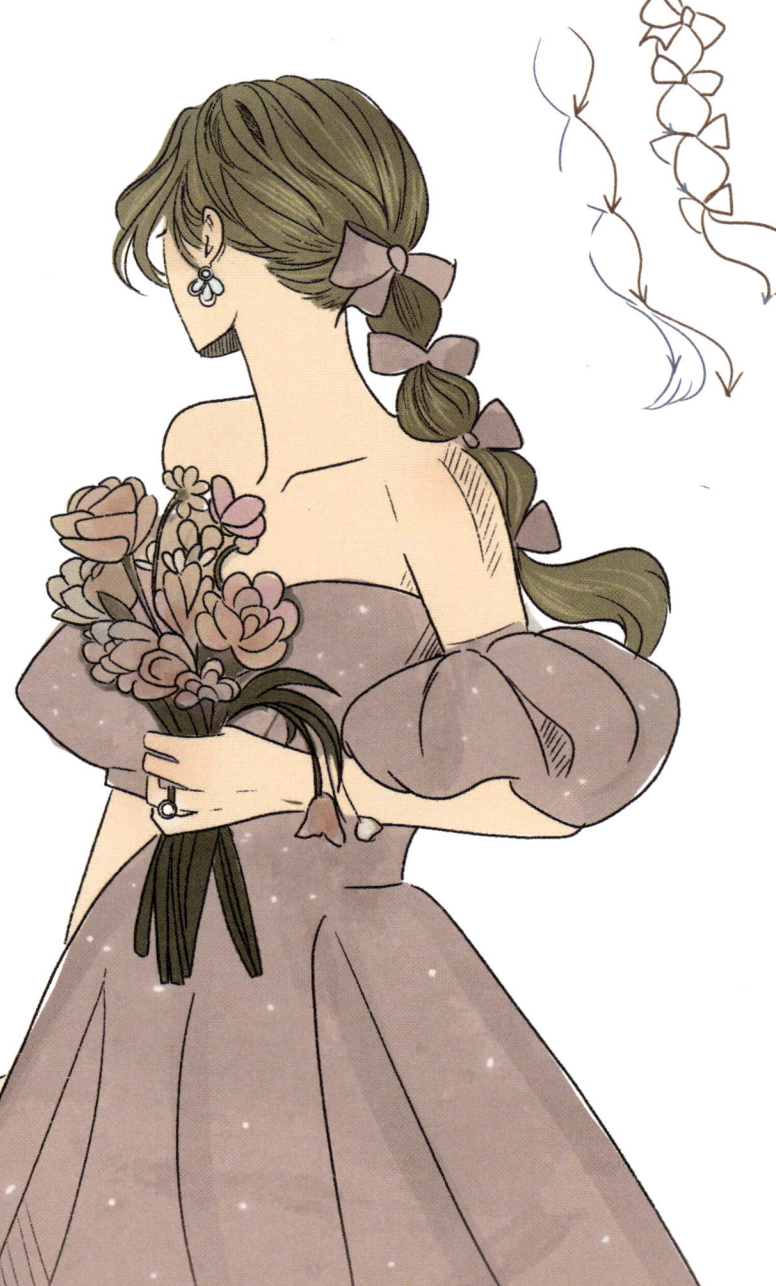

TRENZA CON ADORNOS

Para dibujar una trenza, perfila los segmentos por separado, procurando que cada lado se una en el mismo punto y cree un patrón rítmico. Haz pequeñas variaciones en el tamaño y la forma de cada segmento para dar a la trenza un aire natural, y dibuja los mechones sueltos al final con un trazo amplio y dinámico.

ACCESORIOS

Para añadir pendientes, dibuja la oreja como guía para obtener las proporciones correctas y simplifica el objeto en función de la forma exterior. Luego, dibuja otra línea en el interior para sugerir el pliegue de la oreja.

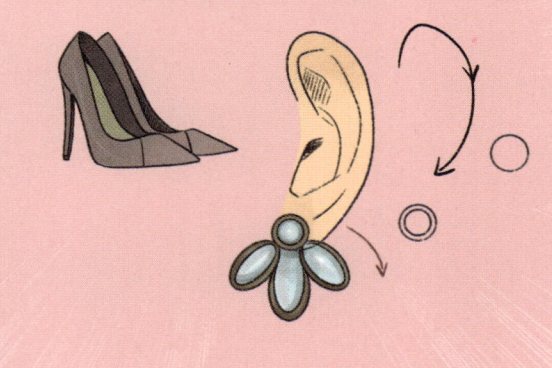

TRAJES

No cabe duda de que un traje irradia elegancia y refinamiento. Formal por definición, es un *look* que funciona para la oficina, las graduaciones académicas, las bodas y las noches de gala. Como este traje requiere múltiples elementos, dibújalo por partes o por capas.

Hay muchos tipos de trajes, desde la sencilla combinación de chaqueta y pantalón hasta el look *más formal de tres piezas con chaleco a juego, pasando por el cambio de las solapas y la incorporación de una pajarita.*

PANTALONES DE VESTIR

Veamos cómo dibujar unos pantalones que combinen con la chaqueta de nuestro traje. Los pantalones formales son relativamente rectos y estrechos, así que empieza por hacer un boceto que siga la forma y la longitud de la pierna. He dibujado un estilo entallado con perneras estrechas, por lo que el ajuste es solo un poco más ancho que el cuerpo. Da un poco de forma al pantalón, añadiendo detalles como la cintura, la bragueta y los bolsillos. Un pliegue central da un acabado elegante a las perneras, y no olvides agregar pliegues y arrugas, ya que estos pantalones son ajustados.

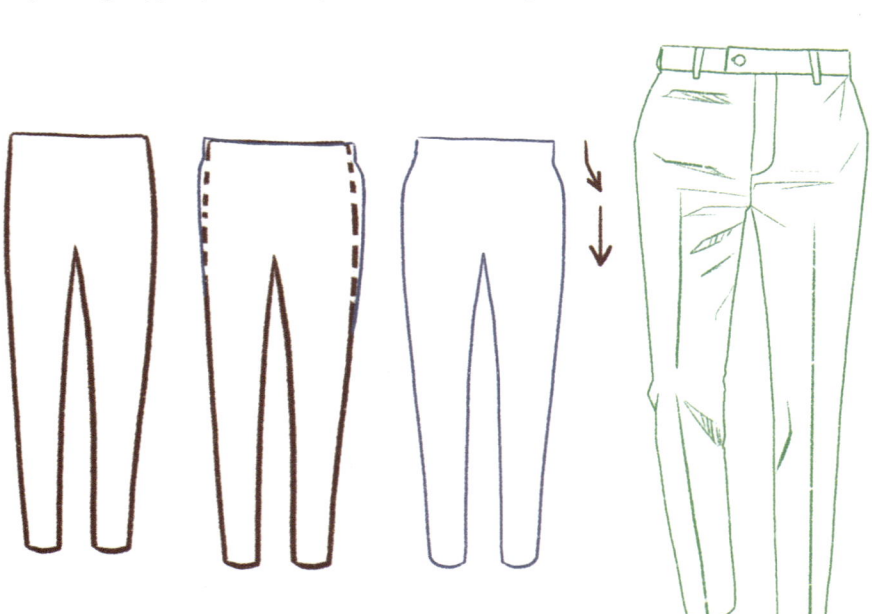

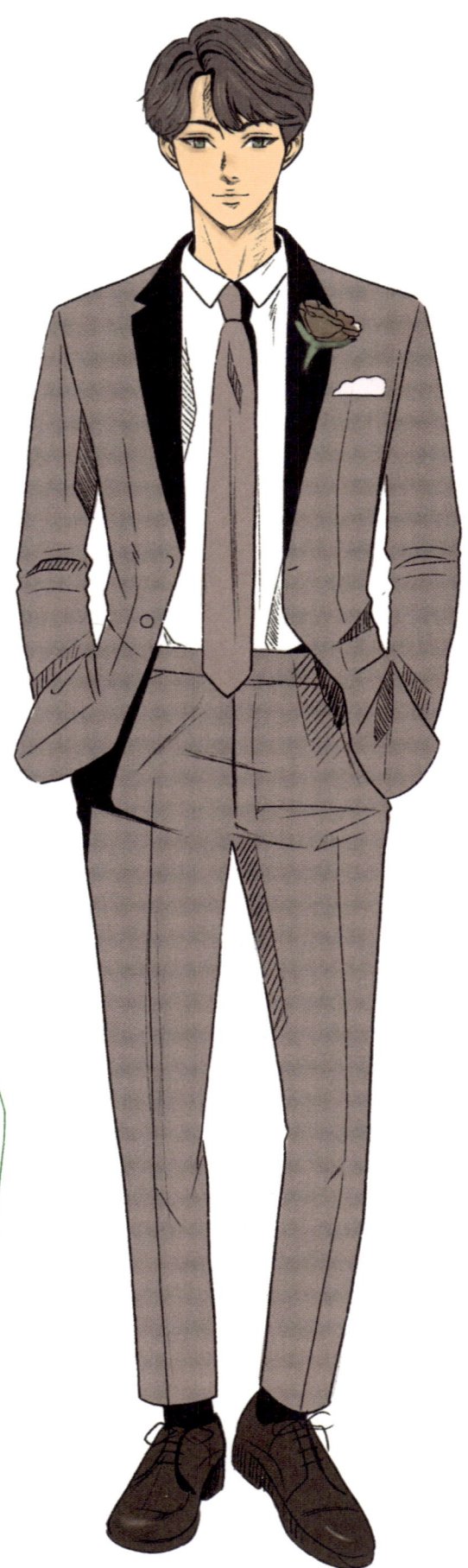

CHAQUETA DE VESTIR

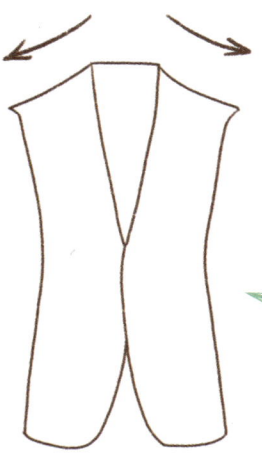

1 Divide la chaqueta en dos partes: la sección central y las mangas. Empieza con una forma rectangular que termine en las caderas.

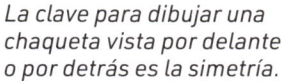

La clave para dibujar una chaqueta vista por delante o por detrás es la simetría.

2 Divide el rectángulo por la mitad con un escote en forma de V y los bajos curvados. Ajusta el ángulo de los hombros y añade las mangas, procurando que queden niveladas.

3 Añade los detalles de la chaqueta: las solapas deben ser simétricas y debes colocar las solapas de los bolsillos en el mismo plano. Coloca los botones.

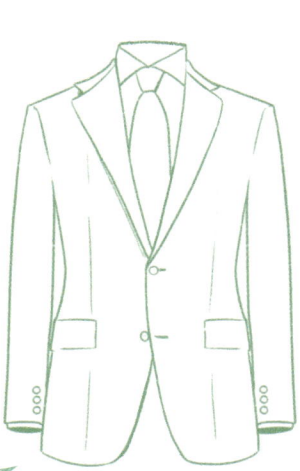

4 Intenta visualizar los elementos ocultos bajo la chaqueta: una camisa y una corbata y, a veces, un chaleco (consulta la página 74), y trabaja por capas para completar el *look*.

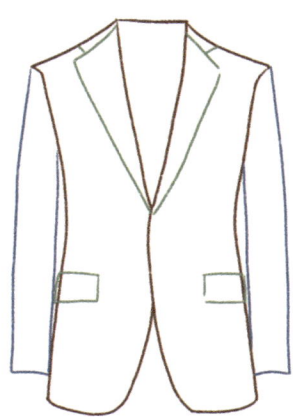

SOLAPAS

Las solapas de las chaquetas pueden ser un elemento dominante con estilo propio, ya sea en un tejido que contraste como el satén o el terciopelo, en un color diferente o simplemente más grandes que la media.

Procura que las líneas y las curvas sean lo más suaves posible, dibujándolas de arriba abajo.

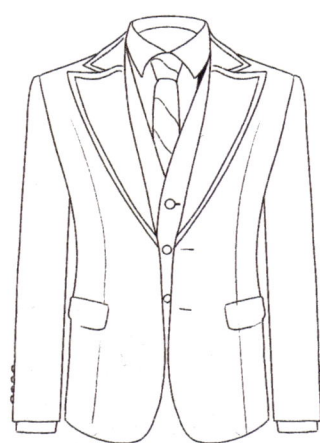

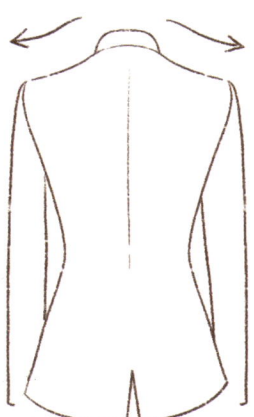

Vista por detrás

SECRETO DEL ARTE MANGA

Para dibujar con precisión una chaqueta de traje, hay que captar la inclinación natural de los hombros y reflejarla en la hechura. Utiliza la forma del torso a modo de guía.

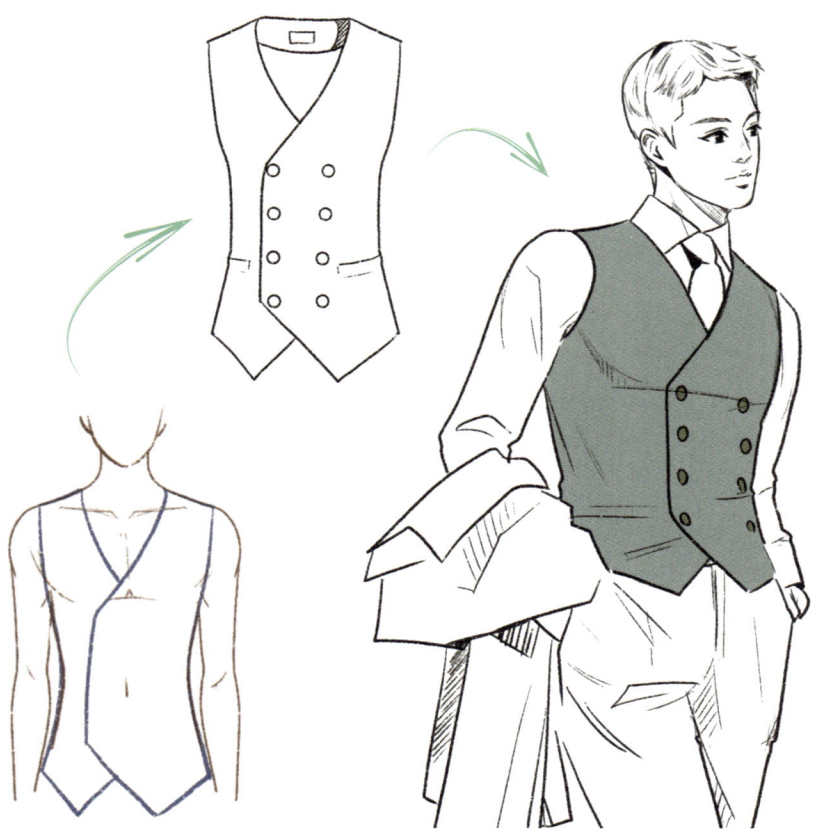

CHALECO

Un chaleco completa un traje de tres piezas y dará a tu personaje un aire refinado. Dibuja un chaleco de forma similar a una chaqueta (consulta la página 73), pero ten en cuenta que el chaleco es más ajustado y se adapta a la forma del cuerpo. Para empezar, esboza el torso para que te sea más fácil determinar la anchura del pecho y el punto en el que el chaleco se asienta en las caderas. Hay muchos tipos de chalecos (por ejemplo, estampados y lisos, y de uno o dos botones), así que elige el que vaya mejor con el carácter de tu personaje.

PAJARITA

Considerada parte del traje de cinco piezas junto con la camisa de vestir, la pajarita sugiere ocasiones formales y elegancia tradicional. Las pajaritas son fáciles de dibujar: empieza por la sección central y luego añade los lados.

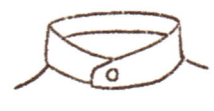

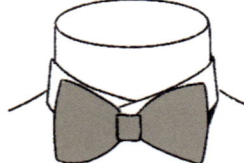

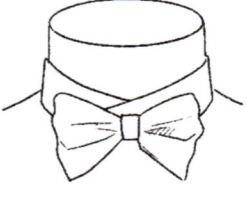

Evita los contornos rígidos y opta por las formas redondeadas, que siempre aportan naturalidad.

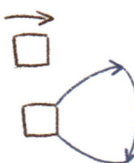

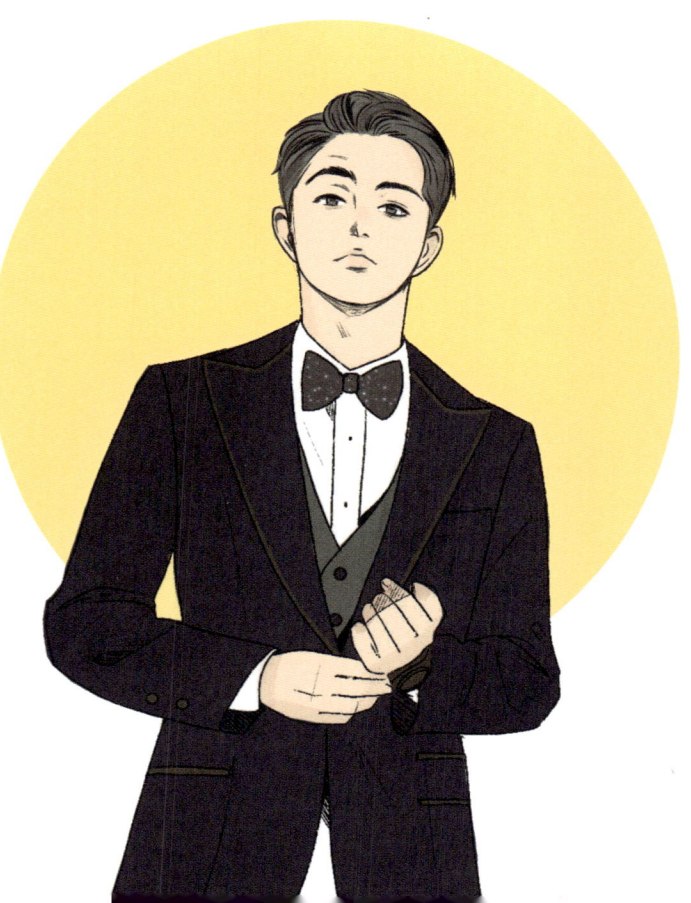

CORBATAS

La corbata es el toque final básico para un traje. Debe dibujarse junto al cuello de la camisa, ya que ambos están conectados de forma natural. Coloca el nudo entre las puntas del cuello y mantén la corbata completamente paralela y simétrica.

Si la punta de la corbata parece separada, mantenla alineada con la parte superior para conseguir un acabado profesional.

En los trajes enta-llados, a veces solo se utiliza un botón para abrochar la chaqueta.

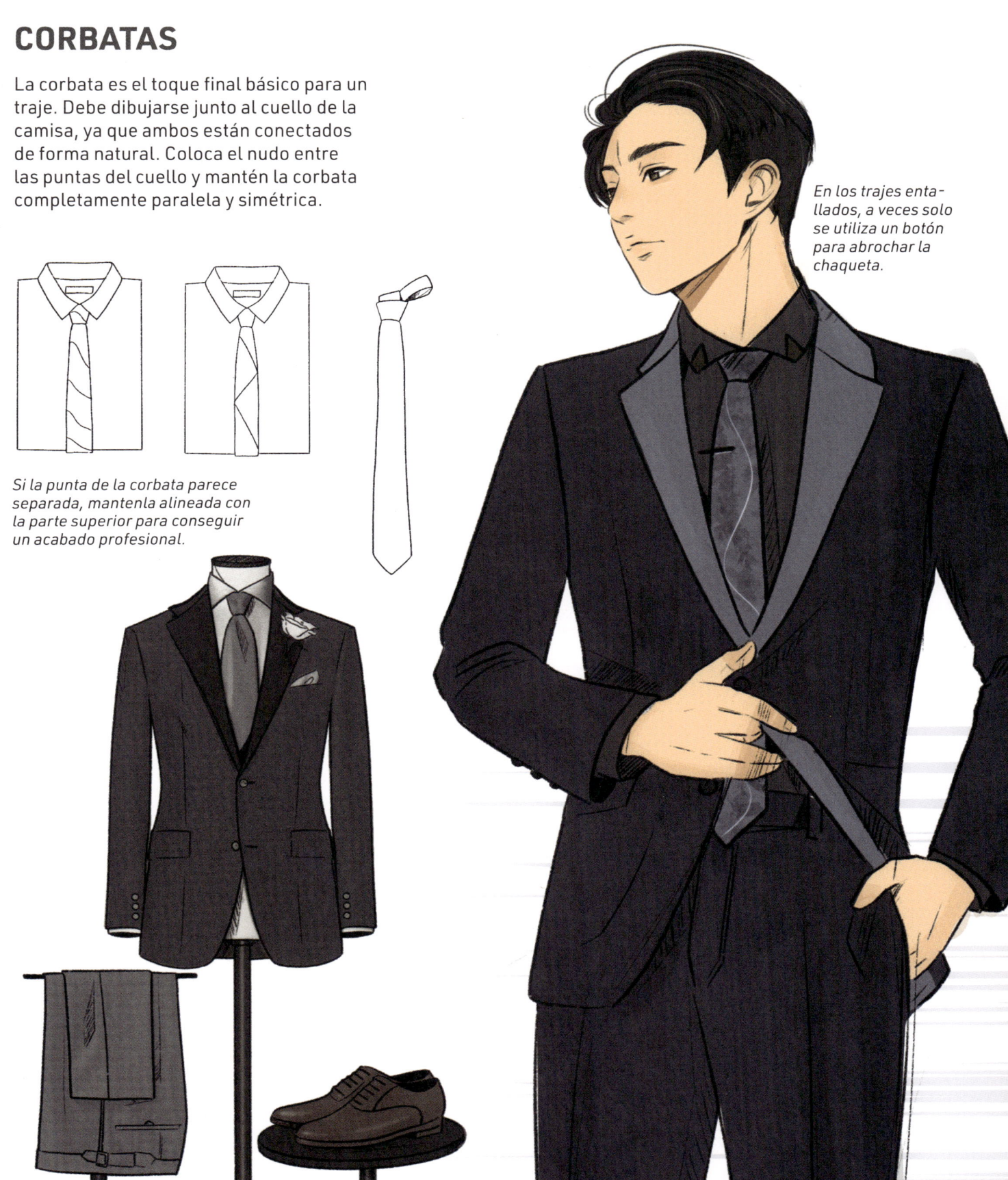

ZAPATOS DE VESTIR

El calzado es un factor importante a la hora de crear estilo. Tanto para los personajes masculinos como para los femeninos existe una gran variedad de formas y materiales. Los zapatos de vestir masculinos suelen ser los tradicionales Oxford o los zapatos de cuero calado con cordones, así como los mocasines. En el caso de los personajes femeninos, los zapatos de tacón aportan altura y ponen un toque de glamur al *look*. Inspírate en estas ilustraciones para crear tu propio calzado.

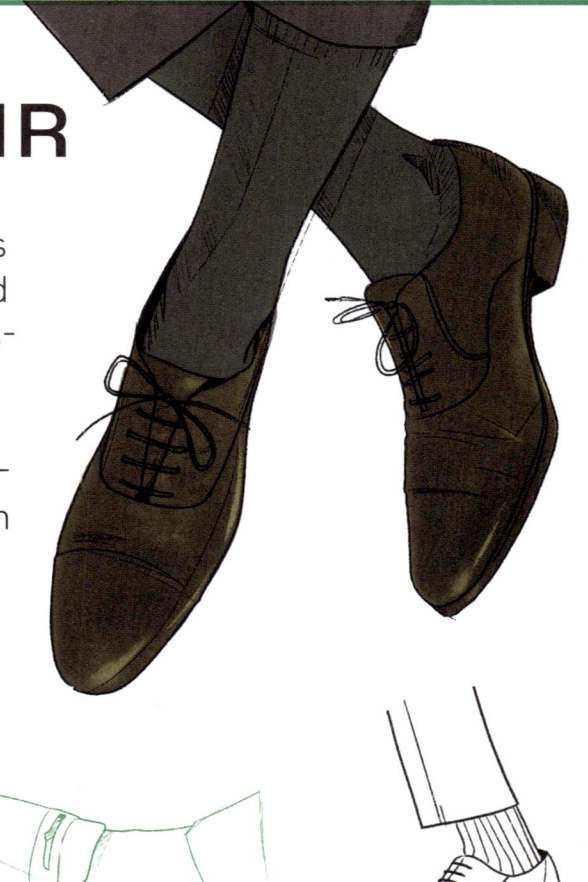

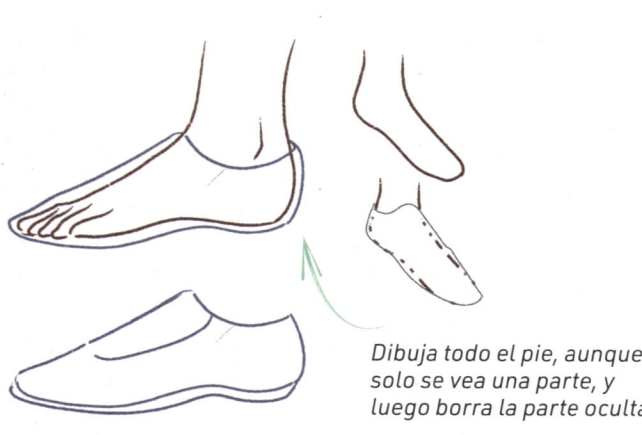

Dibuja todo el pie, aunque solo se vea una parte, y luego borra la parte oculta.

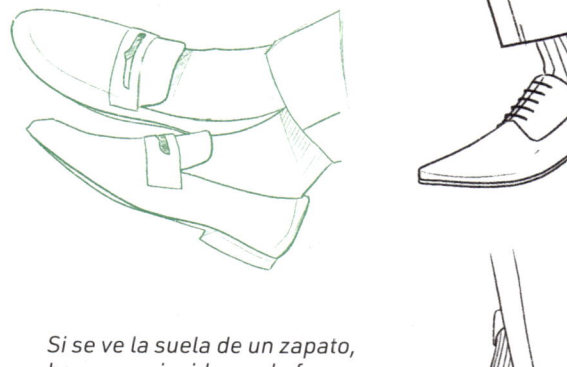

Si se ve la suela de un zapato, haz que coincida con la forma del pie derecho o izquierdo de tu pose.

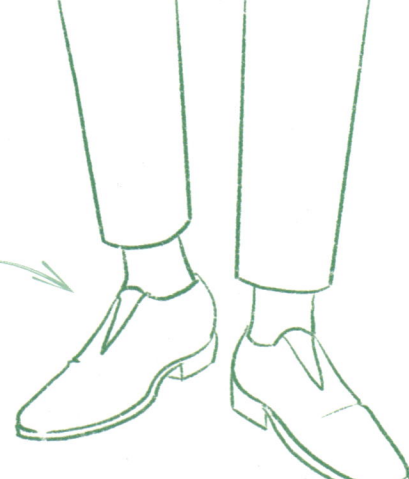

Procura que la talla, la longitud y la forma de los zapatos coincidan cuando se vean uno al lado del otro.

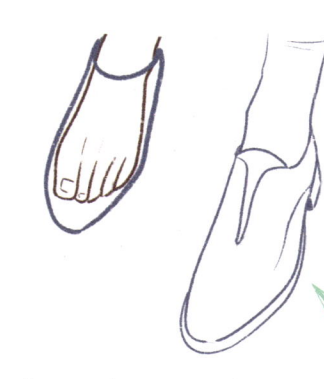

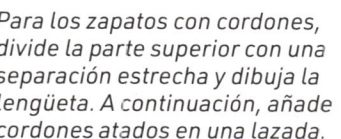

Para los zapatos con cordones, divide la parte superior con una separación estrecha y dibuja la lengüeta. A continuación, añade cordones atados en una lazada.

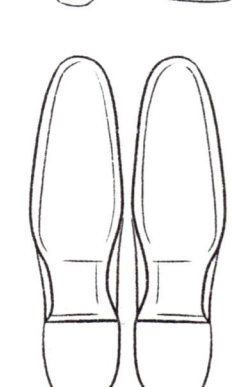

ZAPATOS DE TACÓN

Puedes divertirte mucho diseñando zapatos a juego con los trajes de noche de tu personaje. En general, un zapato de tacón es fino y ceñido, a veces con correas que dejan al descubierto el pie y los dedos. Para dibujar zapatos de tacón hay que seguir los mismos principios que para los zapatos de vestir masculinos, pero teniendo en cuenta la altura del tacón y cómo esta influye en la forma del pie.

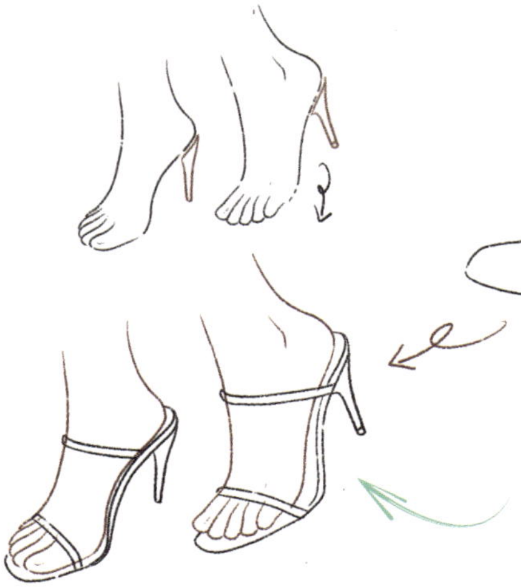

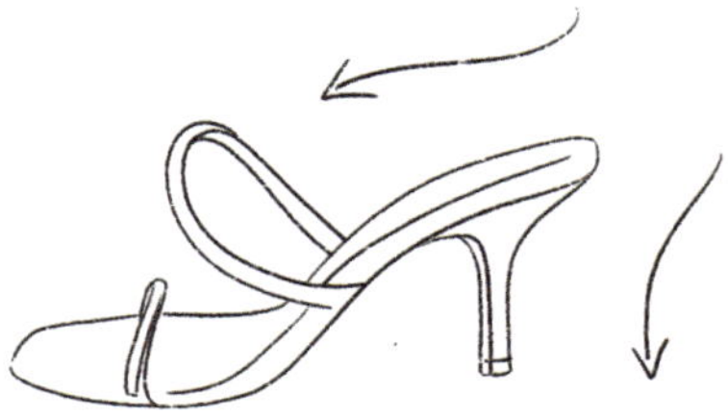

Los zapatos con tacón de aguja elevan todo el pie. Comprueba que la altura del tacón del zapato coincide con la forma elevada del pie.

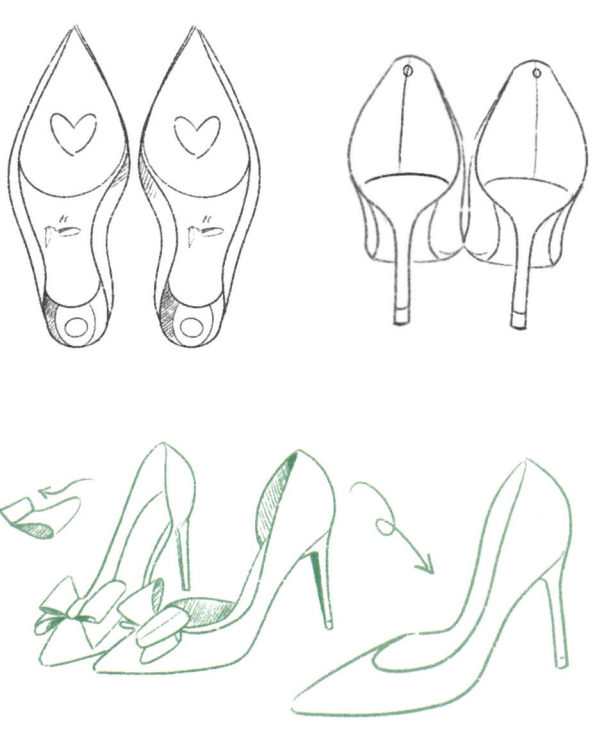

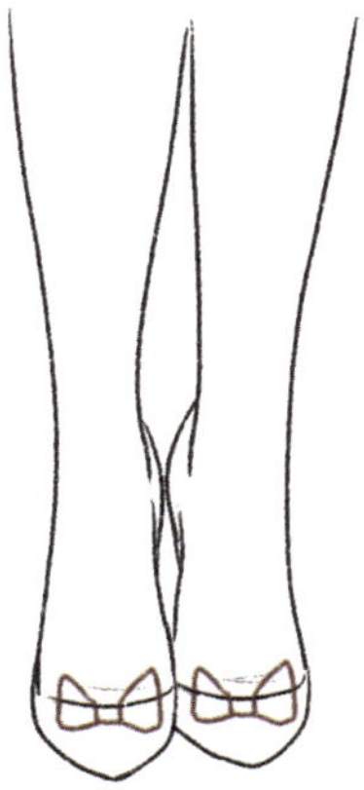

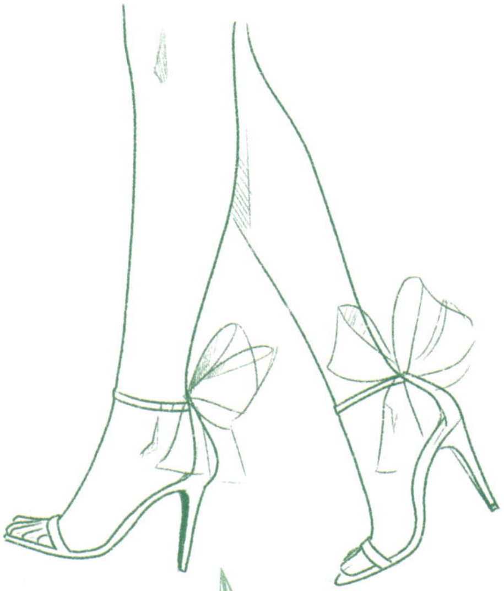

Dibuja el mismo zapato desde diferentes ángulos y puntos de vista.

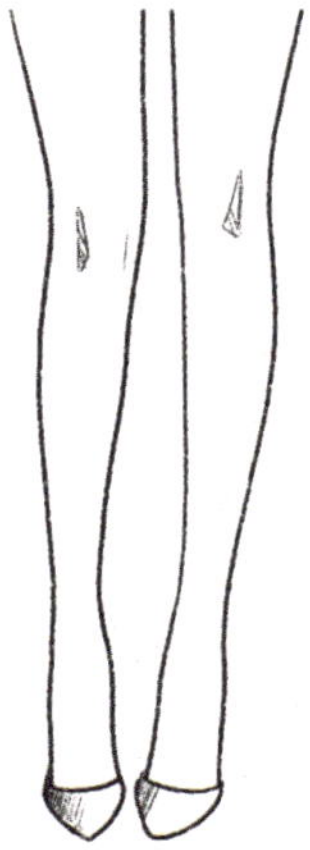

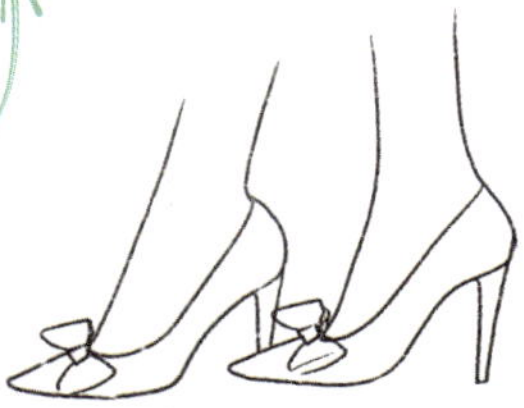

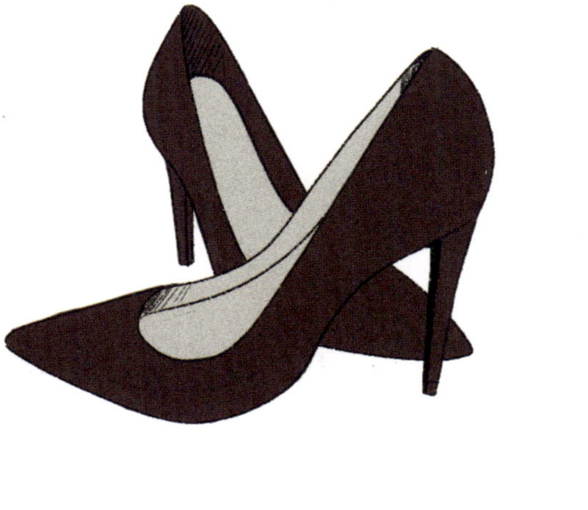

Decide la posición de los pies y el tipo de calzado. Esboza un pie y, a continuación, dibuja un perfil que siga la longitud del pie y se ajuste a los contornos. Dibuja la suela y el tacón y, luego, añade los detalles específicos del tipo de calzado.

Es útil ver un vestido en dos partes: la falda y el top. Practica tu estilo favorito combinando los dos elementos. Consulta las páginas 66-69 para ver más ideas.

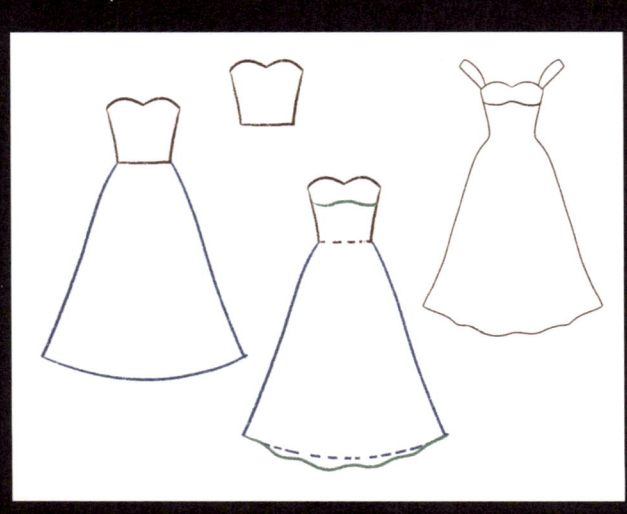

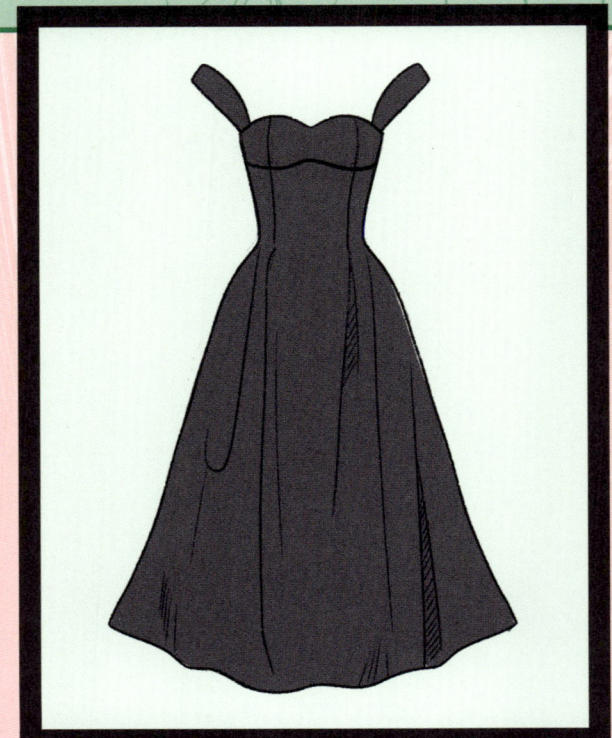

RESUMEN DEL EJERCICIO

Crea el atuendo de noche perfecto para tus personajes con un romántico vestido de gala y un elegante traje masculino, ¡y no te olvides de los zapatos!

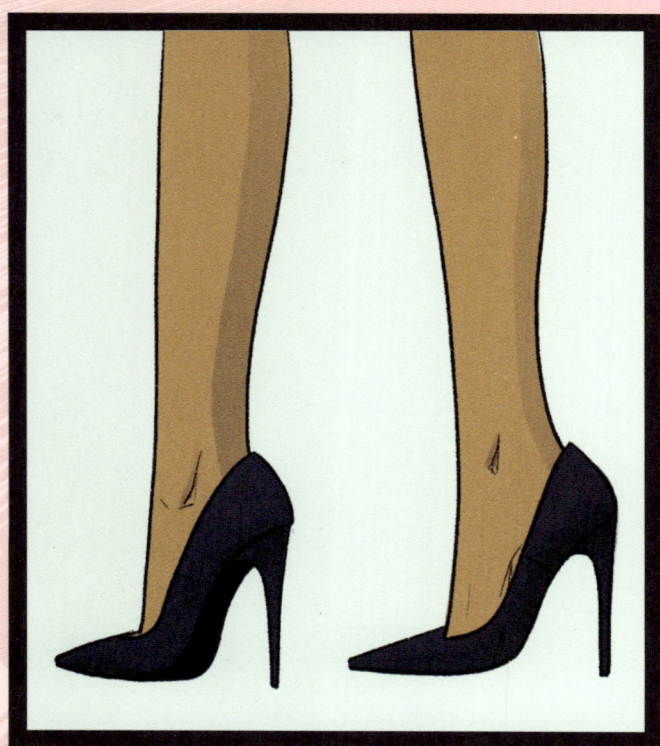

En la página 77 puedes ver cómo dibujar el contorno estilizado de un zapato de tacón de aguja, siguiendo la forma del pie y haciendo coincidir la altura del tacón con el arco elevado.

Dibuja los distintos elementos del traje, con la camisa y la corbata aparte, empezando por el cuerpo y las mangas y manteniendo el equilibrio y la definición. Encontrarás más trajes en las páginas 72–75.

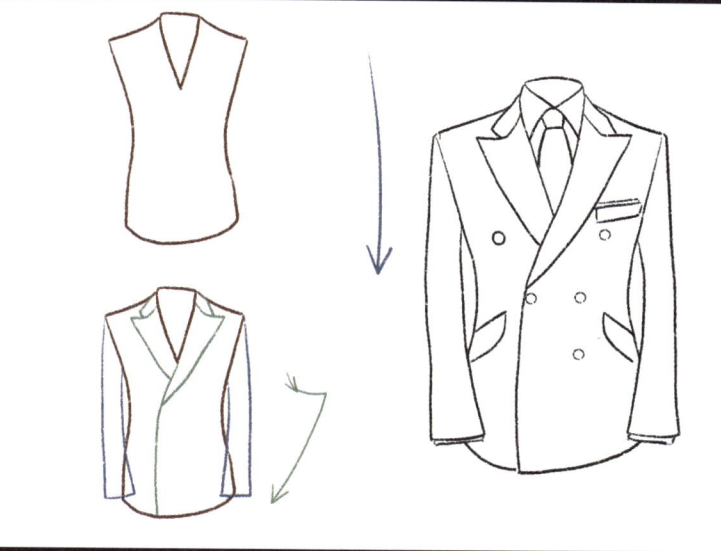

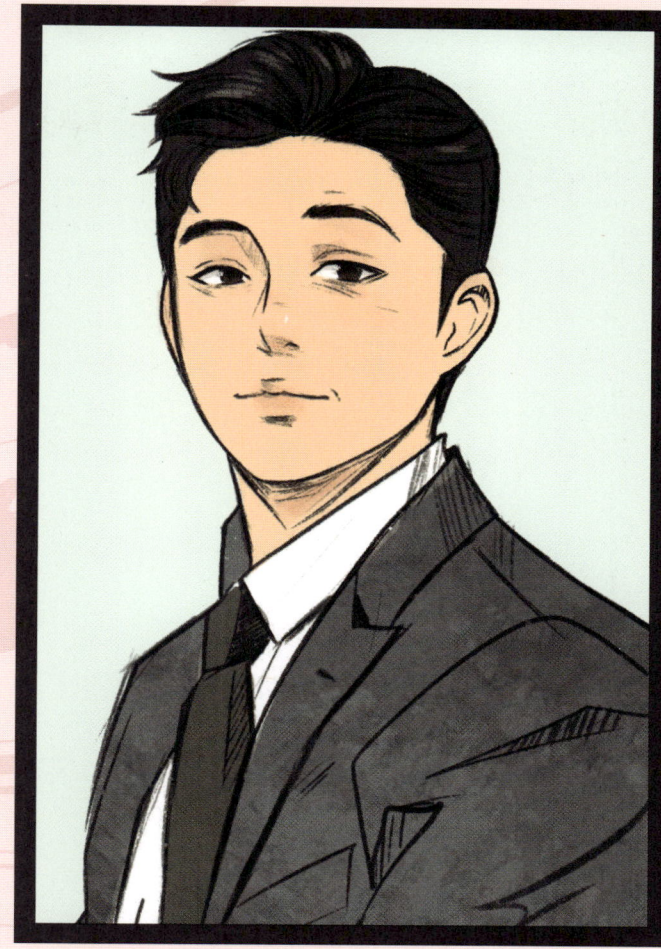

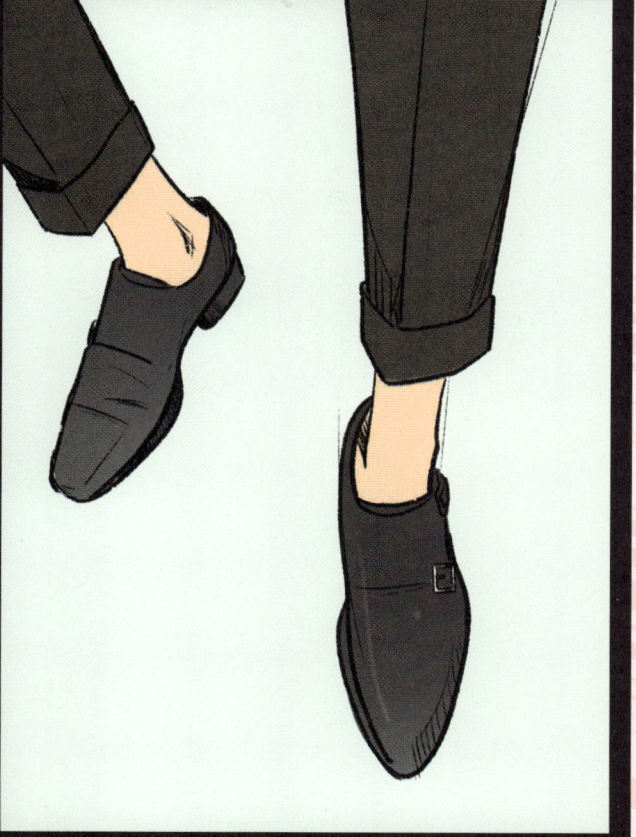

La clave para dibujar zapatos es hacer coincidir la forma con el contorno del pie. Para empezar, practica con un estilo básico. Consulta la página 76 para ver zapatos de vestir más elaborados.

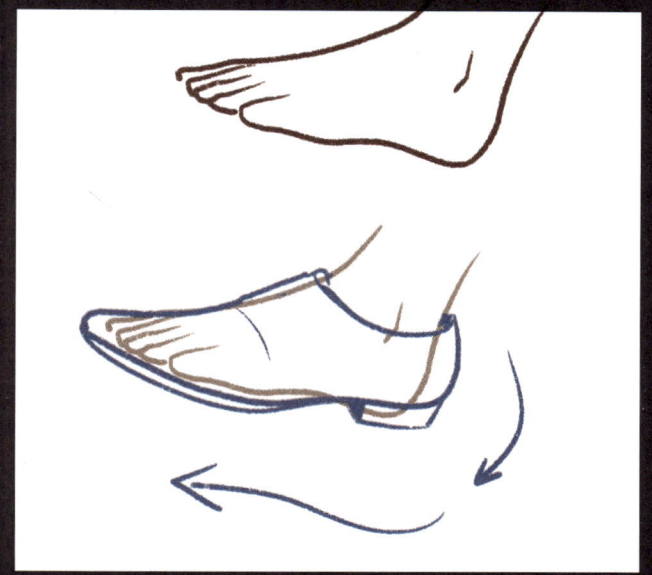

YUCKIE (@KIRAIXSUKI)

¡Hola! Soy Yuckie, una ilustradora independiente de Brasil. He estudiado la carrera de diseño gráfico, pero en la actualidad me dedicó a realizar ilustraciones. Mi pasión por el arte y el dibujo empezó cuando era una niña: siempre estaba diseñando ropa para mis personajes y para mí, y soñaba con ser estilista de moda algún día. Aunque no he cumplido esta parte de mi sueño (todavía), puedo mostrar la estilista que llevo dentro dibujando ropa bonita para mis personajes.

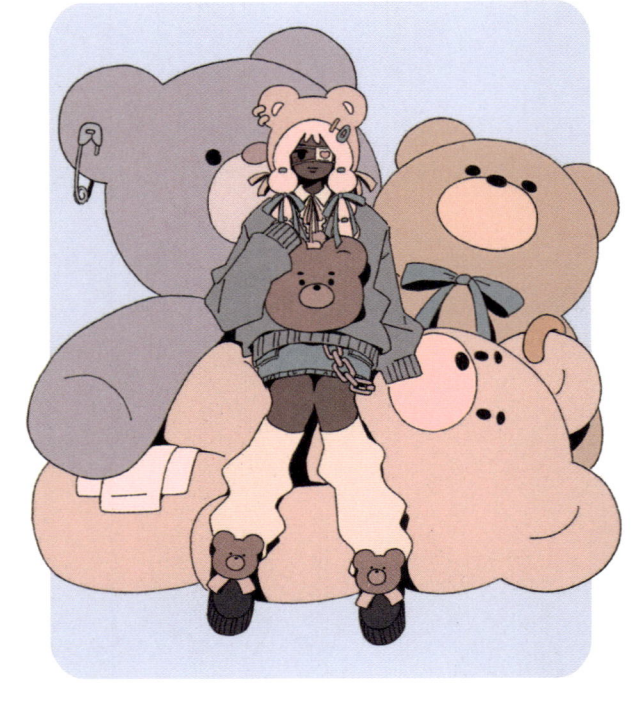

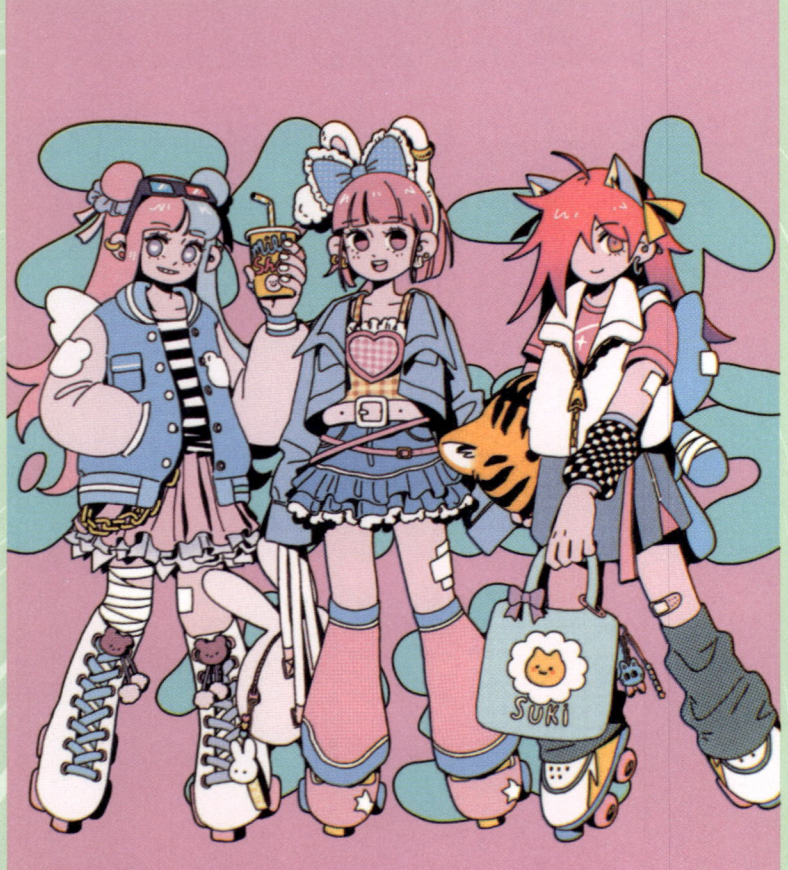

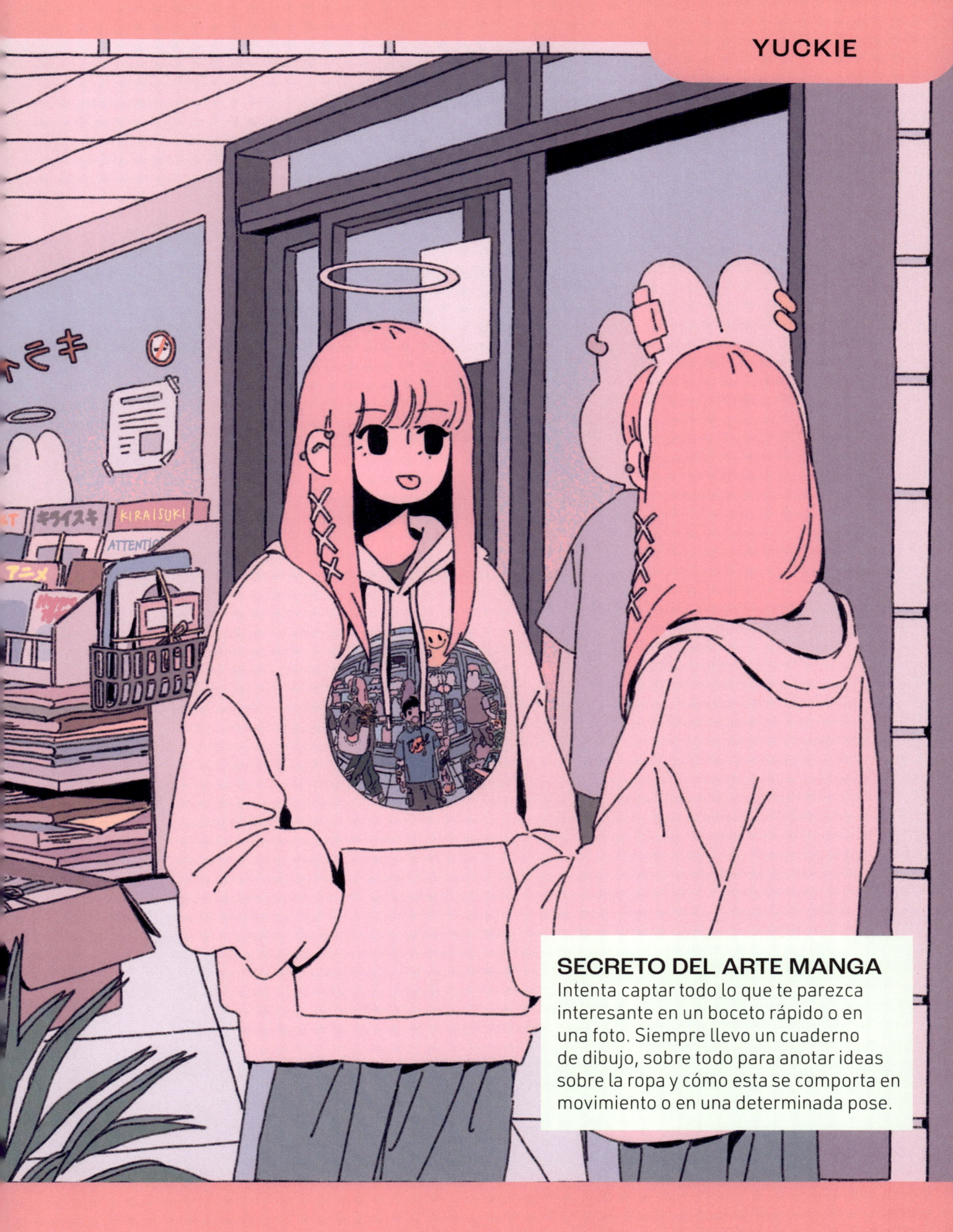

SECRETO DEL ARTE MANGA
Intenta captar todo lo que te parezca interesante en un boceto rápido o en una foto. Siempre llevo un cuaderno de dibujo, sobre todo para anotar ideas sobre la ropa y cómo esta se comporta en movimiento o en una determinada pose.

5.

ROPA TRADICIONAL JAPONESA

El kimono es la prenda por excelencia de la indumentaria tradicional japonesa, y me encanta dibujar a mis personajes vestidos con el traje nacional. El *look* es precioso y creo que realza la personalidad de las figuras de una forma única.

ATEMPORAL
SEDA
ESTAMPADA
DISCRETA
DECORATIVA

FORMAL
ARTES MARCIALES
GUERRERO

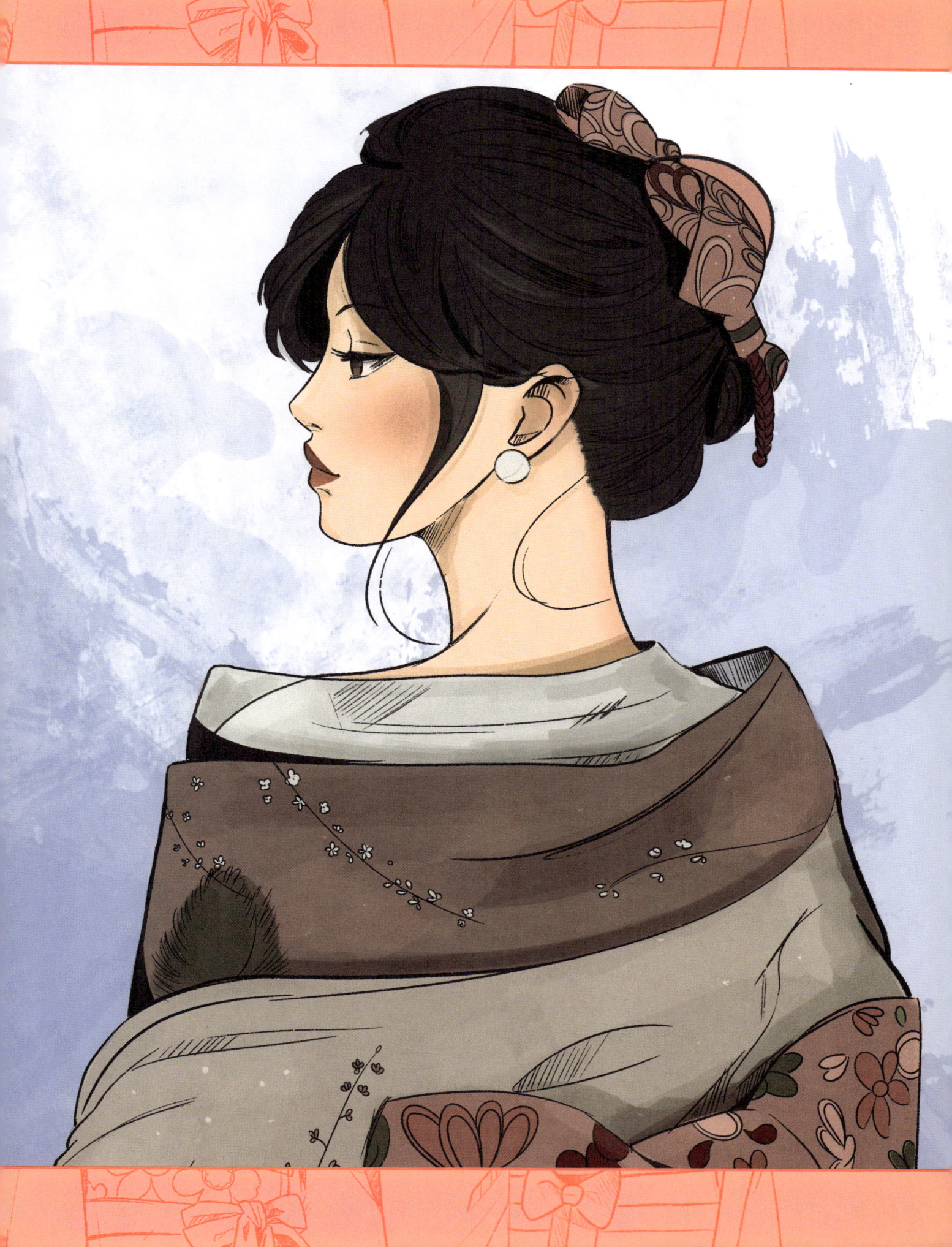

KIMONO FEMENINO

La moda japonesa cuenta con una larga historia de prendas preciosas, y los distintos componentes del kimono tradicional hacen que resulte divertido de dibujar. El kimono se lleva con un fajín ancho llamado obi y accesorios como las sandalias zōri. Hay kimonos para distintas ocasiones y estaciones del año, pero en general su diseño sigue siendo el mismo y se basa en una sencilla forma de T.

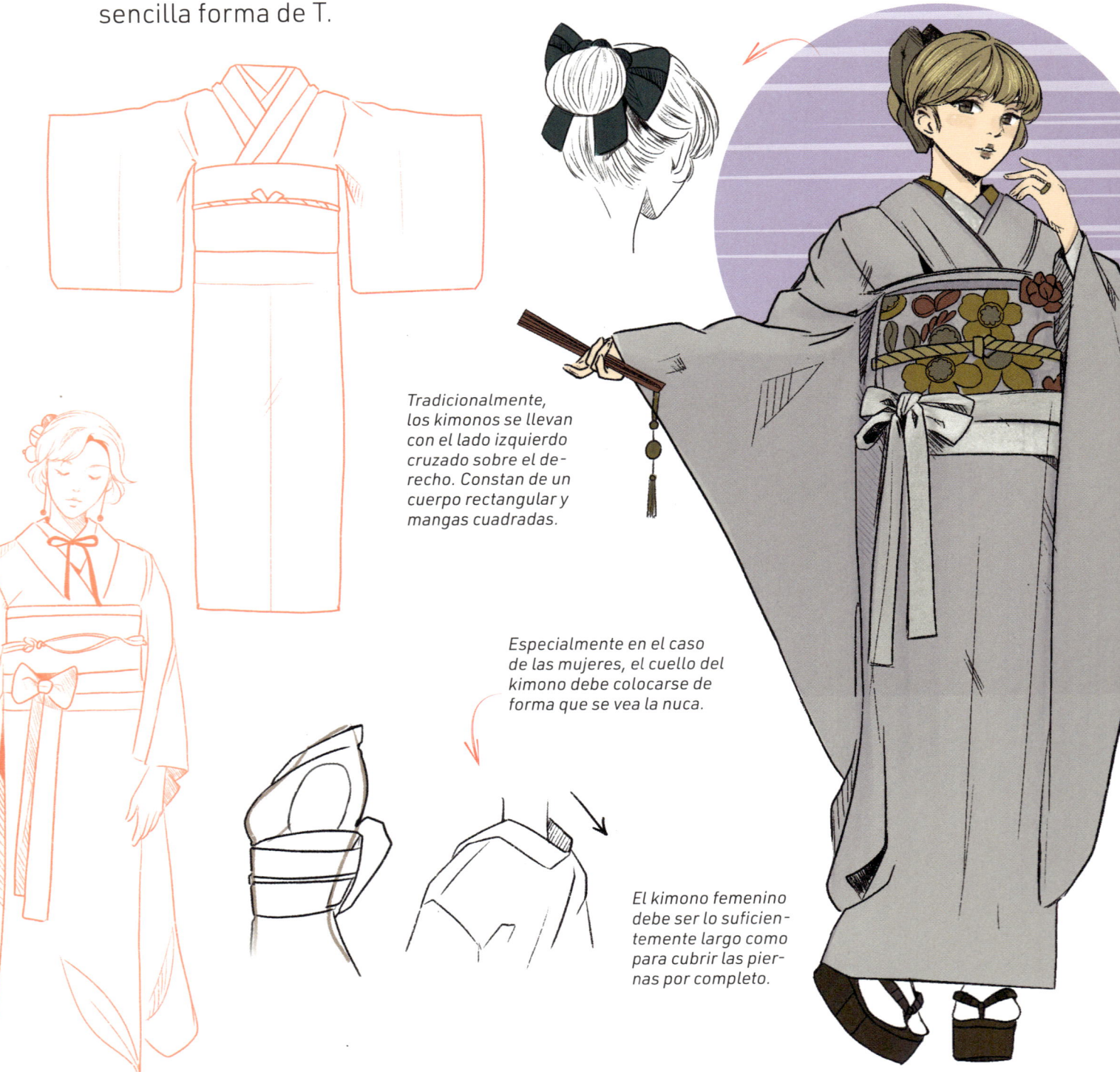

Tradicionalmente, los kimonos se llevan con el lado izquierdo cruzado sobre el derecho. Constan de un cuerpo rectangular y mangas cuadradas.

Especialmente en el caso de las mujeres, el cuello del kimono debe colocarse de forma que se vea la nuca.

El kimono femenino debe ser lo suficientemente largo como para cubrir las piernas por completo.

EL FAJÍN OBI

El obi es un fajín ancho de tela decorativa que se enrolla alrededor de la cintura del kimono para ceñirlo. Se ata con un lazo, normalmente en la espalda, pero también se le pueden añadir lazos a los lados o delante, haciéndolos tan grandes y extravagantes como tú quieras. El obi femenino difiere ligeramente del masculino: presenta motivos coloridos relacionados con la naturaleza, como flores y animales.

Puedes variar el tamaño y la forma del obi. Atado a la espalda, es útil para añadir un elemento decorativo a una pose sencilla.

ABANICO

El abanico es un bonito accesorio para completar un traje tradicional. Para mostrar un abanico abierto, dibuja la estructura de madera y una curva como guía. A continuación, añade los pliegues. Aplica un estampado sencillo para hacer más atractivo el abanico o incluso una borla, como se muestra en el ejemplo.

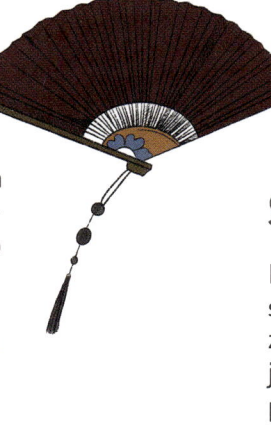

SANDALIAS ZŌRI

Parecidas a las chanclas (consulta la página 36), las sandalias zōri son un calzado tradicional japonés diseñado para que se pueda quitar fácilmente al entrar en casa. La tira suele ser de tela de kimono y la base es tradicionalmente de madera lacada, para un vestido formal, o de paja, si se trata de la ropa de diario.

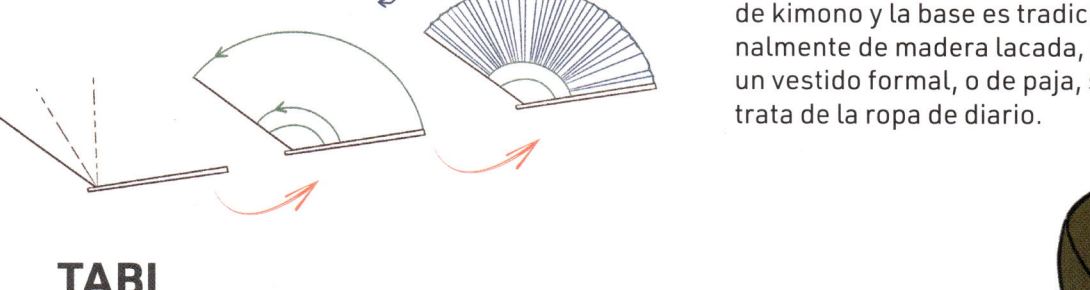

TABI

El tabi es un calcetín con la puntera partida que se lleva tradicionalmente con un kimono y unas zōri. Los tabi harán que el atuendo de tu personaje parezca auténtico. Basta con seguir la forma del pie y añadir una división a continuación del dedo gordo.

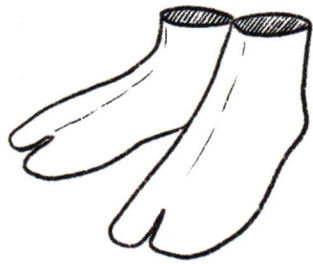

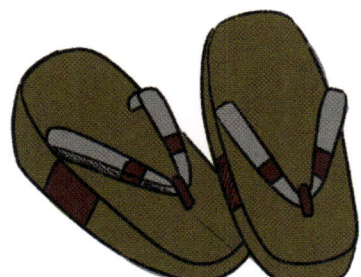

Para proporcionar una mayor altura, las suelas de las zōri son elevadas.

SECRETO DEL ARTE MANGA

Puedes divertirte mucho dibujando accesorios que complementen un kimono. Un abanico o una peineta ornamental son objetos preciosos por sí mismos y potenciarán la suntuosidad del kimono tradicional.

KIMONO MASCULINO

Con una forma similar a la versión femenina, el kimono masculino suele ser más corto y tradicionalmente se lleva con pantalones hakama, que tienen un corte holgado y perneras anchas plisadas. Otra diferencia es el fajín obi, más estrecho y de colores y dibujos sutiles en comparación con el fajín femenino, más decorativo y vistoso.

Los kimonos más cortos se suelen utilizar para las artes marciales.

Para conseguir el ajuste holgado de un kimono, hay que dominar las caídas y los pliegues del tejido. Fíjate bien en las mangas enteras y en la tensión y los pliegues que siguen la línea del cuello cruzado.

Dibuja cada capa paso a paso, empezando por el cuello y los hombros y añadiendo el obi y el kimono encima.

Dibuja las líneas sencillas del kimono y los pantalones en proporción con el cuerpo. Sigue la inclinación de los hombros en una línea continua para las mangas anchas, que hacen una forma triangular en el bajo.

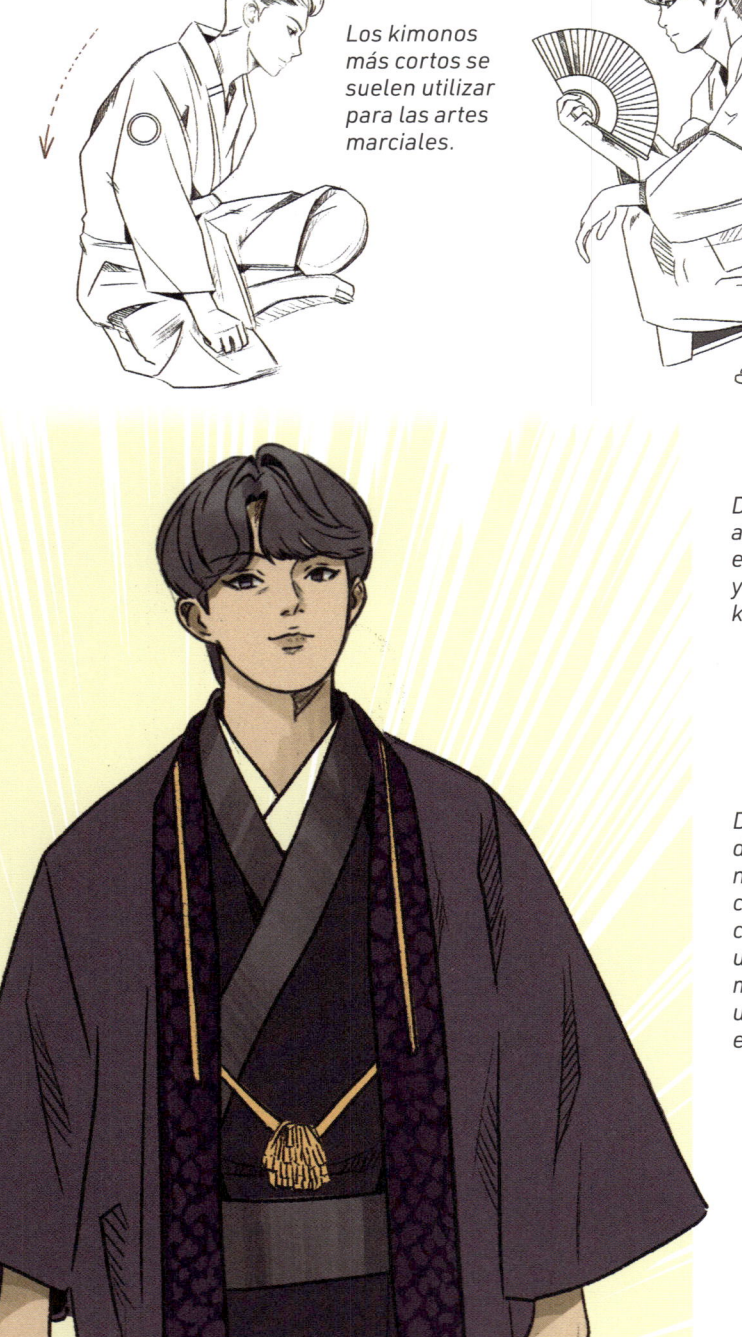

ESPADAS

El guerrero japonés y las armas tradicionales son temas populares en el manga. La espada de un samurái, o catana, es la más utilizada en las ilustraciones, y combinar un arma con una pose guerrera aportará autenticidad a tu creación. Practica trazando la curva de la hoja y los detalles tallados del guardamano antes de añadirlo a tu dibujo.

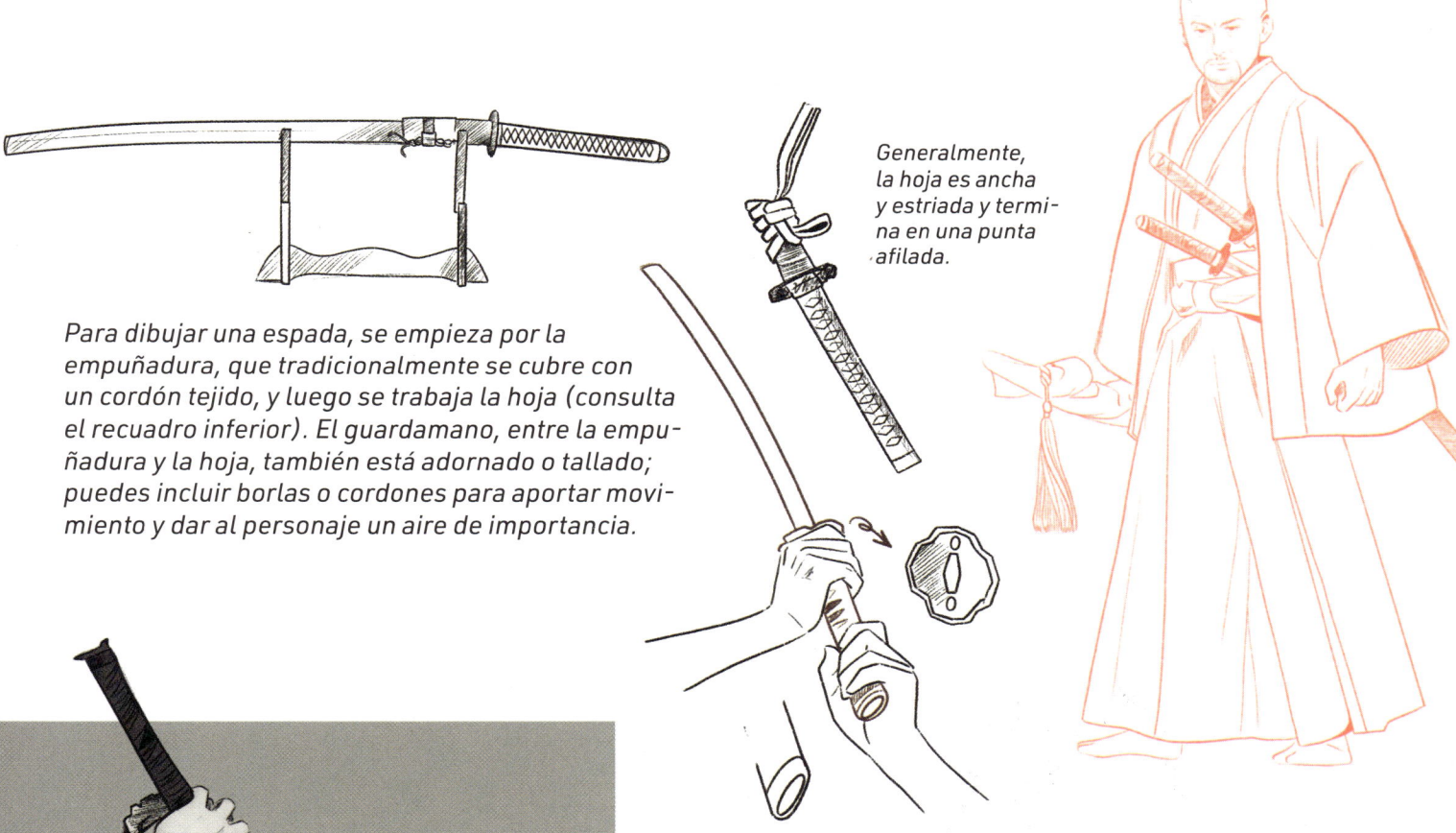

Para dibujar una espada, se empieza por la empuñadura, que tradicionalmente se cubre con un cordón tejido, y luego se trabaja la hoja (consulta el recuadro inferior). El guardamano, entre la empuñadura y la hoja, también está adornado o tallado; puedes incluir borlas o cordones para aportar movimiento y dar al personaje un aire de importancia.

Generalmente, la hoja es ancha y estriada y termina en una punta afilada.

SECRETO DEL ARTE MANGA

La curva larga y sutil de la hoja de una espada puede ser bastante difícil de dibujar, y tal vez debas realizar varios intentos para lograr una línea perfecta, sobre todo con trazos largos. Para hacerlo más fácil, dibuja tres puntos: uno en la punta, otro en el centro y otro en la empuñadura. Ahora intenta unirlos con una línea continua de arriba abajo.

Visualiza el kimono en forma de T y practica. Empieza con un cuerpo rectangular y, después, añade las mangas a lo largo del brazo. Encontrarás más ideas en la página 84.

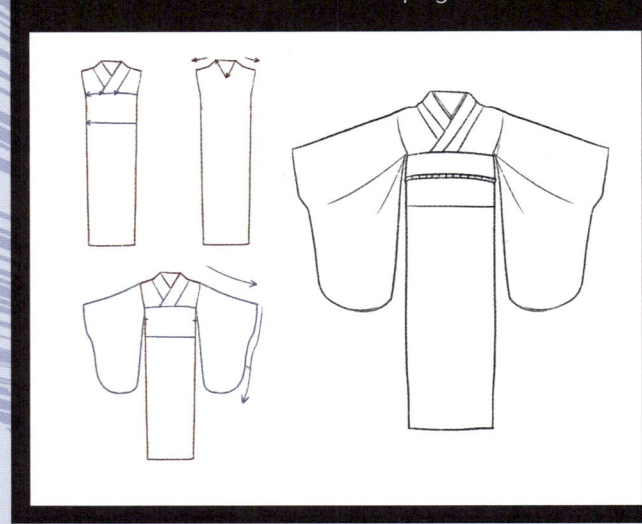

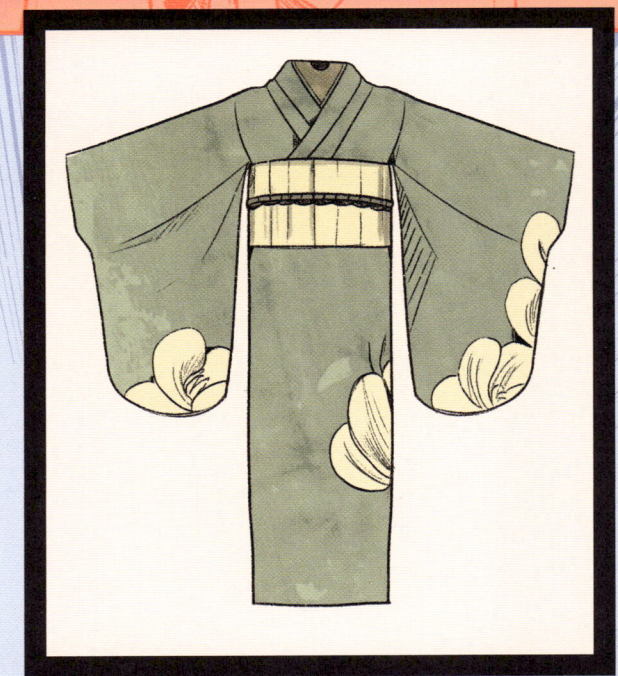

RESUMEN DEL EJERCICIO

A la hora de crear un traje tradicional para tu personaje manga, sumérgete en la gran variedad de suntuosos diseños de kimono y capta el poder de un guerrero armado. Separa los distintos elementos y practica para perfeccionar el estilo.

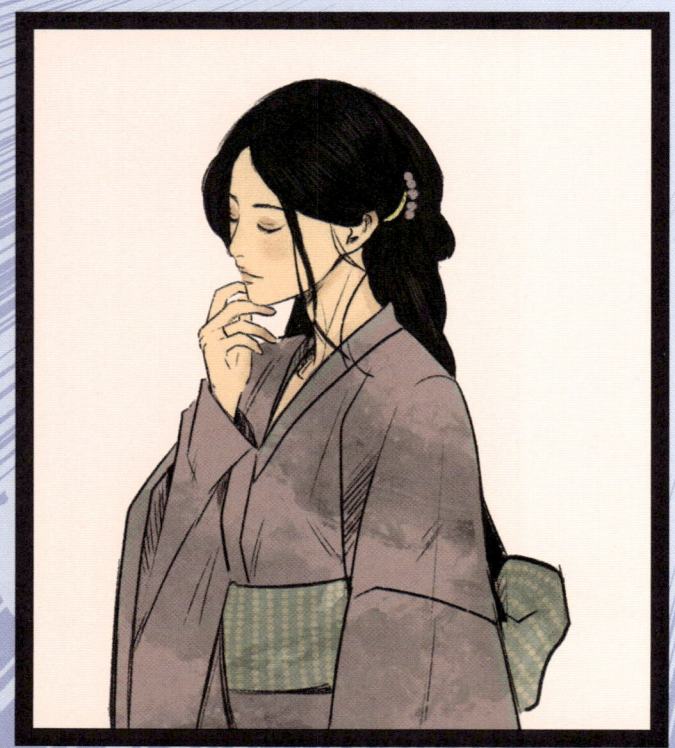

Divide el obi en formas sencillas. Sigue estos pasos para añadir un lazo grande a un kimono femenino.

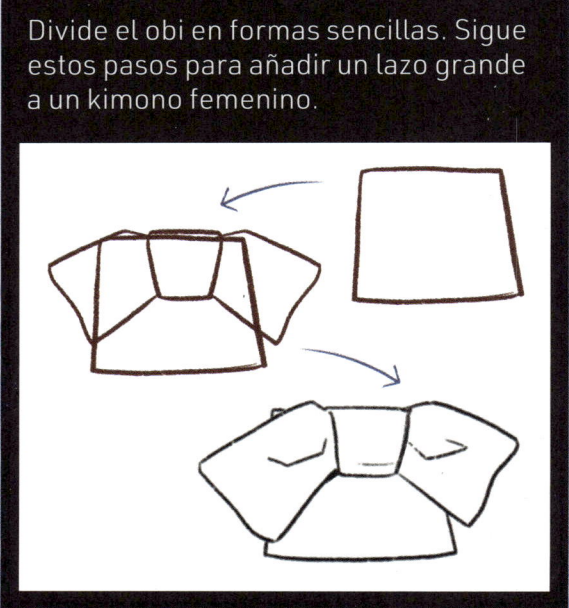

Para aprender a dibujar una espada, sigue esta secuencia de pasos y consulta la página 87 para perfeccionar la suave curva de la hoja de una catana.

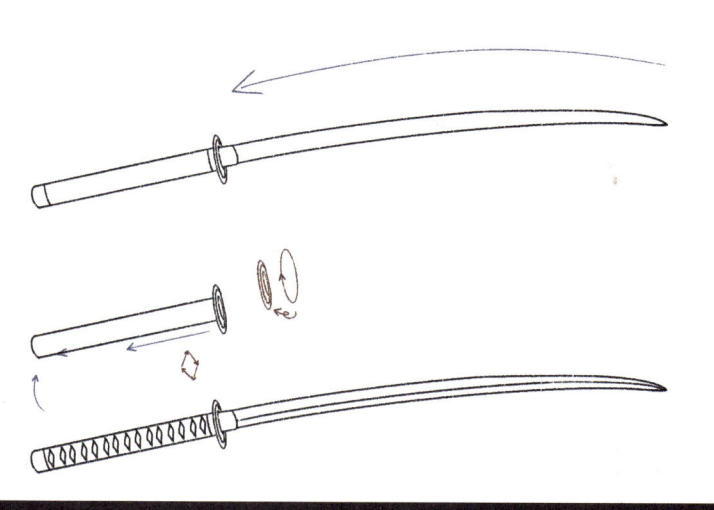

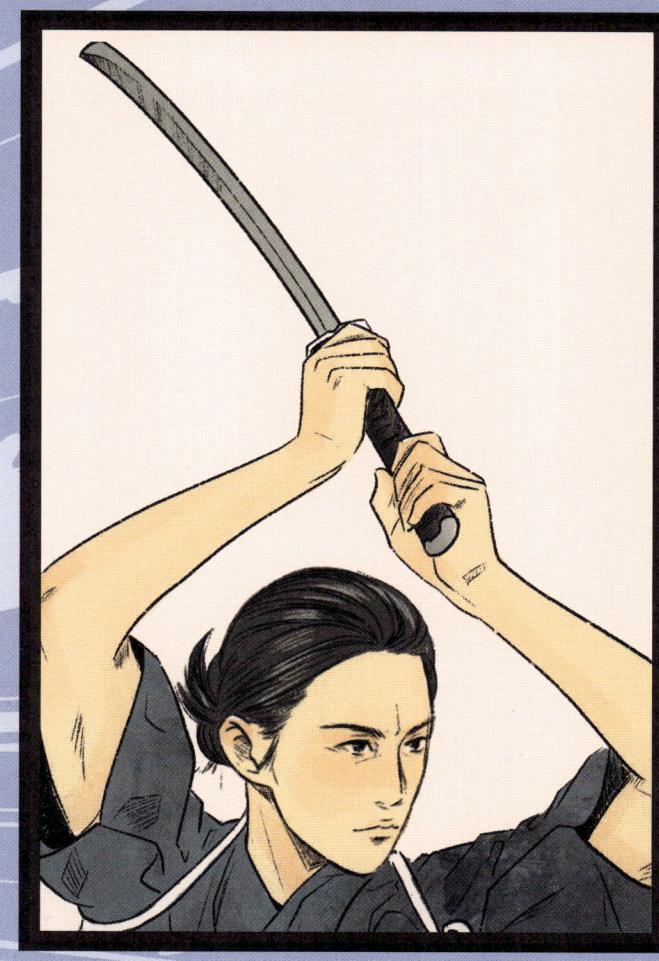

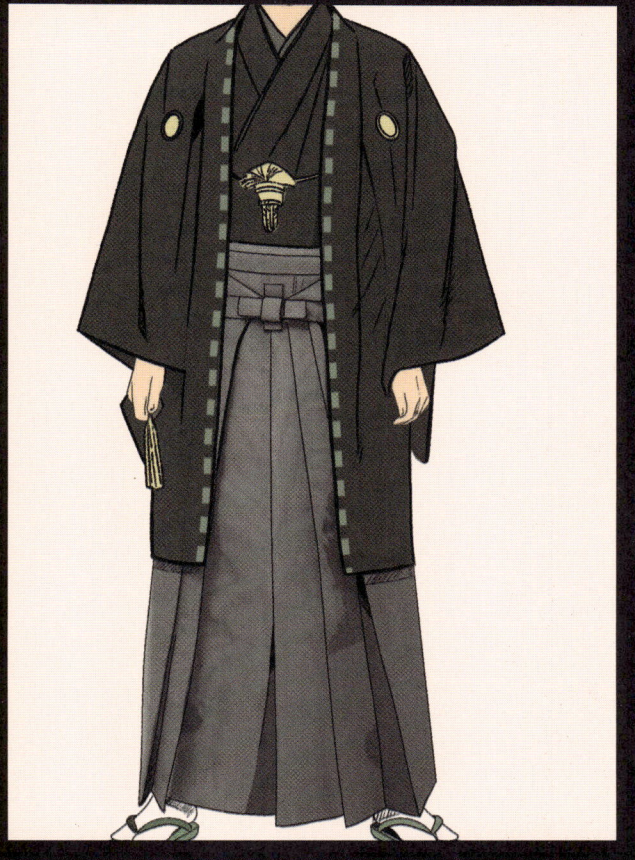

Para un kimono masculino, dibuja el traje por capas a lo largo de todo el cuerpo. Para obtener más ideas, consulta la página 86.

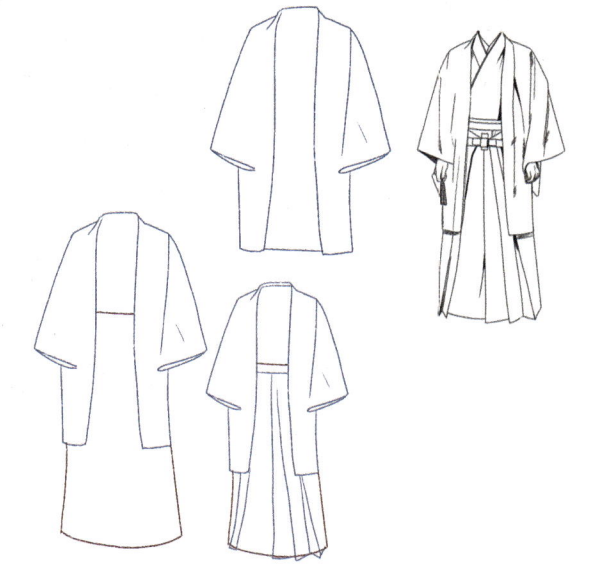

DIANA (@DIANA1992D)

Me llamo Diana y soy una artista autodidacta y la hermana gemela de Dalia, la autora de este libro. Durante mi infancia vi muchas películas de Disney, y me aprendía las canciones y los guiones de memoria cuando las veía una y otra vez. Aquellos filmes despertaron mi interés por el dibujo. Empecé con un estilo realista y pasé al anime, hasta que más tarde desarrollé mi forma actual. Mi consejo es que sigas explorando distintos estilos hasta que encuentres uno que te guste de verdad, ¡entonces verás cómo progresas!

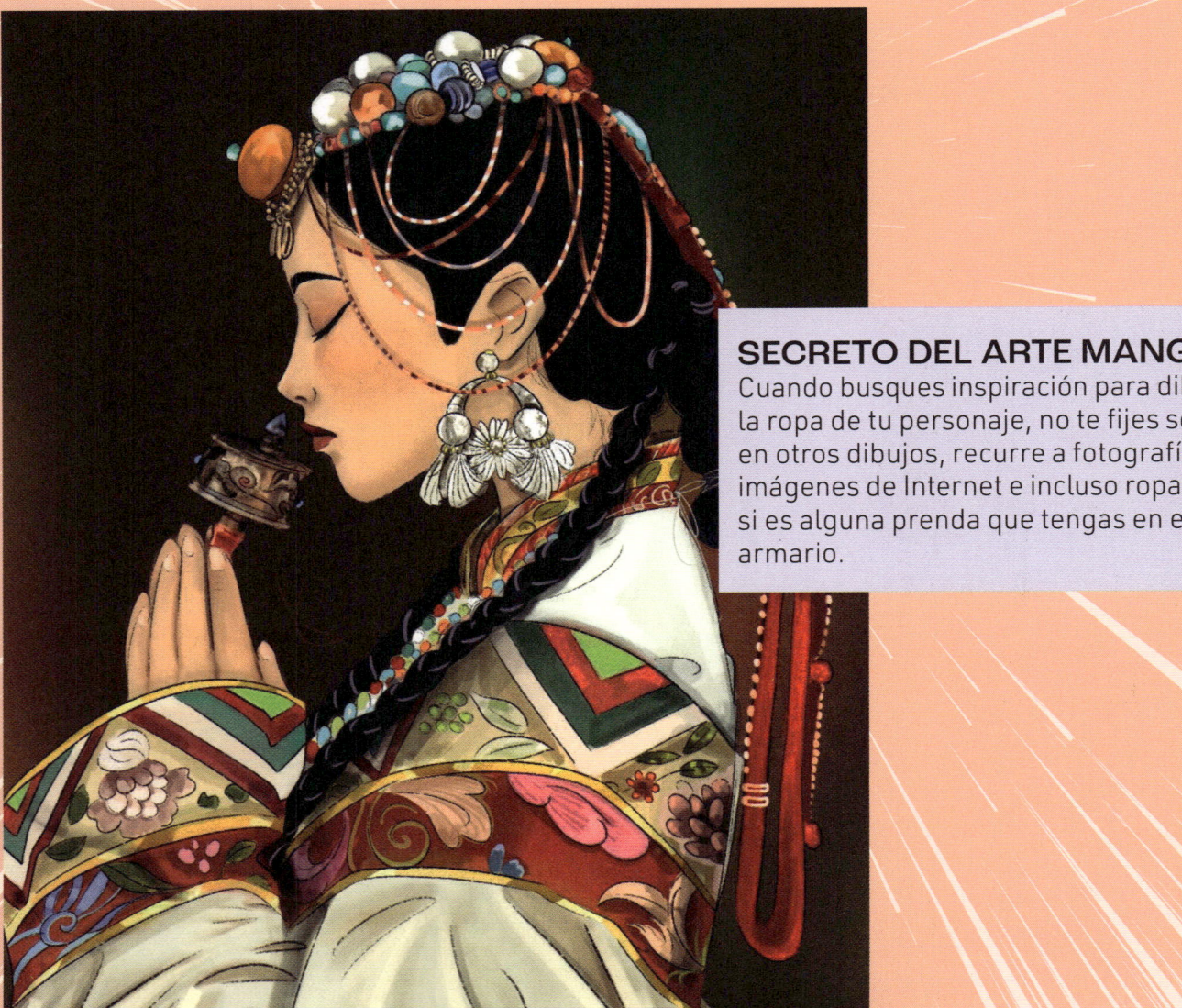

SECRETO DEL ARTE MANGA
Cuando busques inspiración para dibujar la ropa de tu personaje, no te fijes solo en otros dibujos, recurre a fotografías, imágenes de Internet e incluso ropa real si es alguna prenda que tengas en el armario.

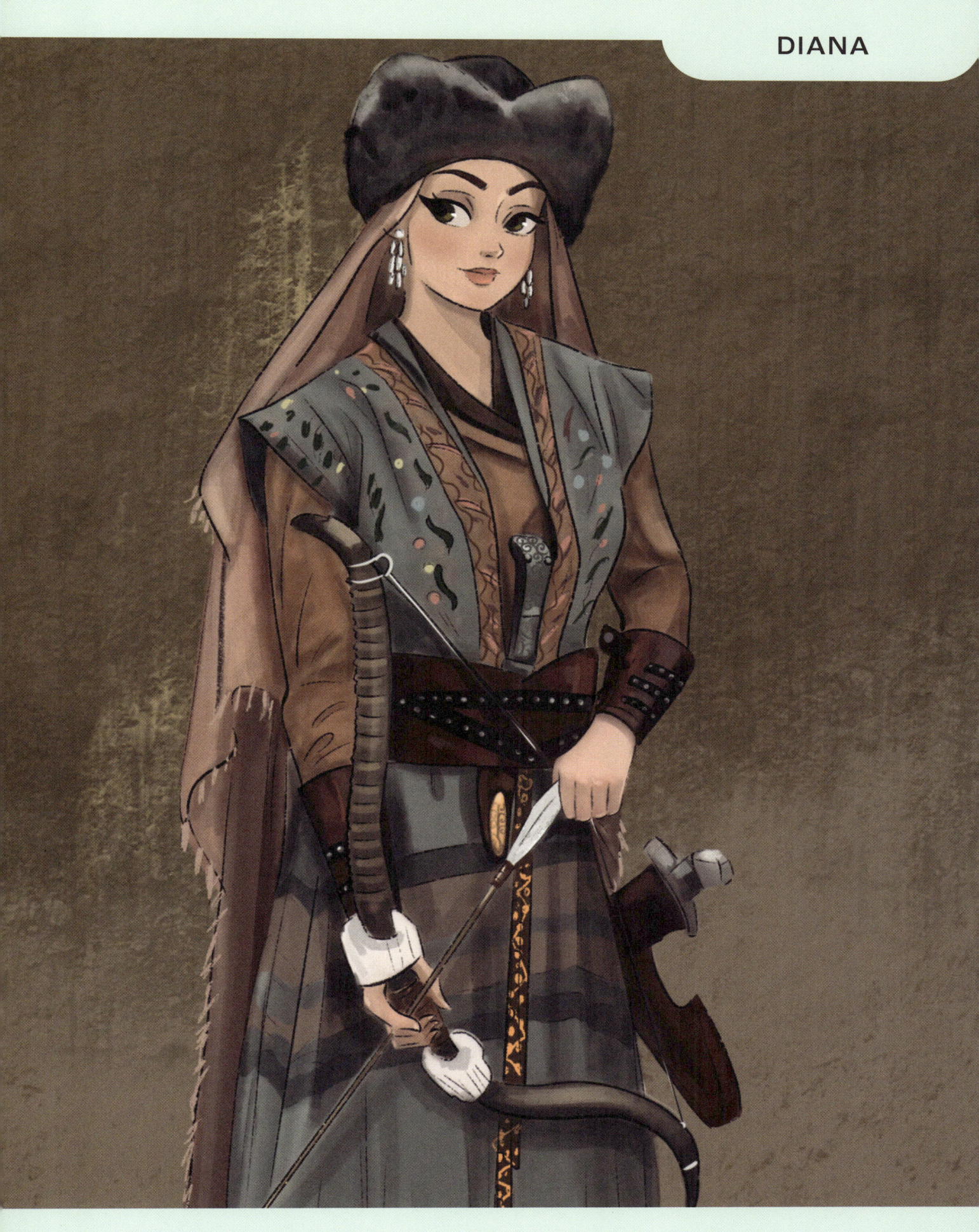

6

ROPA DEPORTIVA

Diviértete explorando los diferentes tipos de ropa que se utilizan para practicar actividades deportivas. El deporte es un tema popular en el manga, y te da la oportunidad de incluir poses dinámicas y dotar a tu personaje de un carácter competitivo.

PRÁCTICA   **FLEXIBLE**

CÓMODA   **ELÁSTICA**

ACTIVA   **LIGERA**

AERODINÁMICA

TECNOLOGÍA
PUNTA

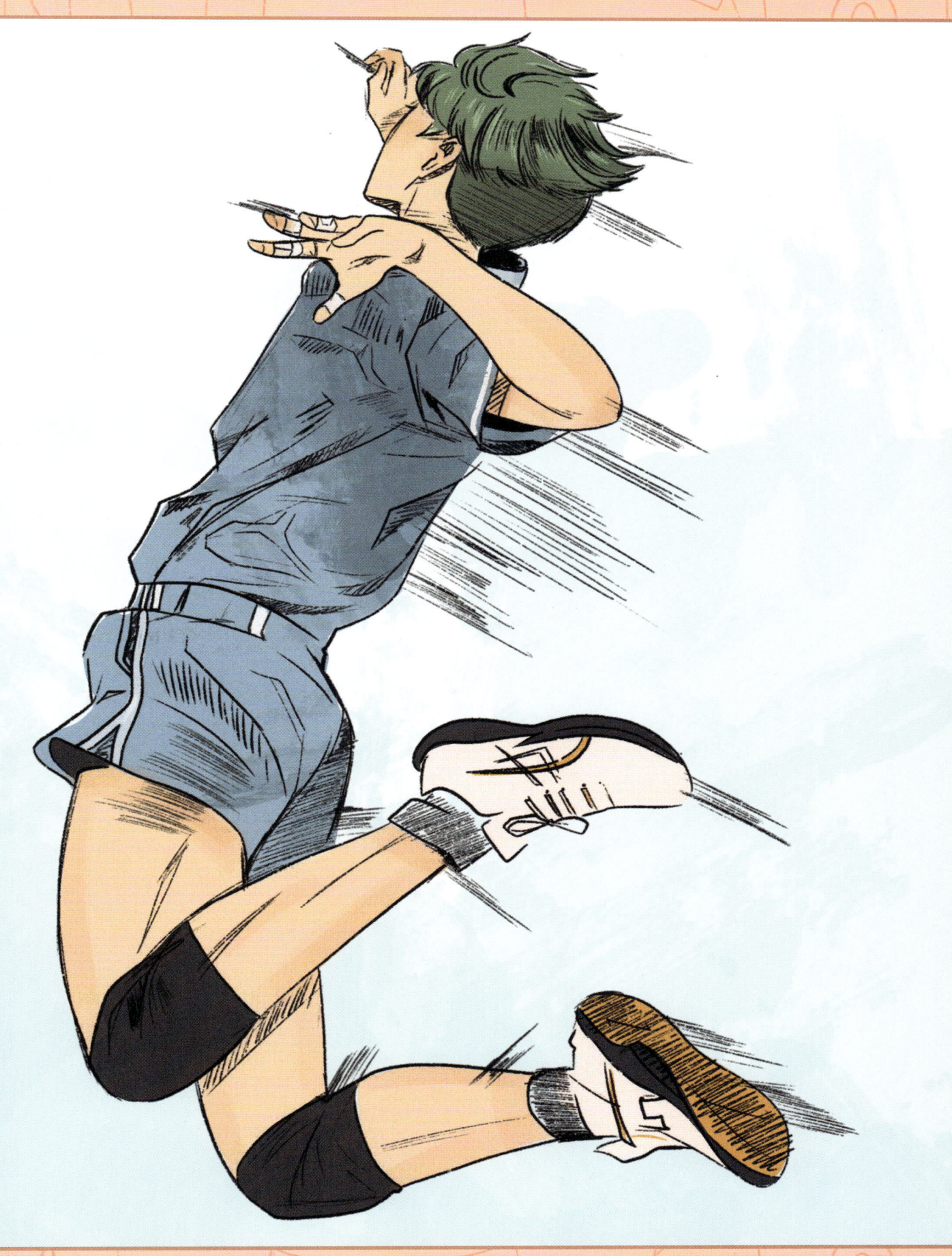

EQUIPACIÓN DE BALONCESTO

El baloncesto es uno de los deportes más populares del manga. Los jugadores se identifican por las camisetas holgadas y los pantalones cortos y amplios con los colores del equipo. Para dibujar a un jugador en acción, empieza por la pose y dibuja capas, utilizando los pliegues y arrugas para enfatizar la dirección del movimiento.

La velocidad y la destreza de los jugadores de baloncesto exigen que su equipación les permita moverse sin restricciones. Una camiseta holgada sin mangas se combina con pantalones cortos largos y anchos de tejidos sintéticos que fluyen con facilidad.

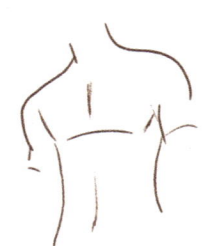
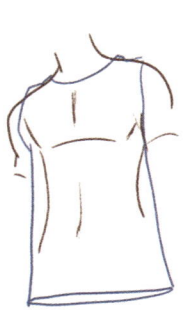
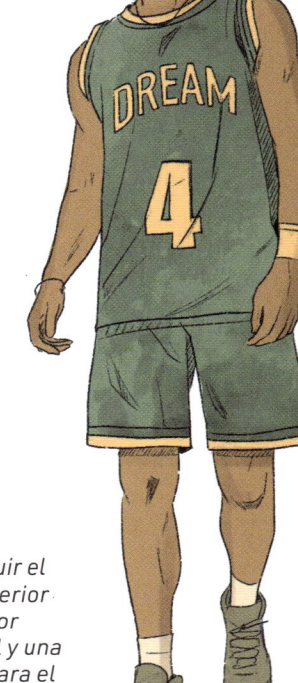

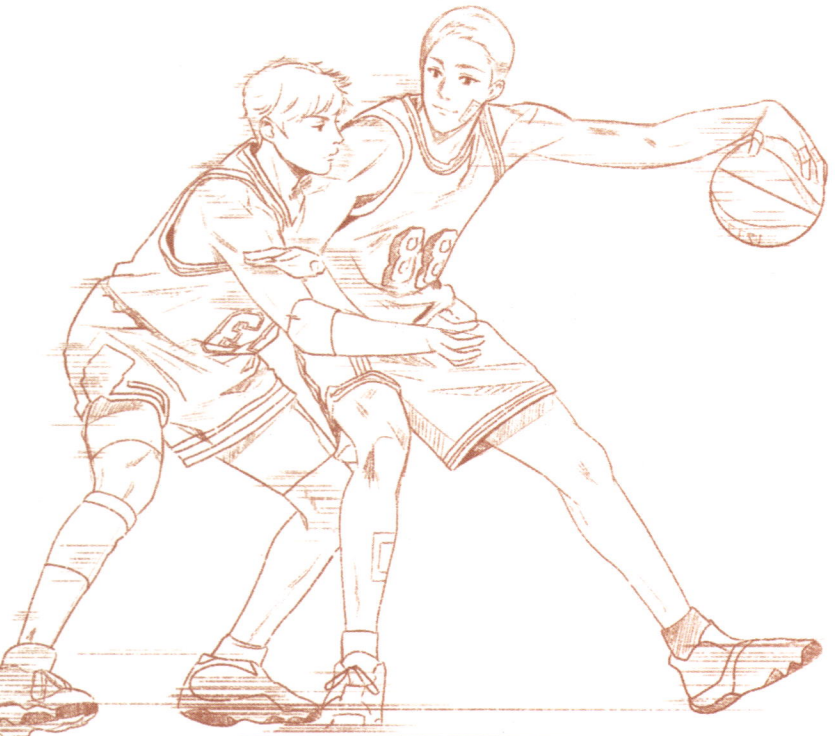

El kit completo debe incluir el número en las partes anterior y posterior. Utiliza un color claro para el equipo local y una equipación más oscura para el equipo visitante. No olvides las zapatillas deportivas de caña alta y el balón.

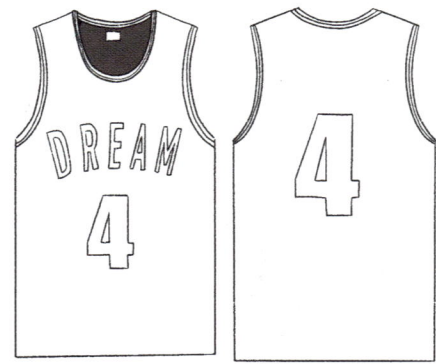
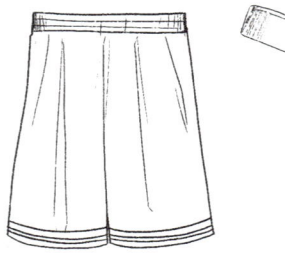
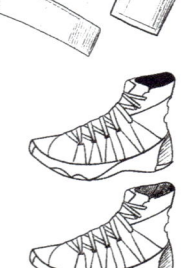

Al llevar una camiseta sin mangas, el físico del jugador será visible, así que tómate tu tiempo para estudiar las formas de los músculos en poses dinámicas, ayudándote de otras ilustraciones de manga y de fotografías de jugadores en plena acción.

EQUIPACIÓN DE VOLEIBOL

La equipación de voleibol es similar a la de baloncesto, pero se puede diferenciar porque utiliza una camiseta o polo más ajustados que hacen visible el físico del jugador en lugar de ocultarlo.

La equipación de voleibol es mucho más ceñida para evitar el peligro de tocar la red, ya que está prohibido hacerlo. Al igual que para dibujar una camiseta ajustada (consulta la página 40), guíate por el contorno de los músculos de los brazos y el pecho para realzar el ajuste.

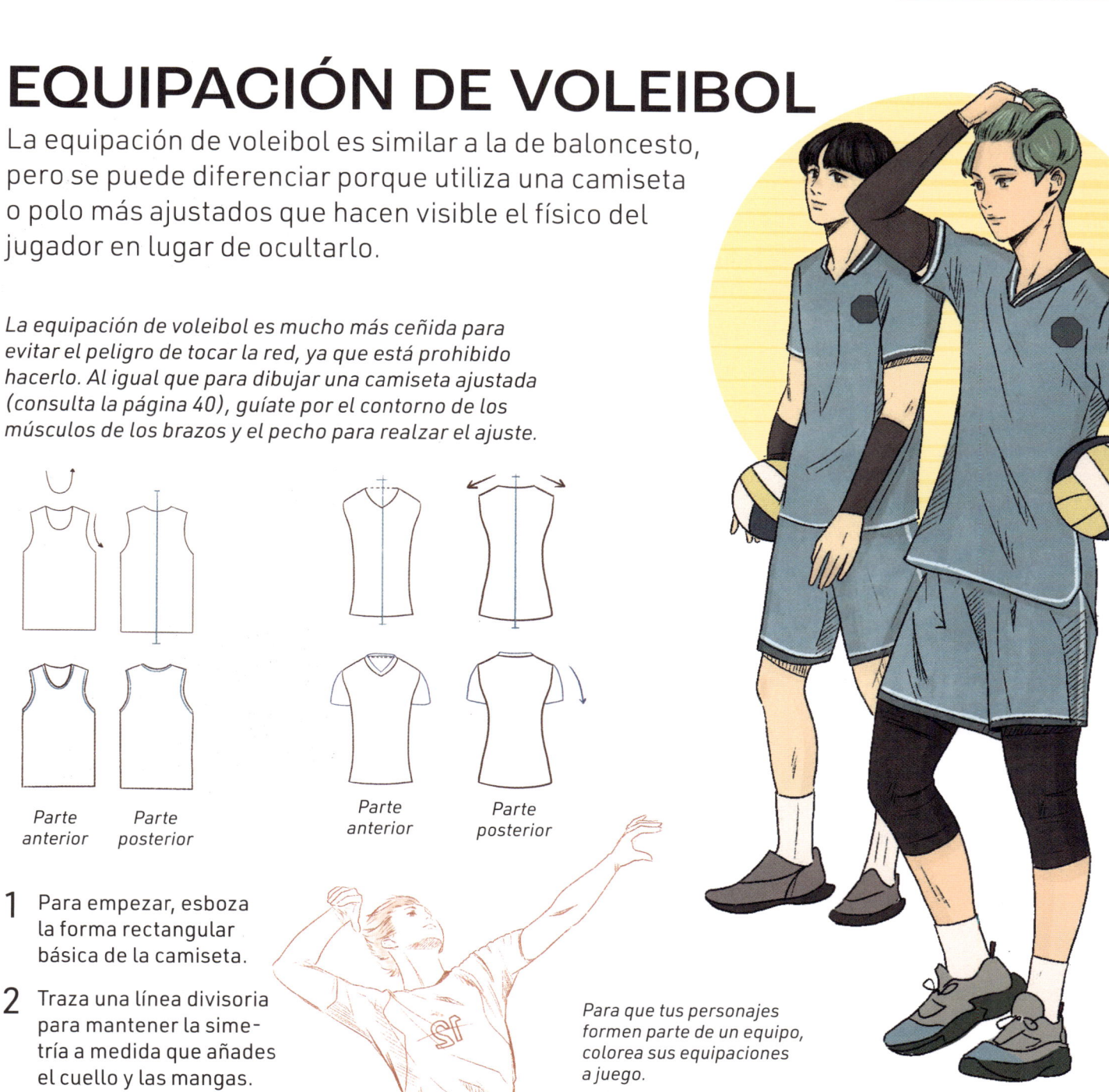

Parte anterior   Parte posterior

Parte anterior   Parte posterior

1 Para empezar, esboza la forma rectangular básica de la camiseta.

2 Traza una línea divisoria para mantener la simetría a medida que añades el cuello y las mangas.

3 Sigue de cerca la inclinación de los hombros, añadiendo mangas cortas que se adapten a la anchura de los brazos.

Para que tus personajes formen parte de un equipo, colorea sus equipaciones a juego.

SECRETO DEL ARTE MANGA

Para dibujar un balón de baloncesto, haz un círculo y traza una línea vertical descentrada ligeramente curvada. Intersécala con una media luna horizontal en la parte superior. Ahora añade un óvalo para el cuadrante y pinta el balón de naranja.

ROPA DE GOLF

Es probable que, de todos los deportes, el golf es el que tiene un estilo más fácilmente identificable; un *look* que le da un aire de sofisticación y formalidad y lo sitúa en una esfera diferente de las demás prácticas deportivas. Transmite este modo de ser vistiendo a tu personaje con un elegante atuendo, listo para golpear la pelota en el campo de golf.

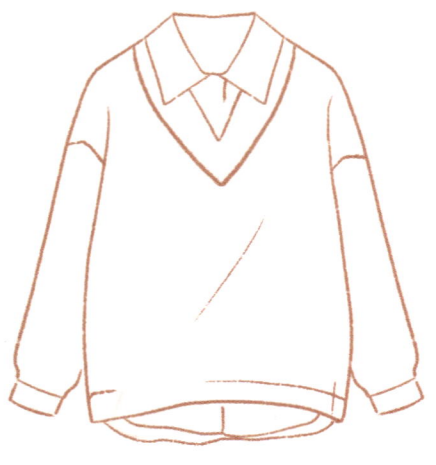

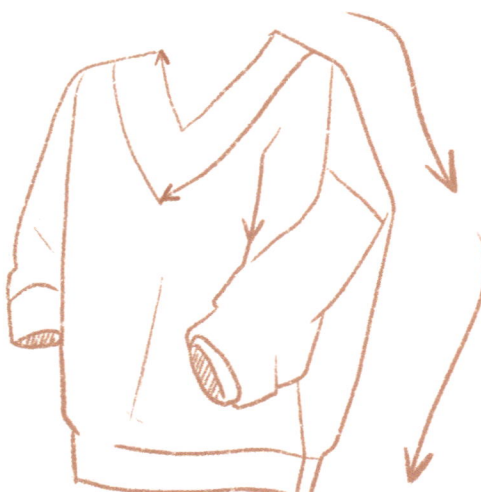

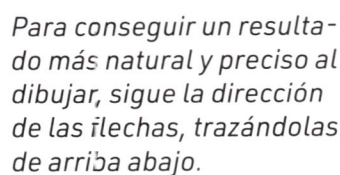

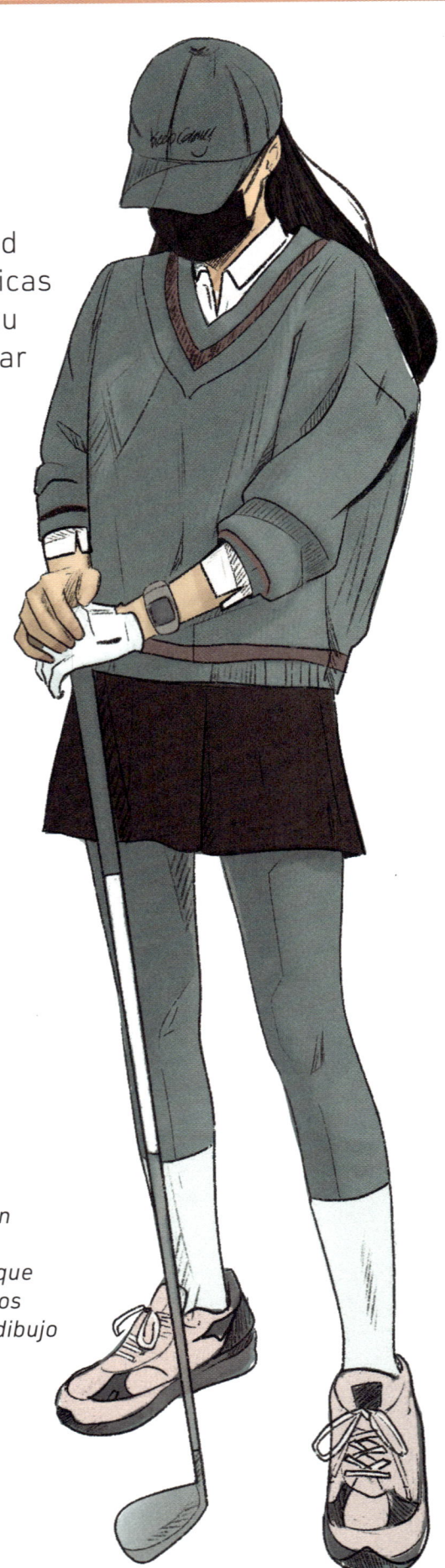

La ropa para jugar al golf suele estar confeccionada con materiales ligeros, dispuestos en capas para abrigarse, y es holgada para facilitar los movimientos. Las jugadoras tienen muchas opciones y, además de un jersey o un polo, también pueden llevar pantalones cortos, faldas, camisas o vestidos. Los jugadores deben llevar pantalones y camisa.

Para conseguir un resultado más natural y preciso al dibujar, sigue la dirección de las flechas, trazándolas de arriba abajo.

Los calcetines y los zapatos de golf tienen unas características muy específicas, así que presta atención a estos detalles para que tu dibujo quede preciso.

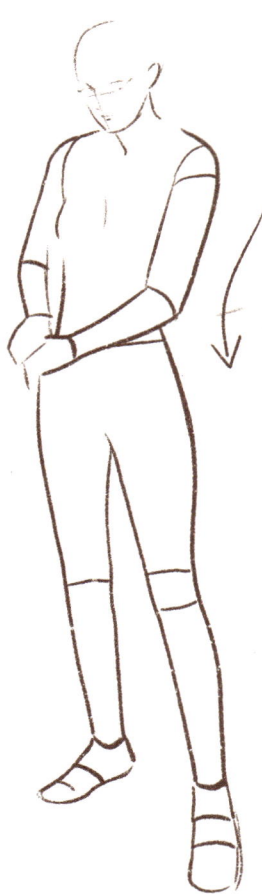

2 Para esta prenda vamos a dibujar un jersey con el cuello en V, esbozándolo con el cuerpo a modo de guía. Prolonga las líneas más allá del torso para dar volumen al jersey y mantener el ajuste holgado.

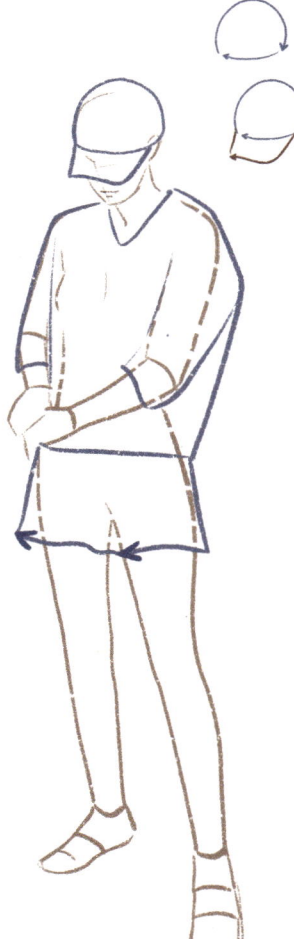

4 Añade algunos detalles para rematar el conjunto: una banda de contraste alrededor del cuello del jersey, pantalones cortos o una falda pantalón y calzado deportivo. Coloca el palo de golf de forma que esté en contacto con el suelo y alineado con los zapatos.

1 Empieza por la pose, esbozando el cuerpo y observando las proporciones (consulta las páginas 11-12). El traje no es ceñido, pero la forma sigue el cuerpo, especialmente en las articulaciones, como los codos, donde acaba la manga.

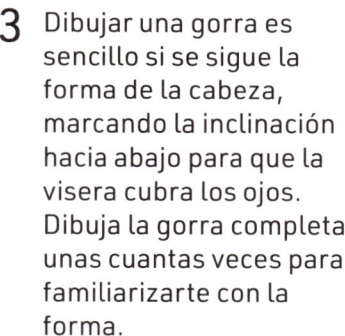

3 Dibujar una gorra es sencillo si se sigue la forma de la cabeza, marcando la inclinación hacia abajo para que la visera cubra los ojos. Dibuja la gorra completa unas cuantas veces para familiarizarte con la forma.

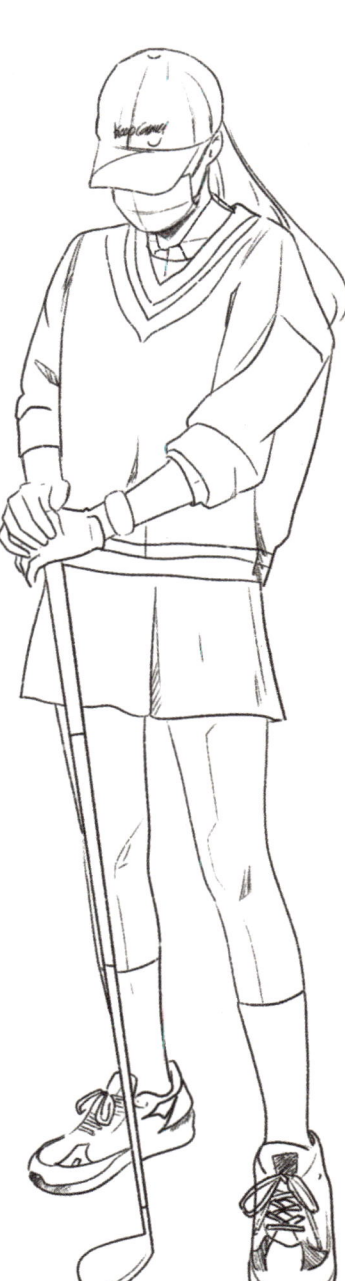

ACCESORIOS

La equipación de golf sigue un estricto código de vestimenta, lo que significa que incluso los accesorios, como gorras, guantes y zapatos, deben ser específicos de este deporte. No se permite el uso de ropa deportiva o informal. En la página 102 encontrarás información sobre cómo dibujar guantes.

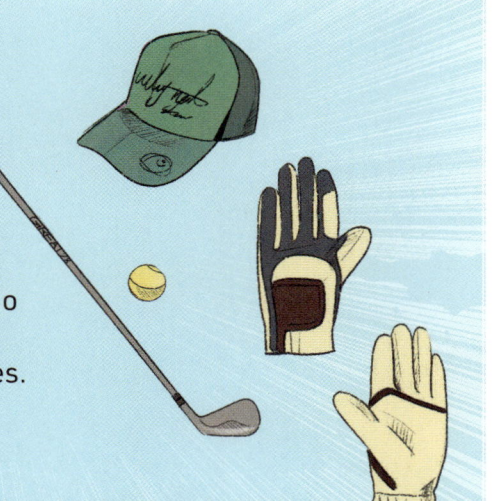

TRAJES DE BALLET

Los trajes de ballet están diseñados para dar libertad de movimiento a los bailarines, así como realzar el efecto visual de su coreografía. Las prendas más habituales son el maillot, las mallas, el tutú y las zapatillas de punta.

Los maillots sin mangas, de manga corta y de manga larga son algunas de las opciones del traje de ballet.

El tutú de varias capas da a la bailarina la ilusión de ligereza y vuelo; asimismo, su corta longitud permite ver sus gráciles piernas. Los maillots ajustados y las mallas de hombre están fabricados con materiales elásticos que revelan el tono muscular del cuerpo.

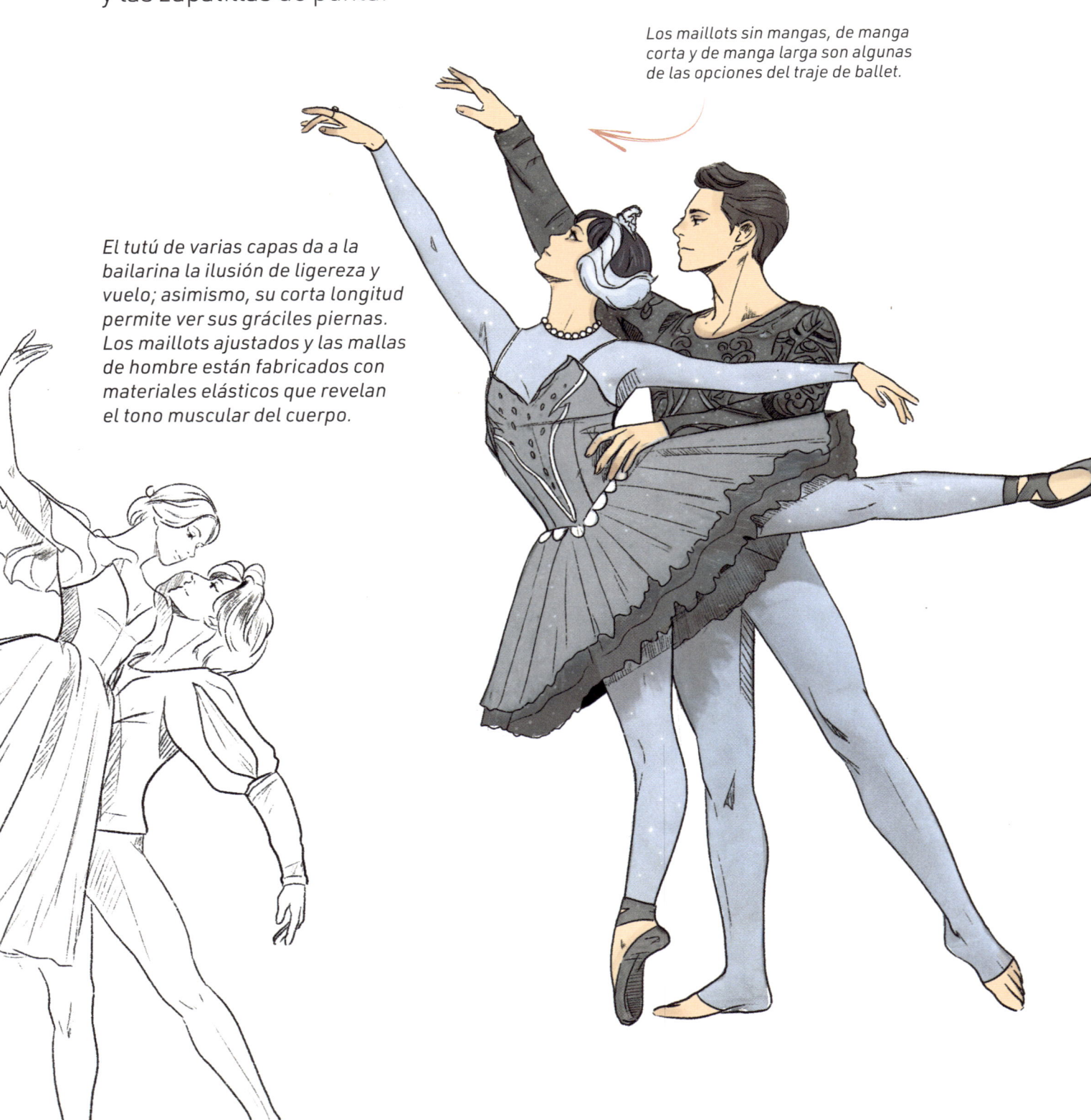

EL TUTÚ

Para evitar que se caigan, los tutús se diseñan con un tejido rígido, a veces con varias capas de tul. Como el corpiño es ajustado y las piernas y los brazos quedan al descubierto, empieza haciendo un dibujo preciso del cuerpo.

Dibuja el tutú justo por debajo de la cintura, con líneas rectas que indiquen los pliegues del tejido de tul rígido.

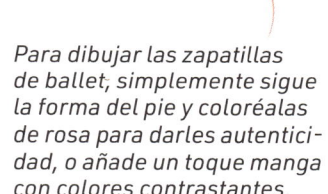

Para dibujar las zapatillas de ballet, simplemente sigue la forma del pie y coloréalas de rosa para darles autenticidad, o añade un toque manga con colores contrastantes.

ZAPATILLAS DE BALLET

Las zapatillas de ballet permiten a las bailarinas bailar de puntillas, lo que crea una línea corporal perfecta y aumenta la ilusión de vuelo y ligereza. Son ajustadas y a veces se sujetan con cintas en el tobillo.

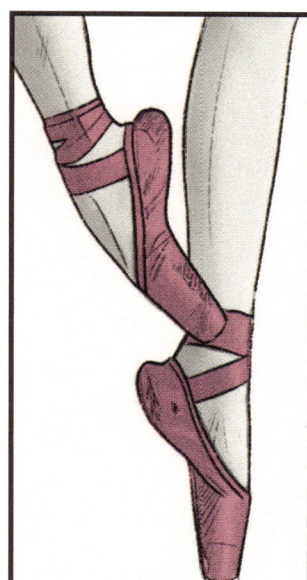

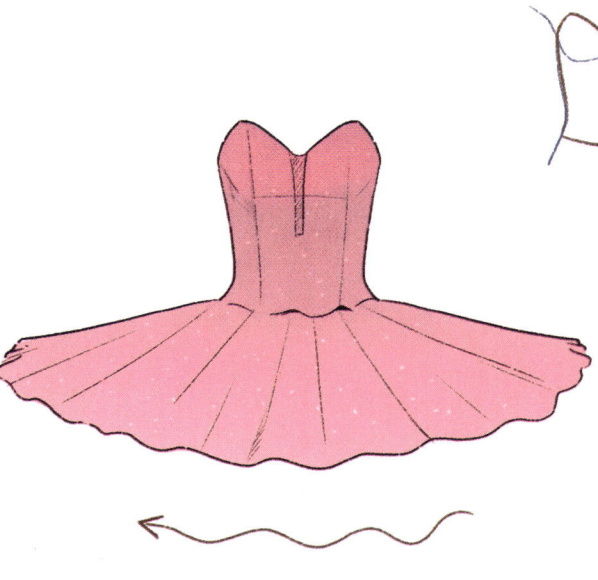

El bajo del tutú presenta una forma ligeramente ondulada y sigue un contorno semicircular visto de frente, lo que le da un efecto circular en otras posturas.

EQUIPACIÓN DE FÚTBOL

A escala mundial, el fútbol posiblemente sea el deporte más popular, ya sea por el número de practicantes o por la cantidad de seguidores. Una equipación de fútbol es inconfundible por la camiseta y los pantalones cortos de los colores del equipo. Puedes elegir entre equipos ya existentes o inventar tu propia combinación de colores. Como el fútbol es un deporte de acción, tendrás que dominar las poses dinámicas y cómo influyen en el tejido las distintas posturas cuando los jugadores corren o chutan el balón.

LA CAMISETA

La camiseta de fútbol tiene forma de T, es entallada y suele estar confeccionada con un tejido fino, como el poliéster.
A partir de un boceto del torso, empieza a dibujar la camiseta con formas rectangulares básicas. Define el cuello y las mangas y haz que la mayor parte de la camiseta caiga justo por fuera del torso.

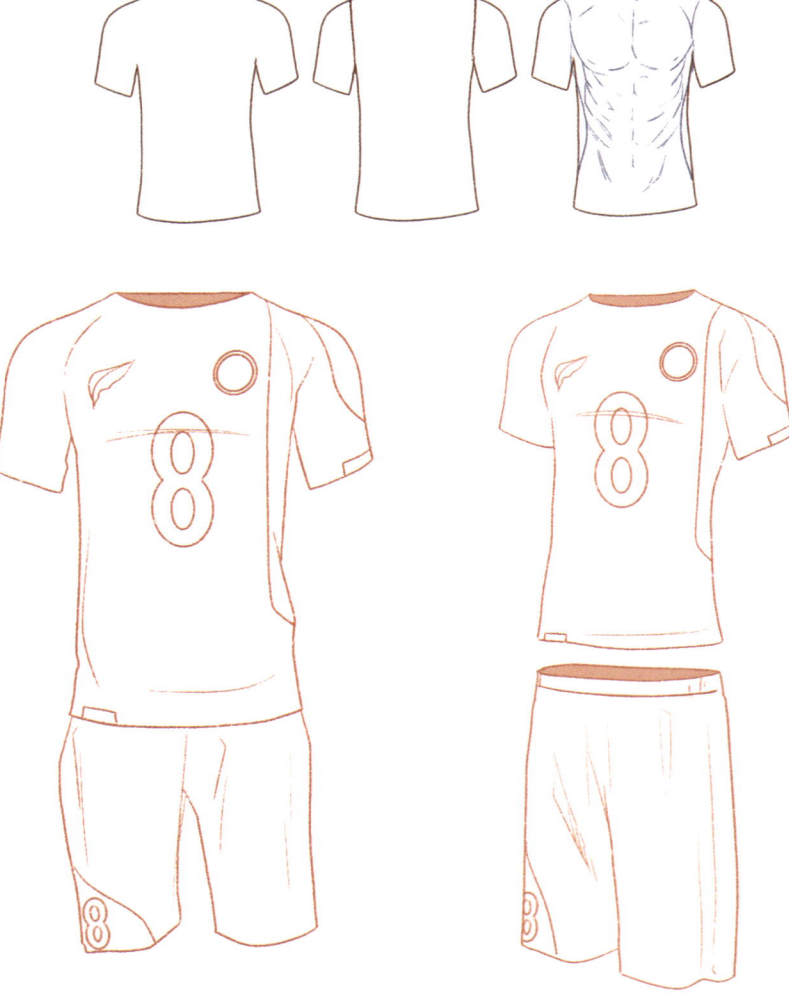

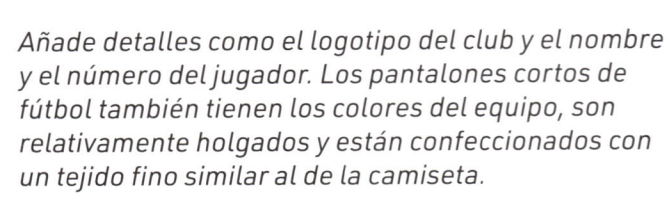

Añade detalles como el logotipo del club y el nombre y el número del jugador. Los pantalones cortos de fútbol también tienen los colores del equipo, son relativamente holgados y están confeccionados con un tejido fino similar al de la camiseta.

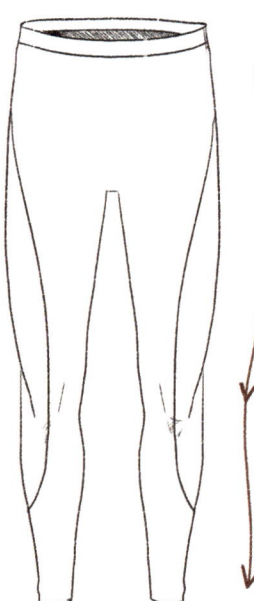

Cuando hace frío, los jugadores también pueden llevar mallas debajo del pantalón corto. Son ceñidas y fáciles de dibujar siguiendo la forma de la pierna; hay que tener en cuenta las curvas de los muslos y las pantorrillas que revelan la complexión atlética del personaje.

Ten en cuenta cómo puedes utilizar la ropa para acentuar el dinamismo de una pose, especialmente en el caso de los futbolistas, cuya equipación está confeccionada con tejidos ligeros que no limitan el movimiento. Utiliza sombras en el interior de los pantalones cortos para mostrar la pierna levantada mientras se impulsa hacia delante.

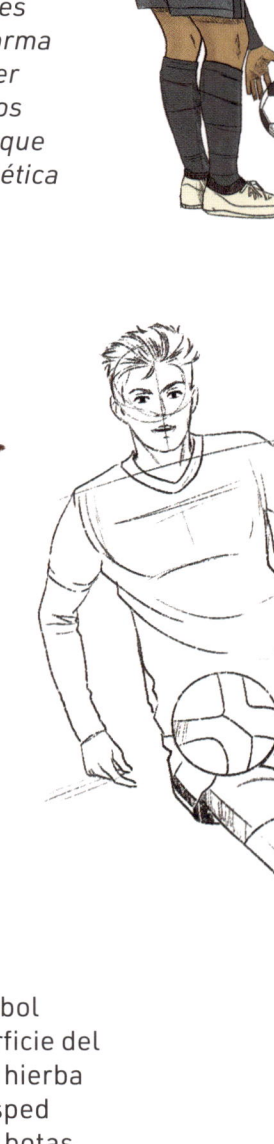

CALZADO

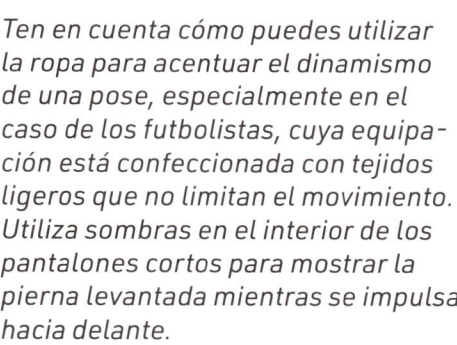

La suela de las botas de fútbol varía en función de la superficie del campo: tacos o clavos para hierba y tacos más cortos para césped artificial. Para dibujar unas botas de fútbol, empieza con la forma general alrededor del pie, añade los elementos de diseño o el logotipo de la marca y, por último, los clavos o tacos de la base.

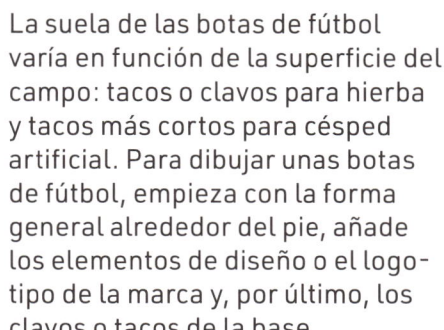

SECRETO DEL ARTE MANGA

En el deporte, donde hay movimientos rápidos, puedes ilustrar esta sensación de velocidad mediante líneas. Traza líneas abstractas detrás del objeto en movimiento, como un balón o los pies del jugador, para acentuar este efecto.

ACCESORIOS DE ESQUÍ

Los deportes de invierno, como el esquí, las carreras de trineos, el patinaje sobre hielo y el snowboard, forman parte de un estilo de vida lleno de emociones fuertes. Si completas tu personaje con los accesorios propios de estas actividades, parecerá que vayan a saltar a la pista de un momento a otro. En estas páginas, tienes las instrucciones para dibujar cascos, gafas, botas, guantes y tablas de snowboard.

Los accesorios permiten transmitir exactamente en qué tipo de actividad está interesado tu personaje. En este caso, la tabla de snowboard es la clave. Puedes incorporar esta parte del equipo de varias maneras, pero si la sujetas bajo el brazo de manera informal sugiere un carácter tranquilo y despreocupado. Define los detalles de la marca para lograr un dibujo complejo.

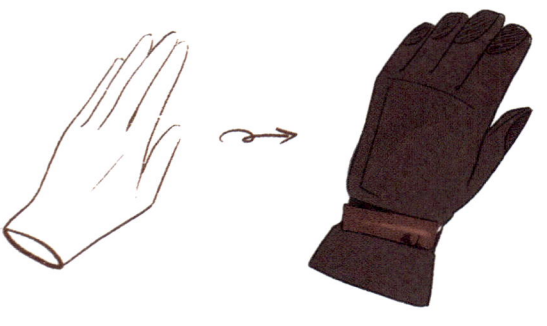

GUANTES

En general, los guantes siguen la misma forma de la mano, pero los de invierno suelen ser más voluminosos. Para transmitir la idea de un guante bien aislado, sigue la forma de la mano por fuera de las guías, y haz más gruesos los dedos y el pulgar. Termina con un puño y una línea de pliegue a lo largo de los nudillos.

Piensa detenidamente en las proporciones de la tabla en comparación con el cuerpo.

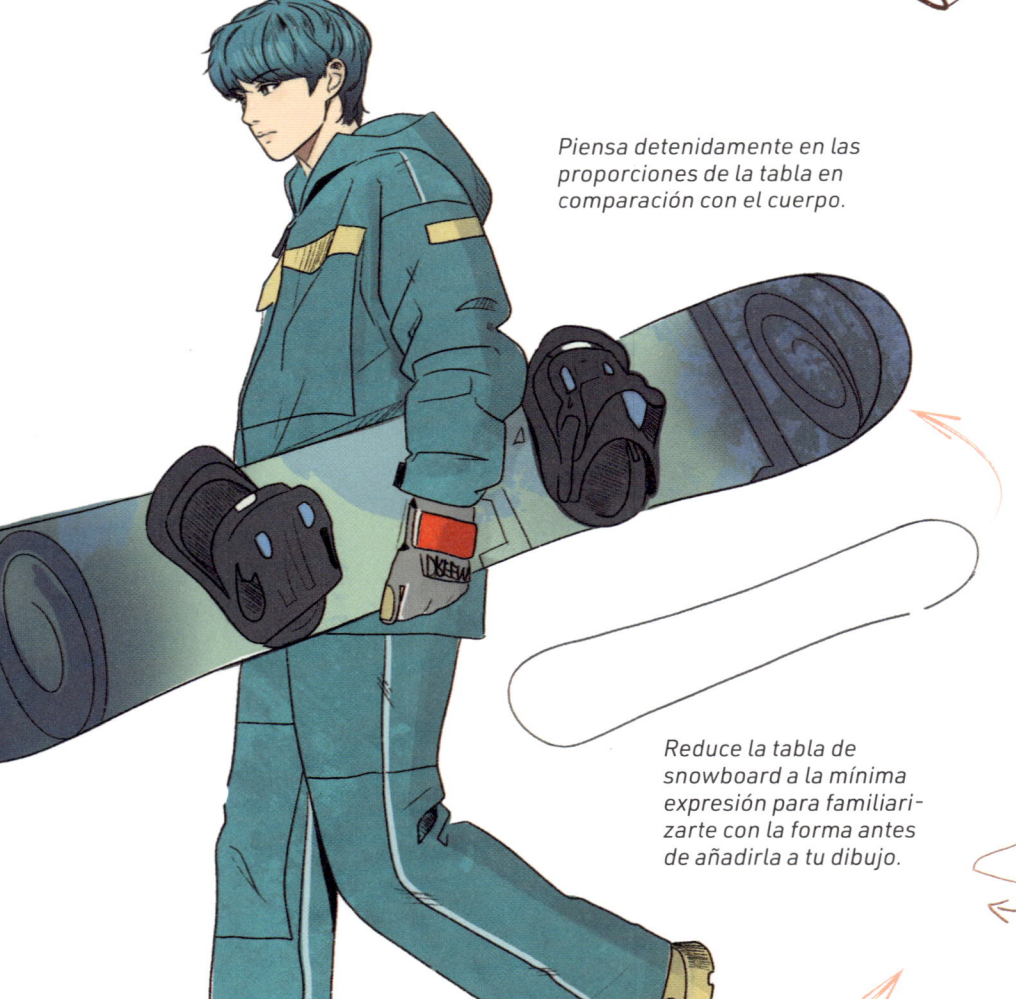

Reduce la tabla de snowboard a la mínima expresión para familiarizarte con la forma antes de añadirla a tu dibujo.

Las botas de esquí son similares a las botas de agua (consulta la página 56), con suelas más gruesas.

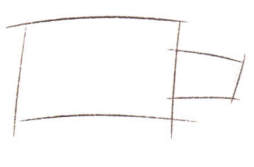

GAFAS

Esboza unas gafas con un par de figuras rectangulares. Modifica el contorno con curvas suaves, utilizando las guías subyacentes para ayudarte con las proporciones. Cuando se ven de lado, hay que añadir una sensación de profundidad y perspectiva a estas formas tridimensionales: fíjate en el ángulo de la correa y en la diferencia de tamaño de las lentes cuando se curvan alrededor de la cara.

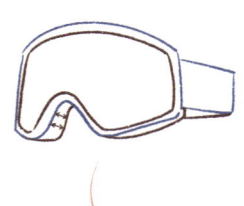

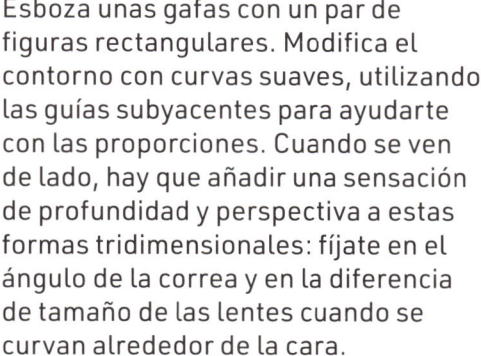

CASCO

Para el casco, empieza trazando un círculo que represente la cabeza. Yo dibujo el casco en dos partes: la parte superior, que sirve de protección y sigue la curva de la cabeza, y la parte inferio, que enmarca la cara.

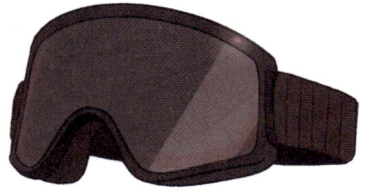

Primero, dibuja el contorno de la cabeza y fíjate en el ángulo y la inclinación.

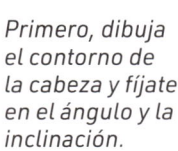

Añade el contorno del casco y, luego, coloca las gafas encima.

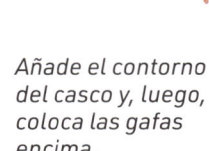

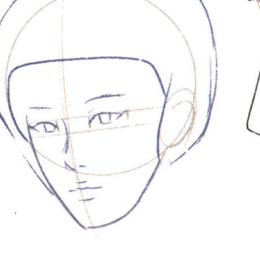

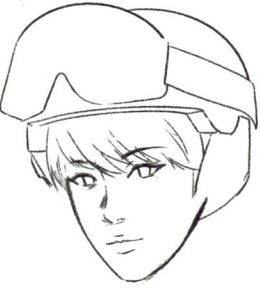

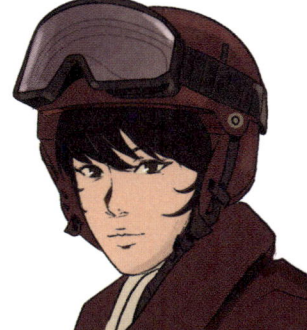

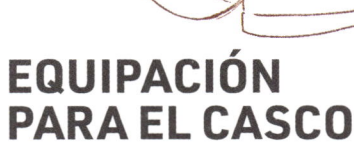

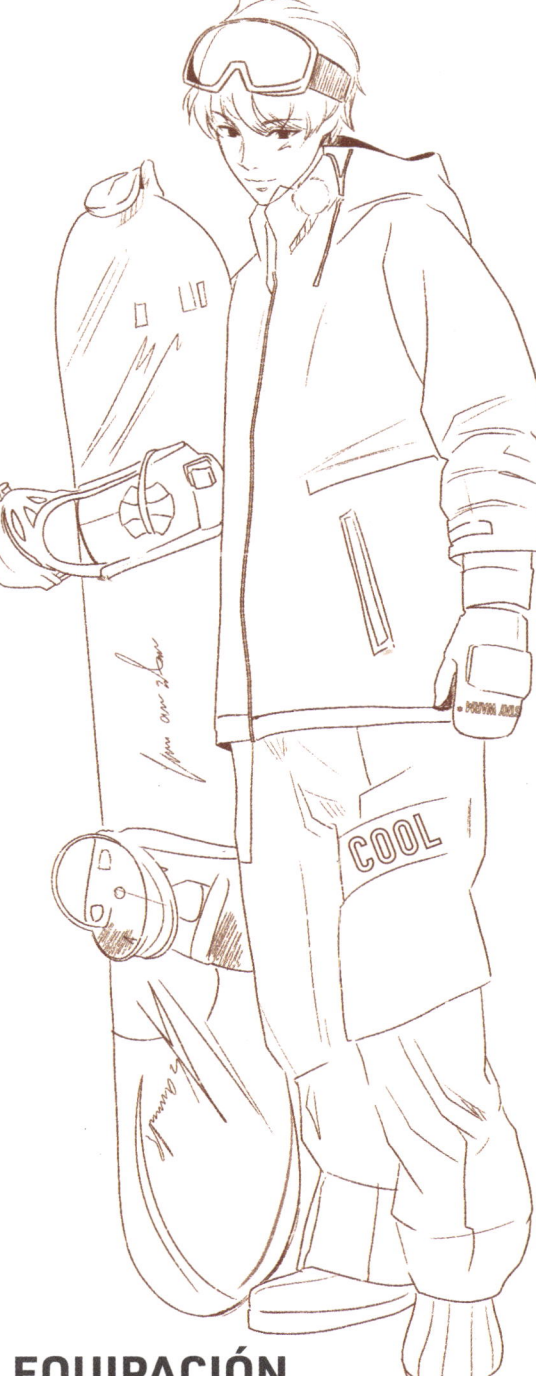

EQUIPACIÓN PARA EL CASCO

Combinar elementos puede parecer muy complicado, pero si los divides por capas pronto dominarás los detalles. Cuando las gafas se apoyen en el casco, dibújalas proporcionadas con respecto a los rasgos faciales y la cabeza.

Con las botas de fútbol de la página 101 a modo de guía, dibuja unas zapatillas deportivas. Adapta la suela al deporte correspondiente y divide los elementos por fases.

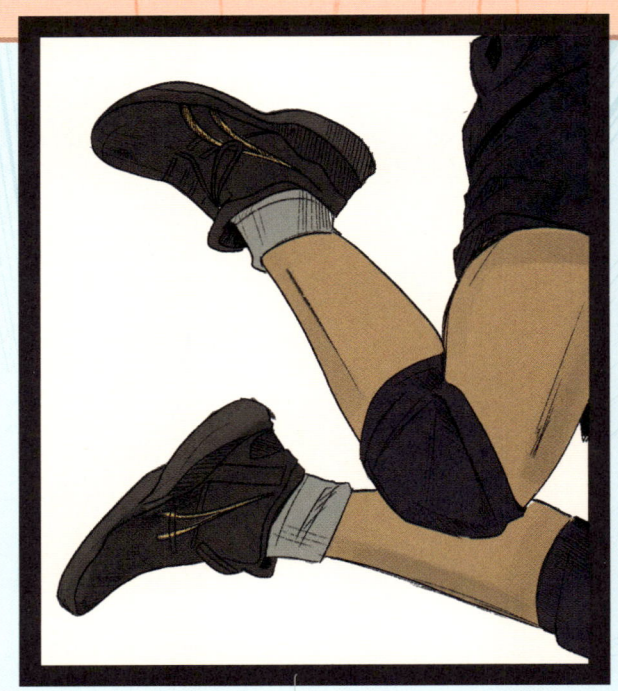

RESUMEN DEL EJERCICIO

Haz estos ejercicios para repasar los temas tratados en este capítulo. Dado que varios deportes comparten la misma equipación, incluye objetos característicos que ayuden a identificar la modalidad deportiva.

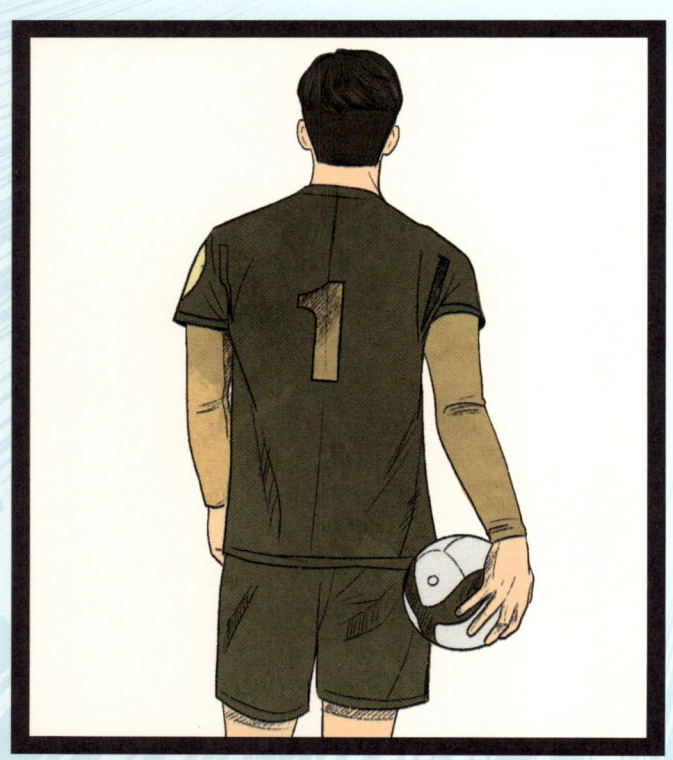

Dibuja varias camisetas; adapta las guías de la página 95 a un corte ajustado u holgado, según el deporte.

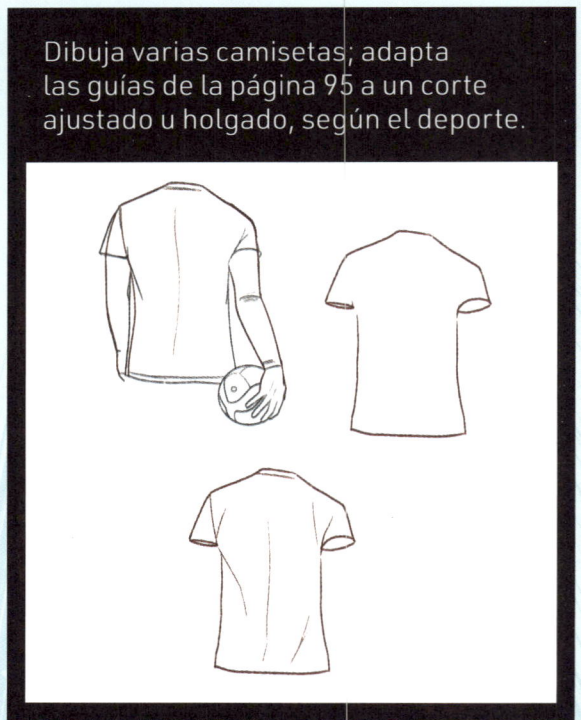

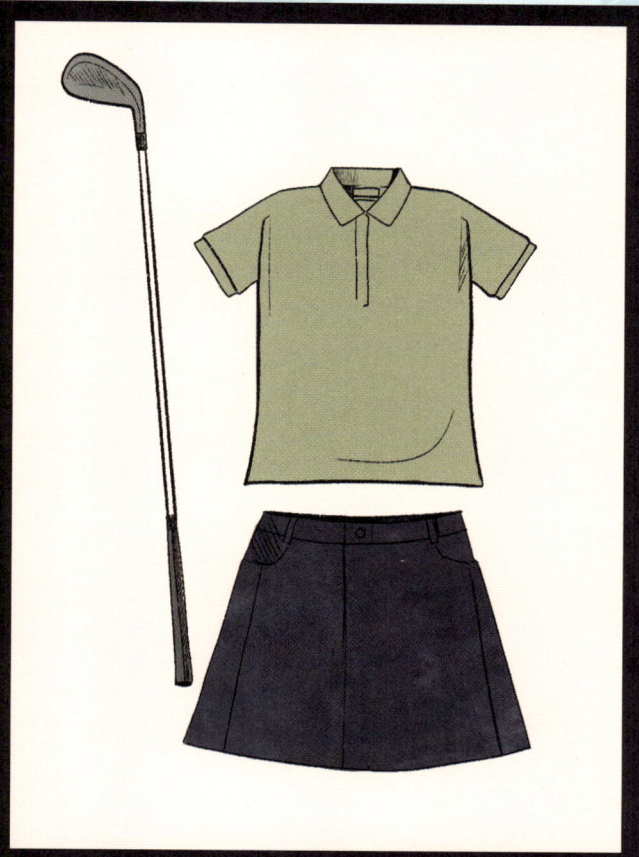

Diseña un conjunto para una jugadora de golf formado por un polo y una falda. En las páginas 96-97 encontrarás más ideas sobre ropa y accesorios de golf.

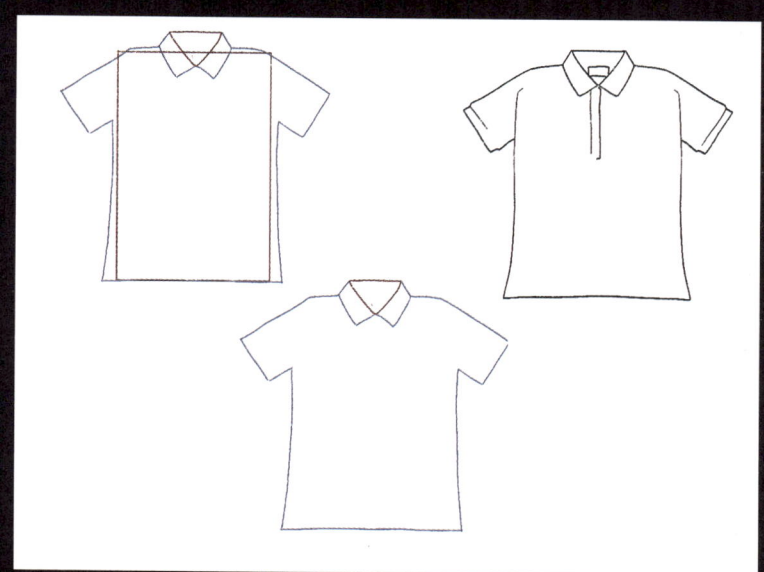

Descompón un traje de ballet clásico en un corpiño y un tutú siguiendo las instrucciones de la página 99 para simplificar las formas.

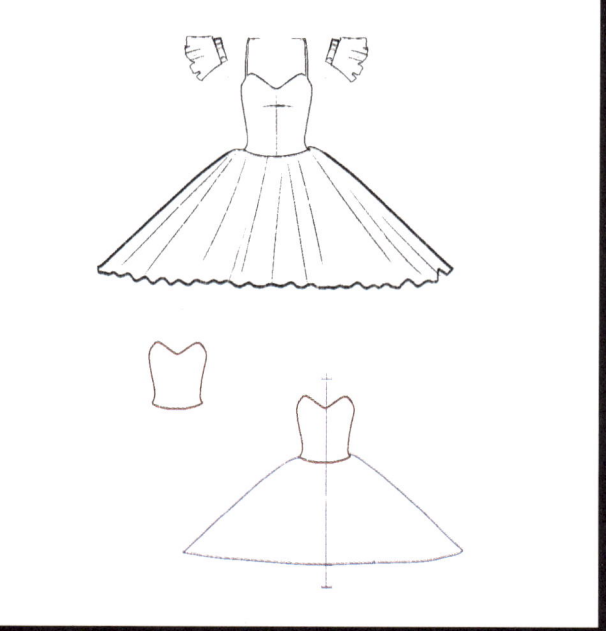

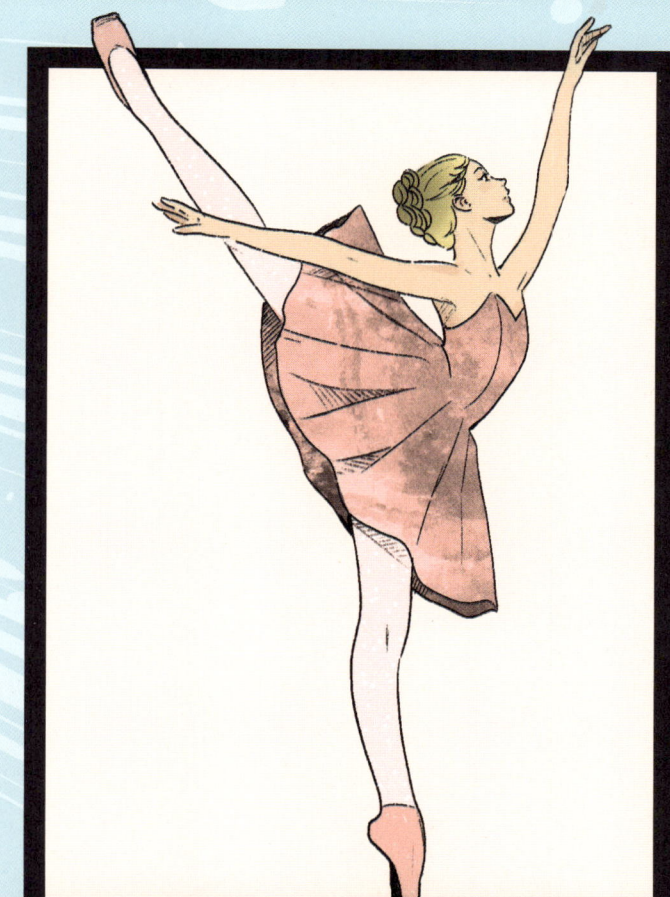

7.

UNIFORMES ESCOLARES

El instituto es el escenario perfecto para las historias de adolescentes, por lo que es un tema popular en el manga. Para captar el *look*, hay que estudiar los uniformes escolares japoneses tradicionales, desde las camisas marineras hasta los calcetines tobilleros, pasando por las mochilas y los lazos.

A MEDIDA
ELEGANTES
PULCROS
LAZOS
NOSTÁLGICOS

ADORABLES
PLISADOS
EMBLEMAS
FUNCIONALES
PRÁCTICOS

PREPPY
TRADICIONALES

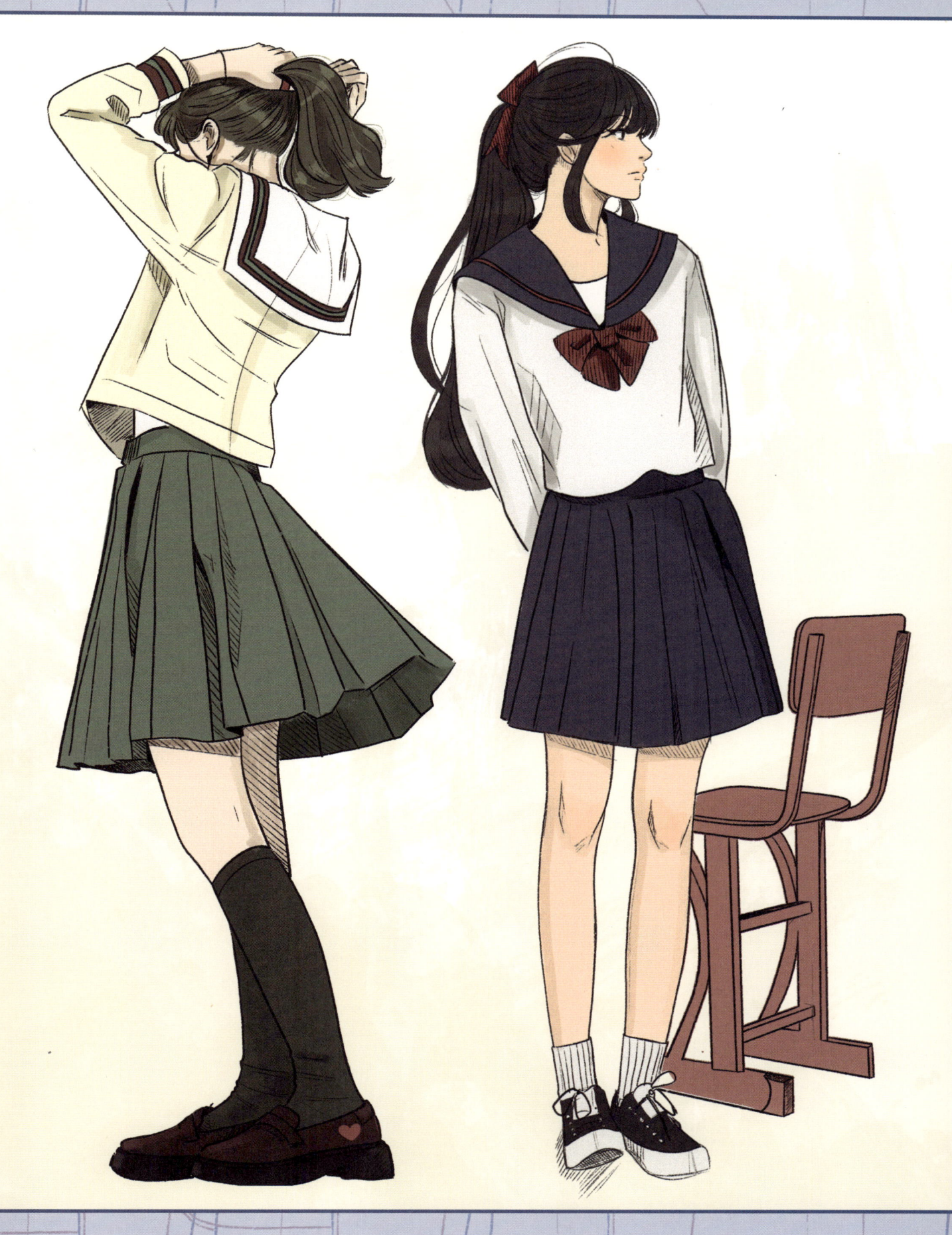

UNIFORMES PARA CHICA

La indumentaria escolar básica es universalmente reconocible: camisa, chaqueta y falda o pantalones. En Japón, los uniformes para chicas tienen algunos rasgos distintivos: faldas de distintos largos, blusas marineras y grandes lazos en el cuello, que harán que parezca que tu personaje de manga acaba de salir del instituto. Diviértete explorando los numerosos elementos del estilo colegial, ¡y no te olvides de los calcetines y los zapatos!

LA FALDA CORTA

La falda de gimnasia plisada es perfecta para captar una sensación de dinamismo y movimiento. Tómate tu tiempo para trazar la dirección de los pliegues y dibujar la forma del bajo siguiendo los pasos que se indican a continuación.

1 Reduce la forma de la falda a un esbozo que refleje la dirección general del movimiento.

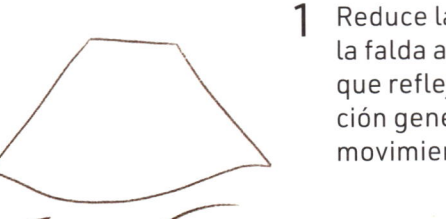

2 Añade detalles al bajo para dar sensación de profundidad. Esta zona se sombreará más tarde para sugerir el forro de la falda.

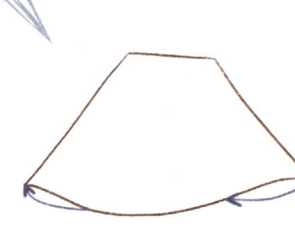

3 A continuación, añade líneas verticales para los pliegues en los puntos donde la tela se dobla sobre sí misma. Haz las líneas más juntas en la cintura y más anchas en el bajo.

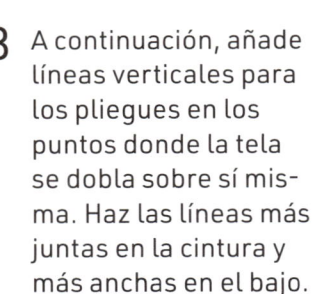

4 Define los bordes exteriores. Sombrea el interior y añade arrugas y dobleces a los pliegues para dar sensación de dinamismo.

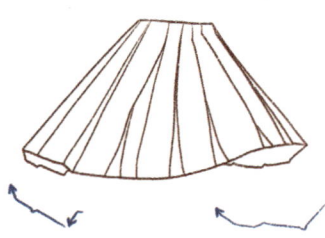

El interior de la falda es más visible cuando se ve desde diferentes ángulos.

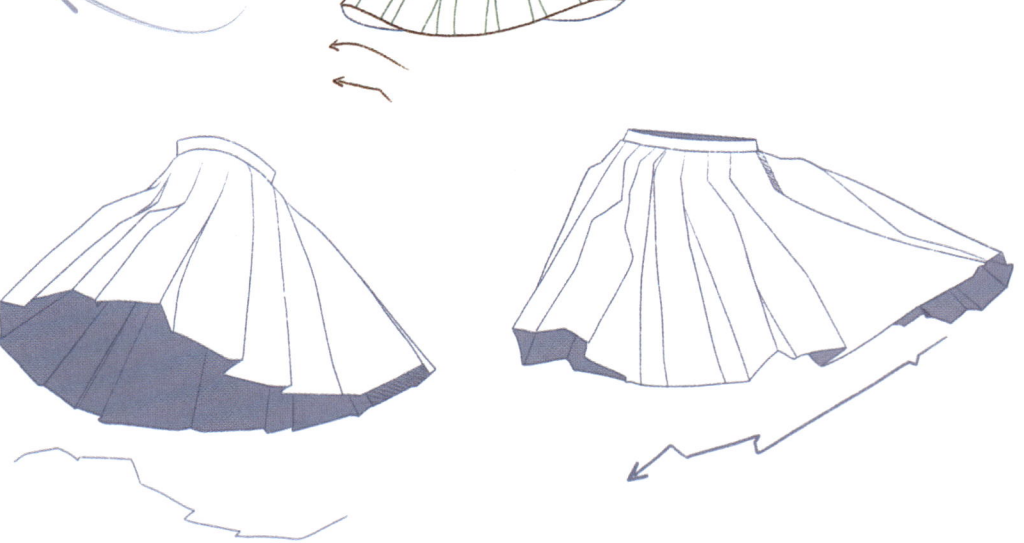

FALDA ACAMPANADA

Para dibujar una falda de colegiala manga, basta esbozar la figura trapezoidal básica y, a continuación, añadir la cintura y los pliegues o los detalles que desees. Esta falda universal puede adaptarse con cremalleras, botones, plisados sencillos o múltiples, e incluso transformarse en una falda escocesa.

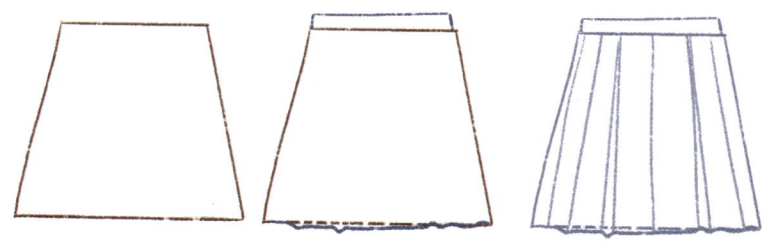

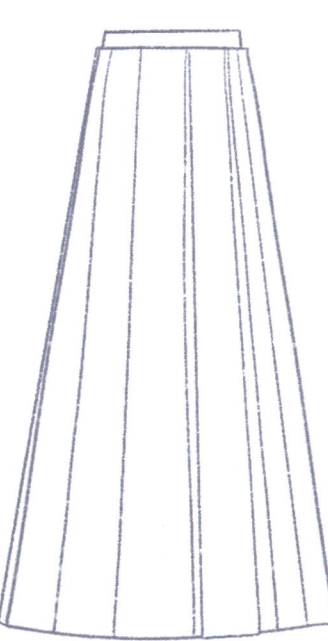

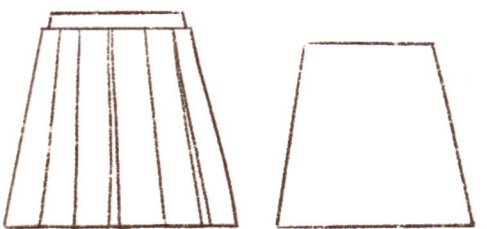

LARGO DE LA FALDA

Normalmente, las faldas de colegiala manga son cortas y caen justo por encima de la rodilla, pero a veces se utilizan modelos más largos y anticuados. Se aplican los mismos principios que para dibujar una falda acampanada (arriba), solo hay que alargarla antes de añadir los pliegues o detalles. Comprueba las proporciones con respecto a la pose general.

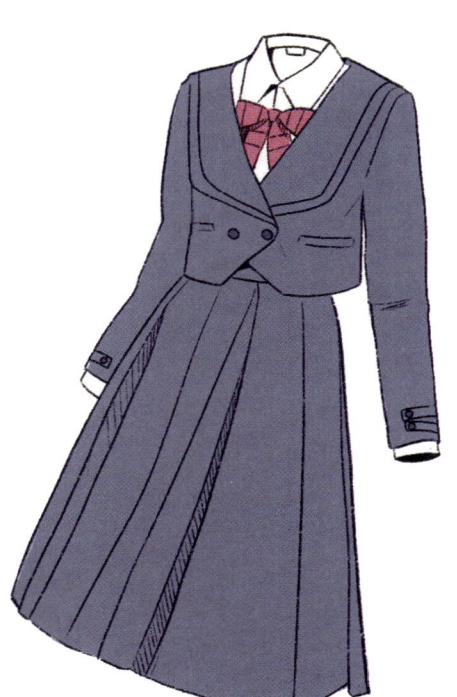

ACCESORIOS

Puedes ser muy creativo en lo que respecta a los detalles del acabado y los accesorios. Fíjate en las sutiles opciones que sirven para diferenciar estilos y personalidades, como si añades al cuello un lazo o una corbata. La longitud de los calcetines también es importante: prueba a dibujar calcetines largos con faldas cortas, o calcetines cortos y mocasines.

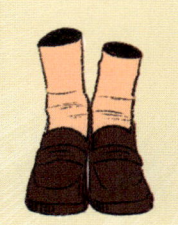
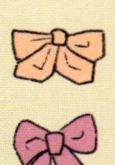
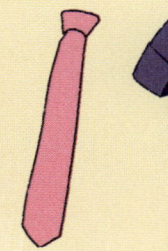
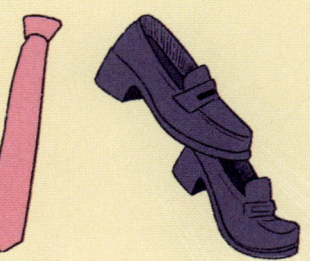

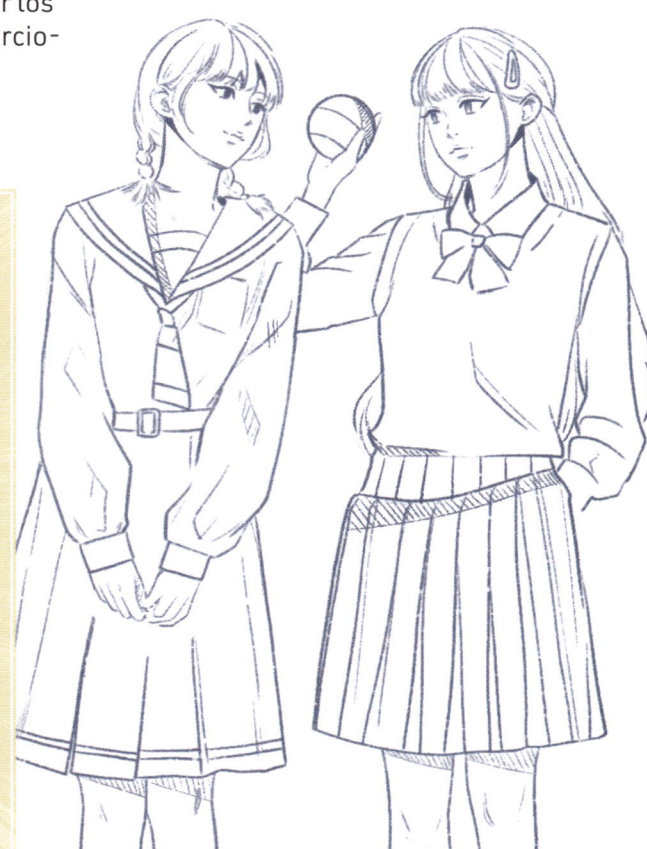

UNIFORMES PARA CHICO

El código de vestimenta de los chicos incluye muchos de los artículos que utilizan las chicas, como una camisa blanca o de color, un jersey y la chaqueta reglamentaria. Sin embargo, el corte general de los uniformes de los chicos es más holgado, con chaqueta y pantalones a juego, y corbatas en lugar de lazos.

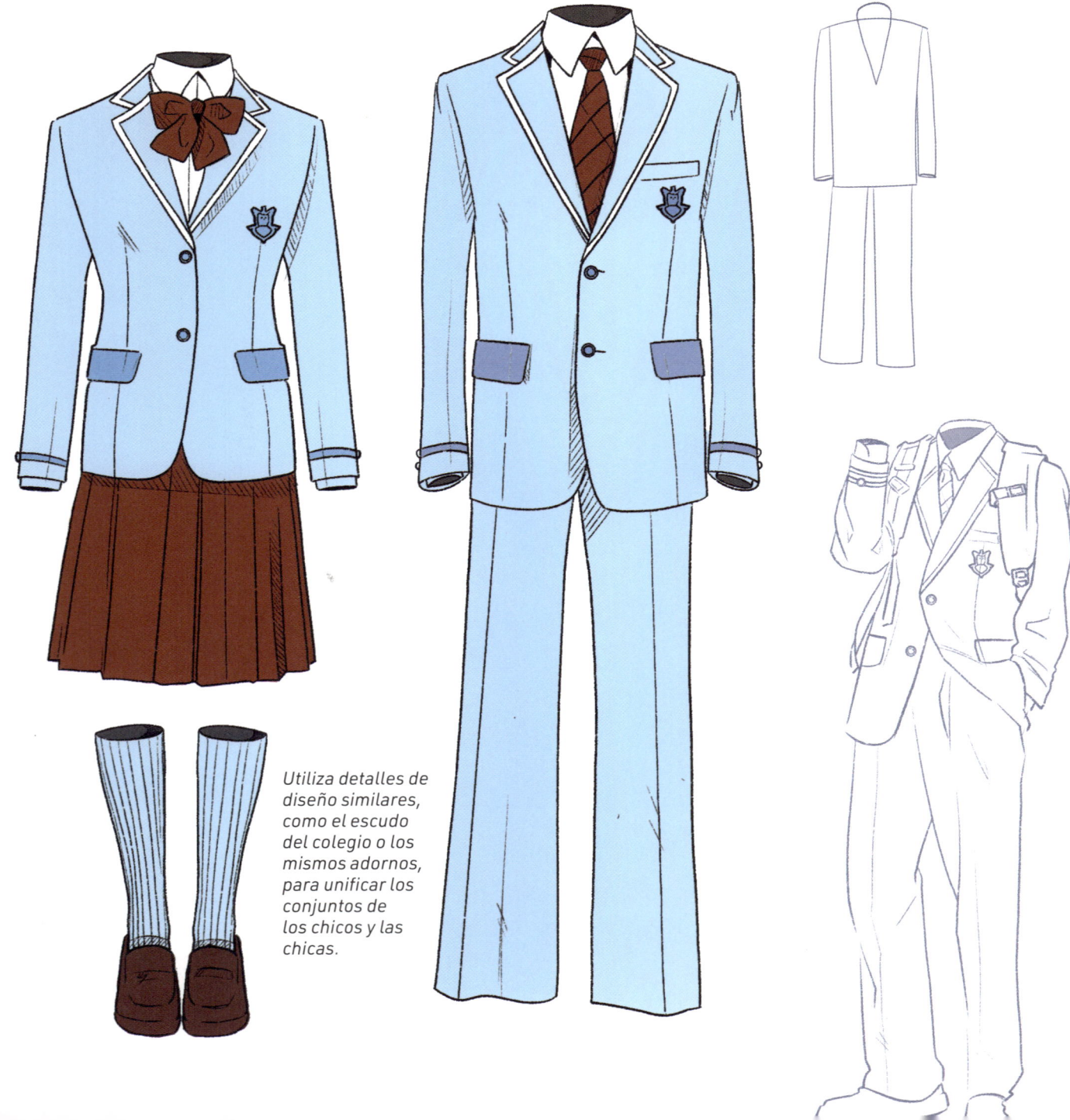

Utiliza detalles de diseño similares, como el escudo del colegio o los mismos adornos, para unificar los conjuntos de los chicos y las chicas.

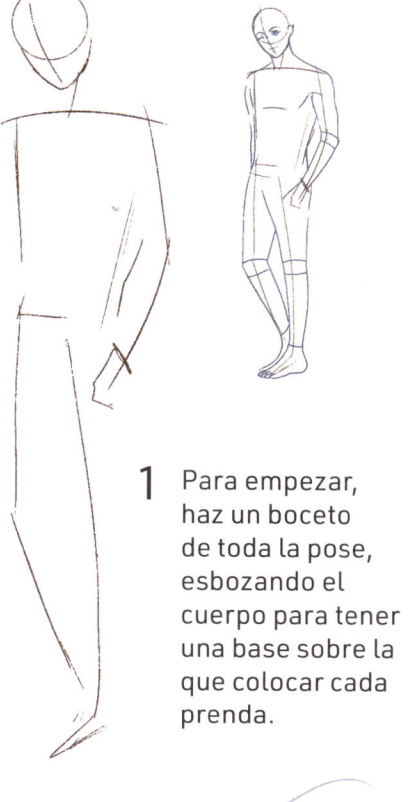

1 Para empezar, haz un boceto de toda la pose, esbozando el cuerpo para tener una base sobre la que colocar cada prenda.

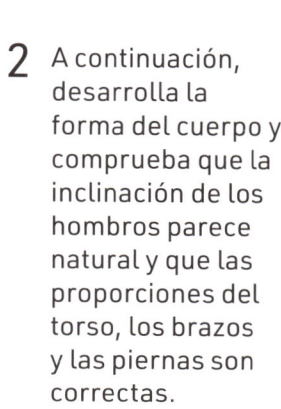

2 A continuación, desarrolla la forma del cuerpo y comprueba que la inclinación de los hombros parece natural y que las proporciones del torso, los brazos y las piernas son correctas.

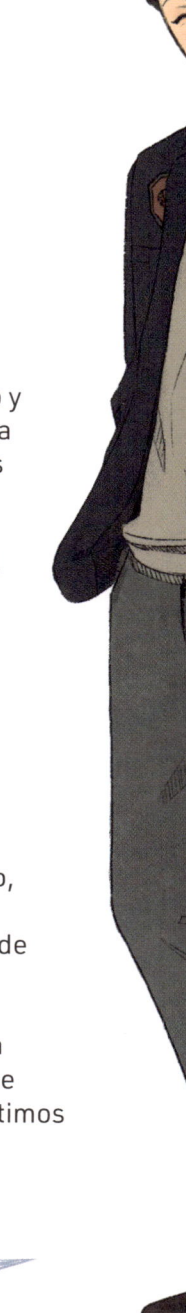

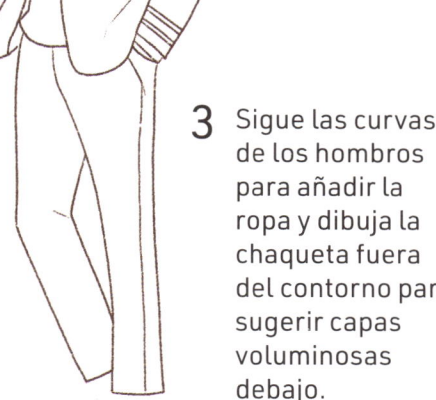

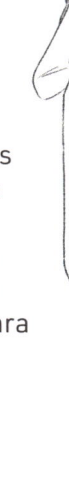

3 Sigue las curvas de los hombros para añadir la ropa y dibuja la chaqueta fuera del contorno para sugerir capas voluminosas debajo.

4 Del mismo modo, los pantalones siguen la forma de las piernas, con el bajo cayendo justo por encima del tobillo. Añade pliegues y los últimos detalles.

SECRETO DEL ARTE MANGA

Acostúmbrate a dibujar el cuerpo entero en cada pose para que las proporciones sean las correctas, ¡así la ropa también encajará!

BOLSOS Y MOCHILAS

La mochila, que se utiliza para llevar los libros y cuadernos, es un elemento muy importante. Sin embargo, tanto para los personajes de manga como para los estudiantes de todo el mundo, la mochila escolar es también una afirmación de su forma de vestir, con la que pueden mostrar su propio estilo. Sigue estos pasos para dibujar una mochila clásica que puedes personalizar.

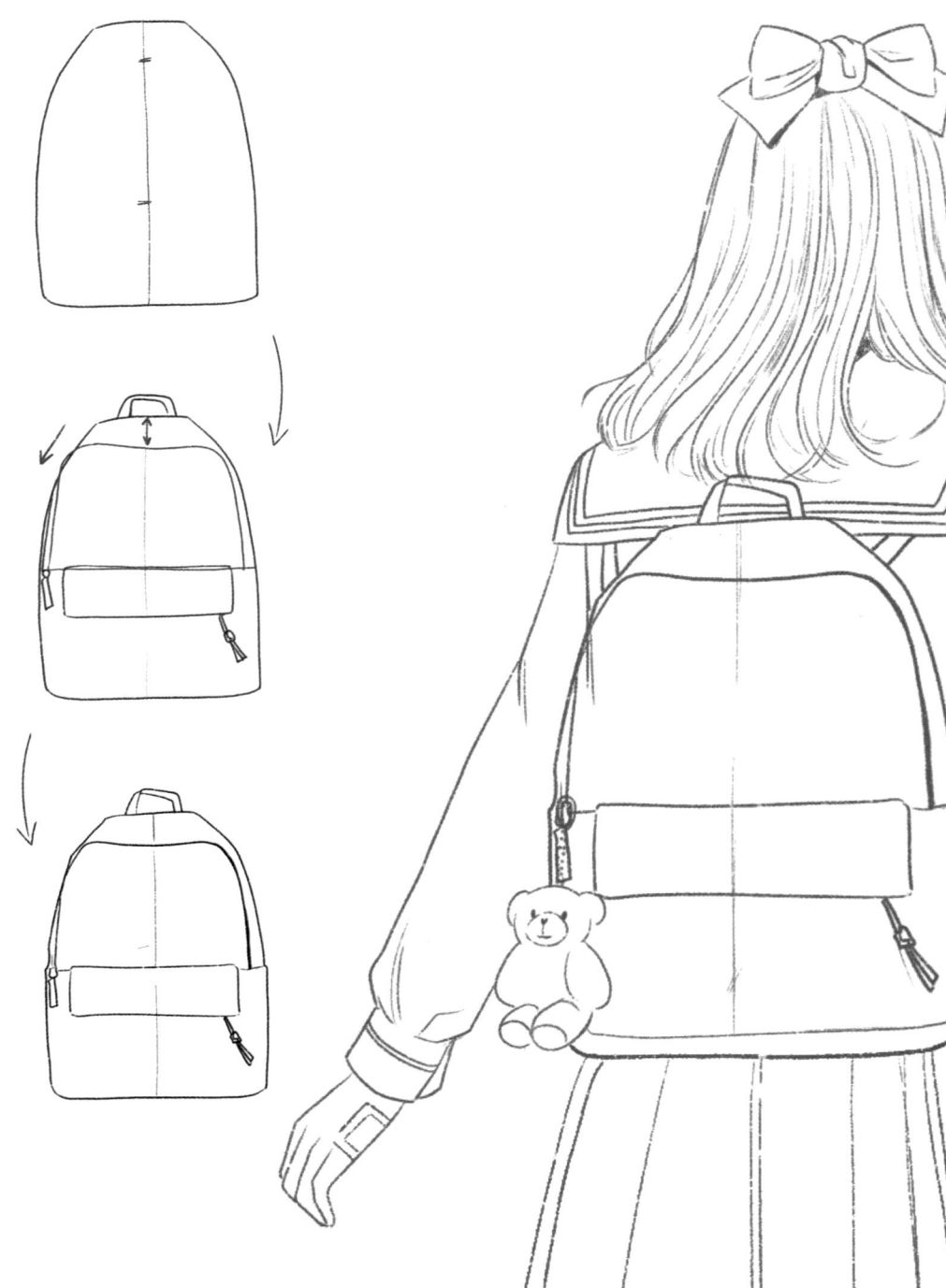

1 Primero dibuja un rectángulo y remodela las esquinas superiores con curvas simétricas. A continuación, redondea las esquinas inferiores.

2 Ahora que ya tienes la forma básica de la mochila, añade los distintos componentes: un asa para llevarla, las solapas de los bolsillos y las cremalleras. Mantén los bordes curvados y lisos para representar un tejido suave.

3 La sencilla forma de la mochila ya está completa y puede utilizarse como plantilla para otros diseños, con elementos personalizados como bolsillos adicionales, logotipos, colgantes, botones y pegatinas. ¡Todo vale!

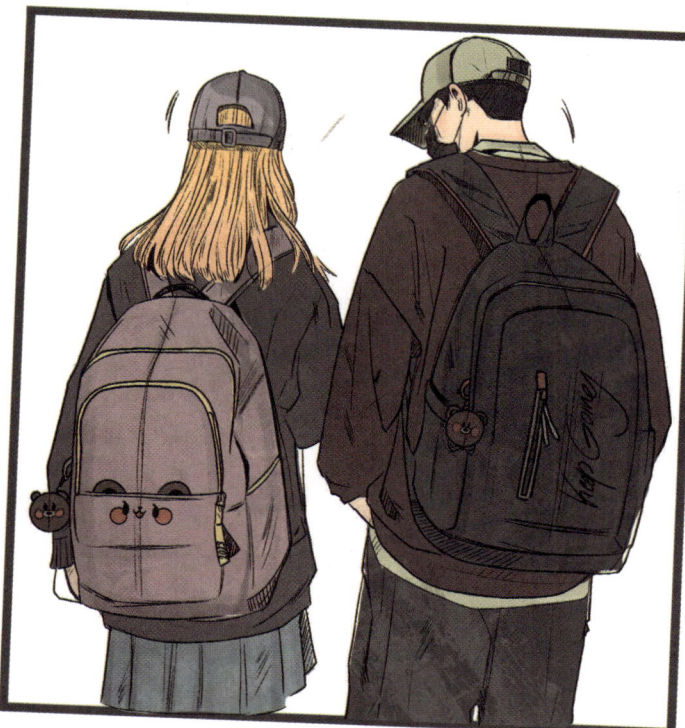

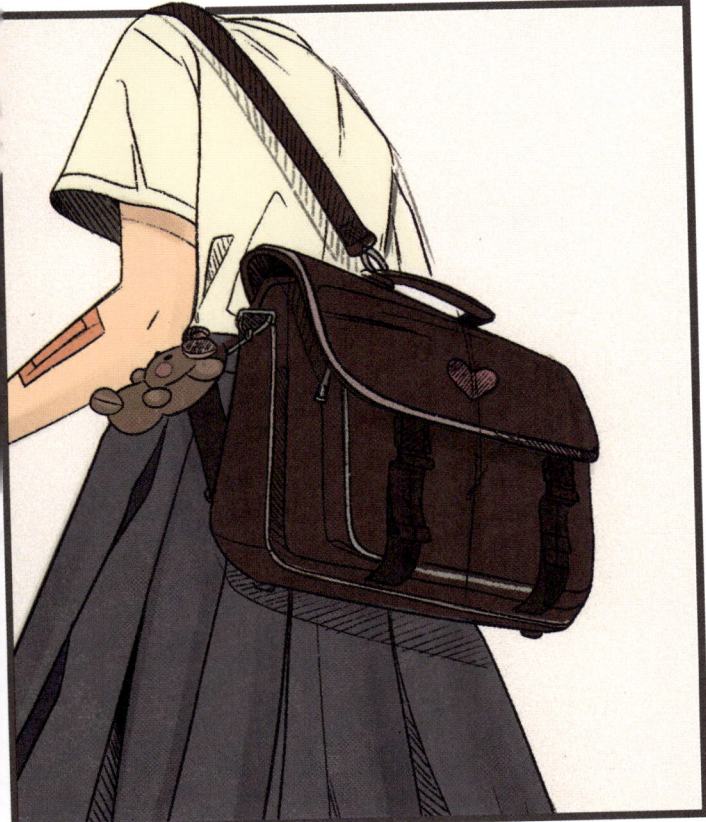

Para dibujar una mochila de lado, empieza trazando un rectángulo y redondea las esquinas. Fíjate en que una de las esquinas inferiores es una curva más pronunciada en la que el lateral de la bolsa es visible. Utiliza guías que te ayuden a mantener los bolsillos y compartimentos en perspectiva.

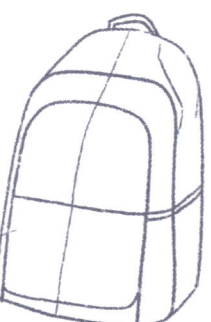

Ángulo lateral

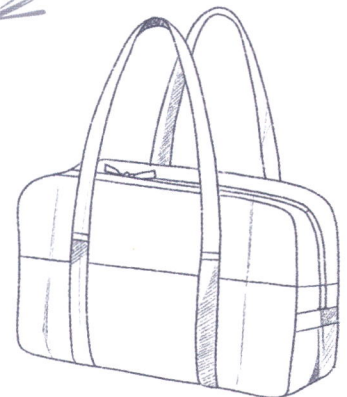

Aunque los estudiantes utilizan normalmente una mochila, para tu personaje manga puedes elegir cualquier otro accesorio, desde una cartera hasta un bolso de gran tamaño.

Sigue los pasos del resumen del ejercicio (consulta la página 114) para dibujar una cartera. Añade una correa desde el asa superior para que tu personaje pueda llevarla en bandolera.

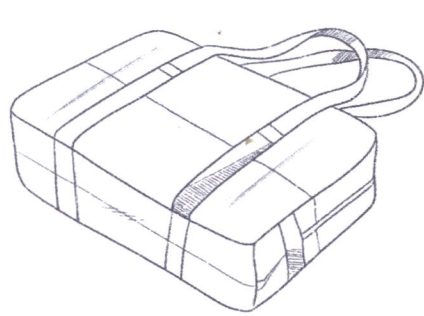

ACCESORIOS

Para añadir más carácter al personaje, incluye los objetos que llevaría en su bolso, como un cuaderno, bolígrafos, una botella de agua, unos auriculares y un teléfono.

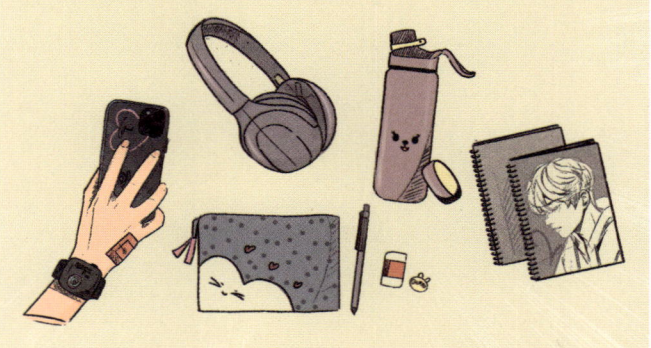

Para dibujar una cartera, haz un rectángulo y añade una solapa, hebillas, correas y algunos adornos. Consulta la página 112 para saber cómo se dibuja una mochila.

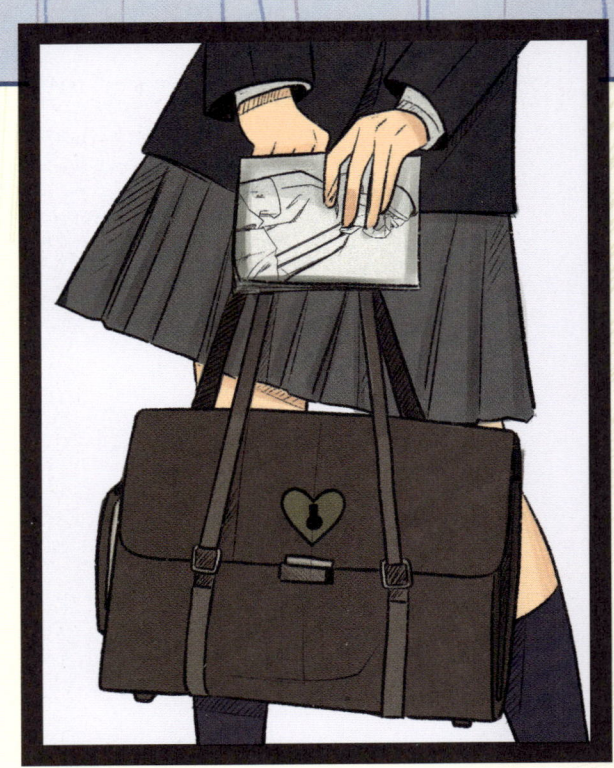

RESUMEN DEL EJERCICIO

Haz estos ejercicios para perfeccionar el dibujo de los diferentes elementos que conforman un uniforme escolar manga, tanto si es un elegante traje de chico o una versión extravagante de la forma de vestir de una colegiala.

Para dibujar un mocasín, usa el pie como guía para el empeine. Añade un tacón grueso y la clásica banda para terminar.

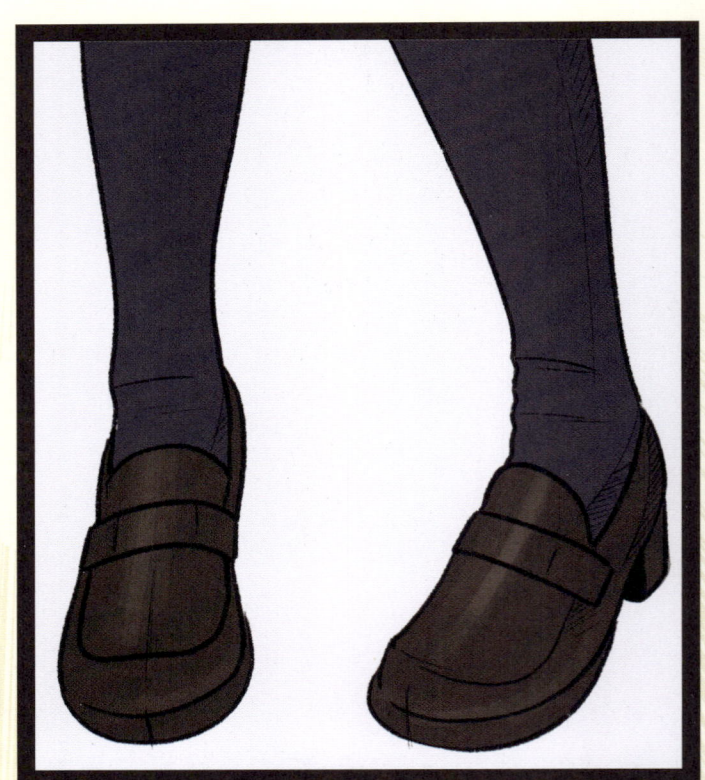

Los uniformes para chicas suelen constar de vestidos o faldas. Sigue los consejos de la página 108 para dibujar una falda, y adáptalos para añadir un pichi sobre la camisa.

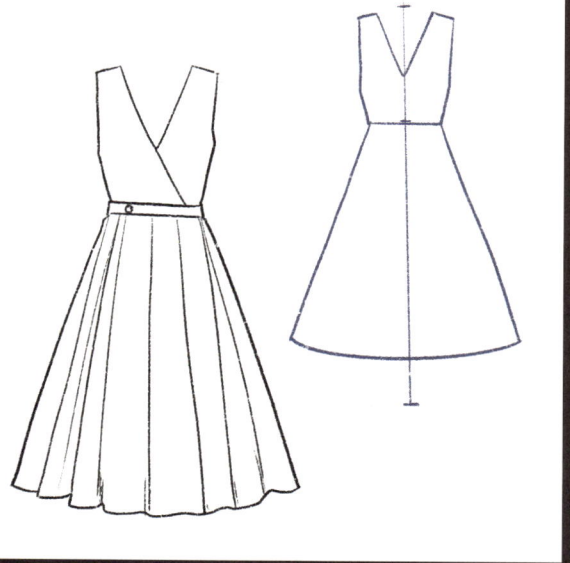

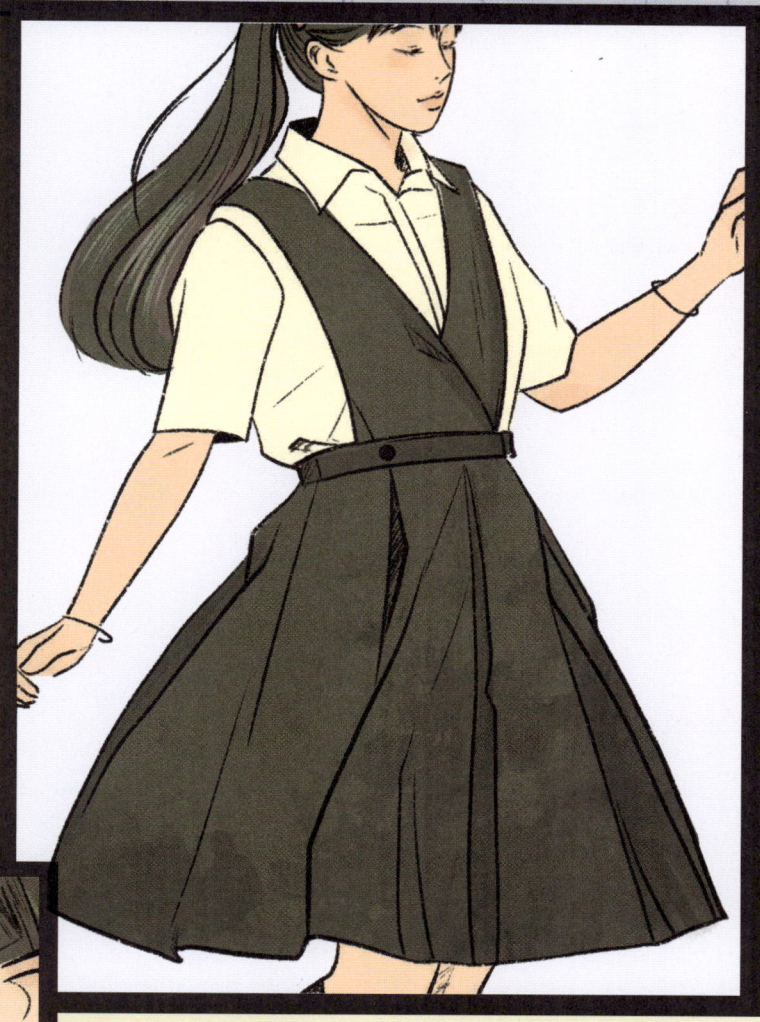

Para dibujar una pajarita, descomponla en elementos más pequeños. Empieza por el centro, añade los lazos y luego los extremos, procurando que quede simétrica.

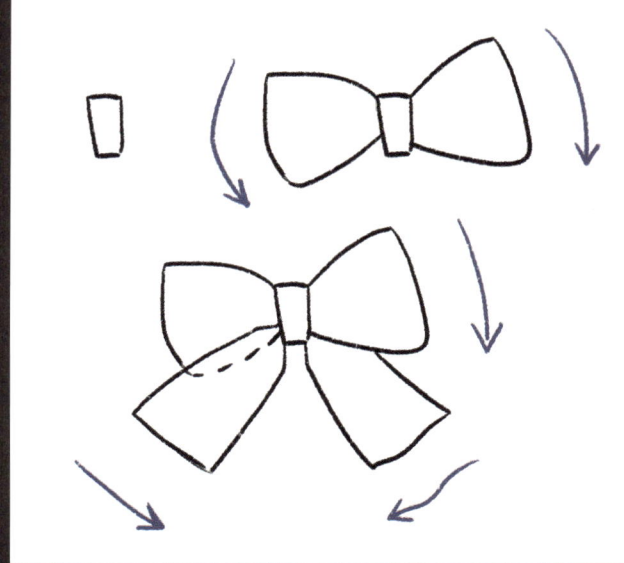

8

ROPA PARA DORMIR

El descanso y la relajación exigen prendas cómodas, y las nuevas tendencias en ropa de estar por casa y para dormir han puesto de moda los tejidos suaves y agradables. Los pijamas clásicos nunca pasan de moda y se pueden personalizar de muchas maneras para aportar un poco de ternura manga a la hora de dormir.

SUAVE
MULLIDA
CÓMODA
AFELPADA
RELAJADA

SUELTA
ENCAJES
VOLANTES
CAPUCHAS
ZAPATILLAS

HOLGADA
ADORABLE
DULCE

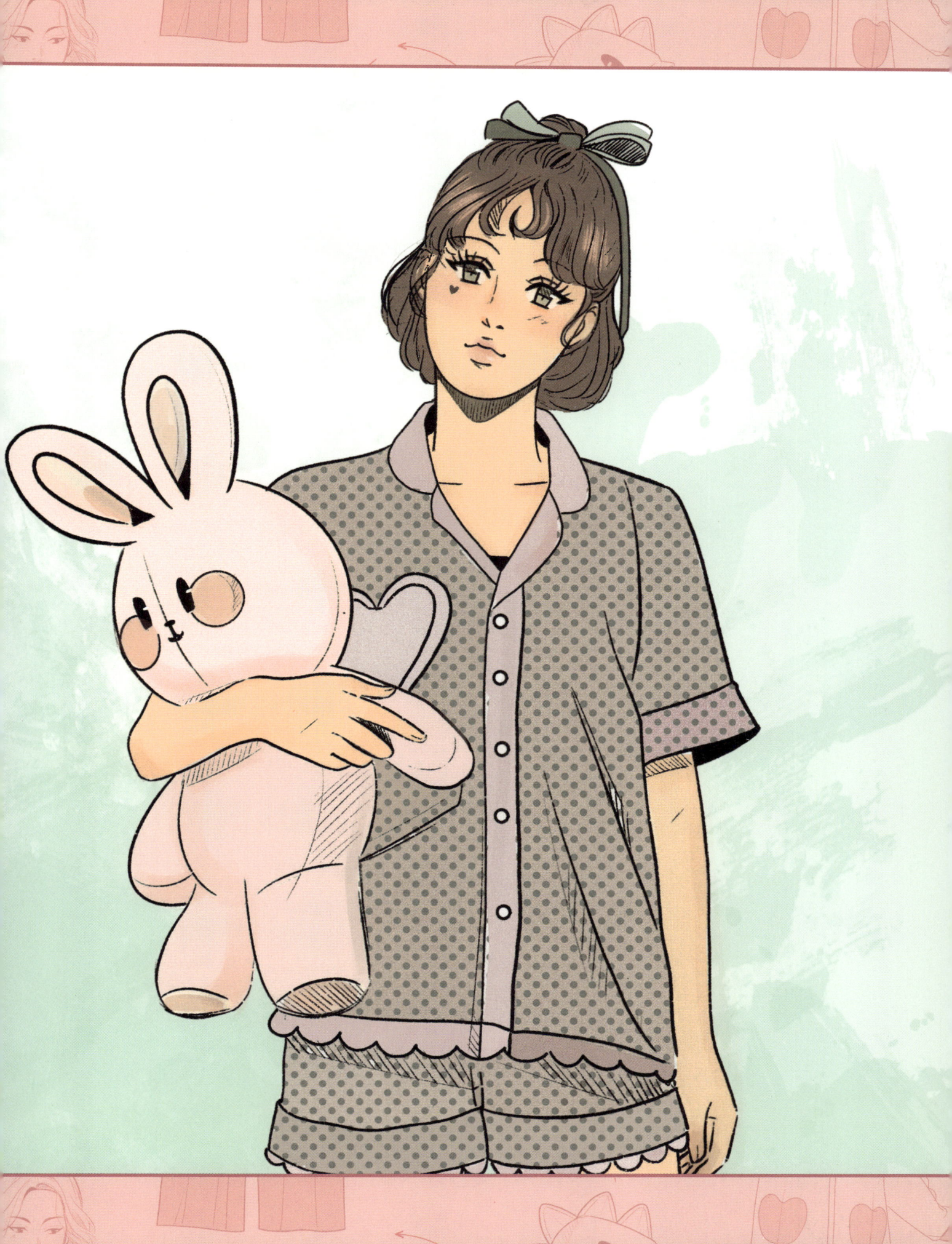

HORA DE ACOSTARSE

Los pijamas son una opción unisex que está disponible en diferentes estilos. Suelen ser holgados y de tejidos suaves, lo que significa que no se ciñen al cuerpo. No hace falta ser un experto en dibujo de figuras para vestir a tu personaje con un pijama o un camisón, así que diviértete creando *looks* acogedores cuando llegue la hora de ir a dormir.

EL CAMISÓN

Simplifica la forma holgada y ancha de un camisón tradicional en una figura rectangular y añade mangas cortas o largas. Dibuja unas líneas sinuosas unidas en intervalos regulares en el extremo de las mangas para que se vean abullonadas.

Un escote y un bajo con volantes adornado con encaje y cintas completan un camisón tradicional.

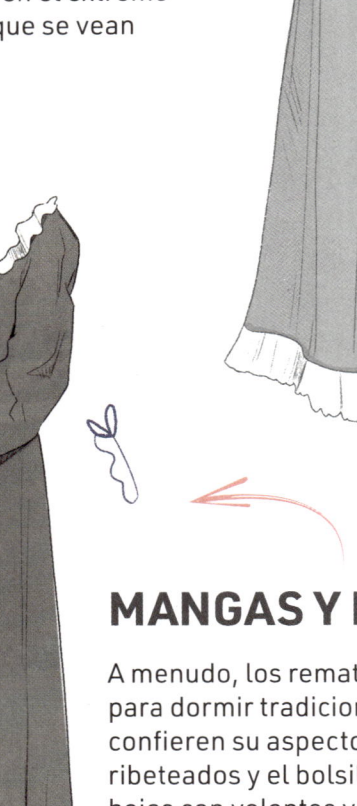

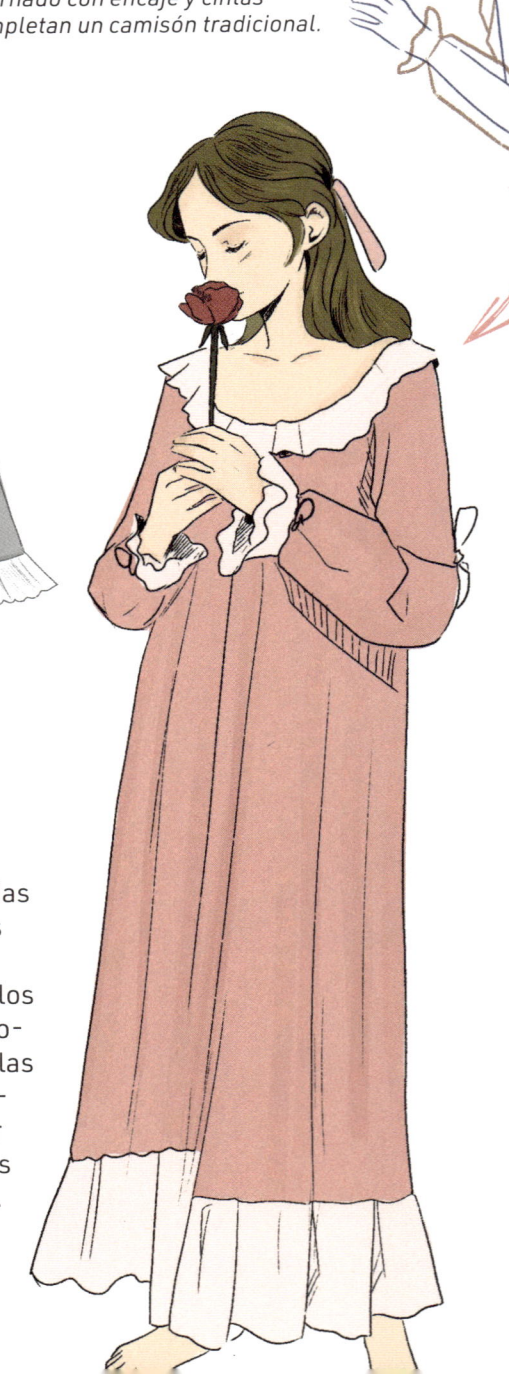

MANGAS Y PUÑOS

A menudo, los remates de muchas prendas para dormir tradicionales son los que les confieren su aspecto clásico: los puños ribeteados y el bolsillo de los pijamas, o los bajos con volantes y encaje de los camisones. Como estas prendas son holgadas, las formas son relativamente sencillas. Simplifica un puño en una figura rectangular y dibuja ondas en el borde mediante unos volantes o en las mangas de un camisón.

PIJAMAS

Los personajes masculinos se ven elegantes con un pijama clásico bien conjuntado, mientras que los femeninos dan más juego porque permiten intercambiar prendas para conseguir un *look* adorable.

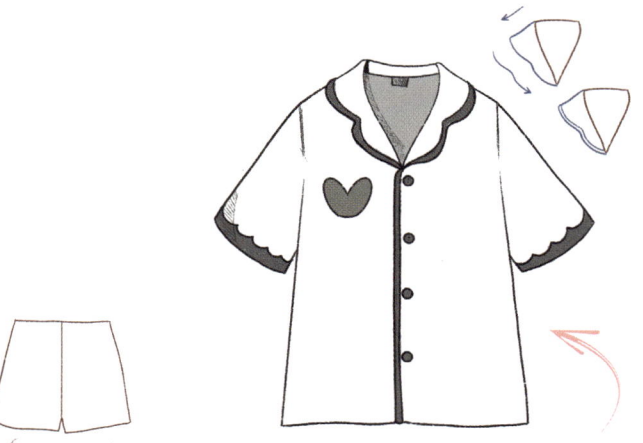

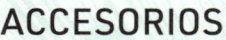

Utiliza motivos sencillos, como un borde festoneado, o diseños simpáticos, como un corazón, para mostrar la personalidad del personaje.

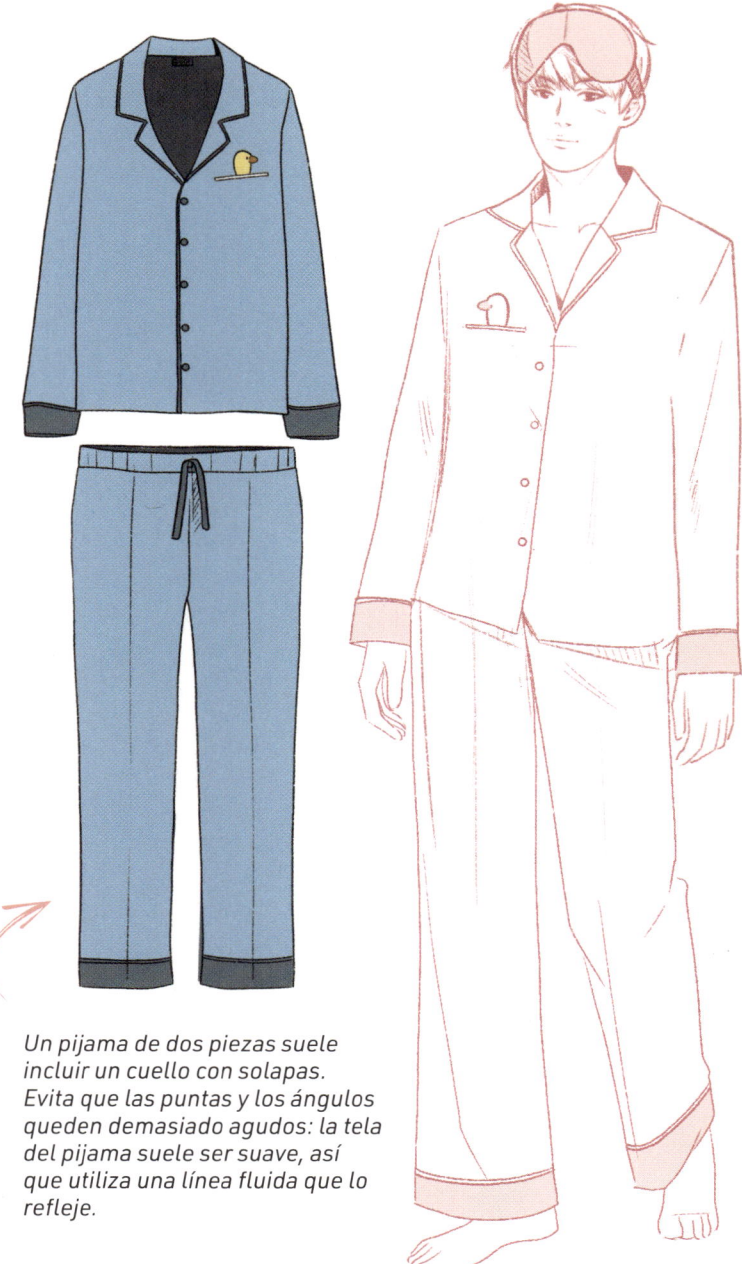

Un pijama de dos piezas suele incluir un cuello con solapas. Evita que las puntas y los ángulos queden demasiado agudos: la tela del pijama suele ser suave, así que utiliza una línea fluida que lo refleje.

ACCESORIOS

Añade accesorios extravagantes a la pose de tu personaje. Prueba a combinar un pijama con unas zapatillas mullidas y una taza de cacao, o un camisón largo con un peluche.

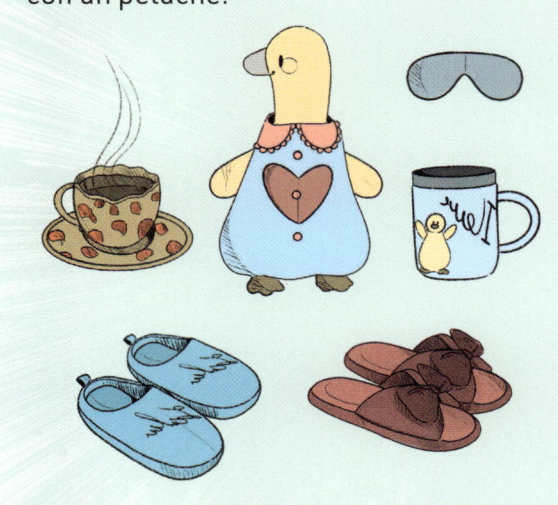

SECRETO DEL ARTE MANGA

Toma una prenda básica, como unos pantalones cortos de pijama, y añade detalles que den la impresión de complejidad. Puede tratarse de ribetes, botones divertidos, encaje y lazos, que pueden combinarse con la camisa o el top o utilizarse como contraste. Estos detalles contribuirán a mostrar el carácter de tu personaje.

ROPA DE ESTAR POR CASA

La ropa de estar por casa es una tendencia cada vez más popular. Consiste en una mezcla de ropa de día y de dormir, con tejidos de pijama sueltos y cómodos de estilo informal. Empieza a dibujar tu atuendo con camisetas sencillas, pantalones deportivos y sudaderas con capucha (consulta las páginas 34, 19 y 28), y disfruta añadiendo elementos que le den a tu figura una personalidad manga única.

Consulta la página 34 para ver cómo se dibuja una camiseta básica. Mantén el estilo holgado y oversize y dibuja las mangas anchas.

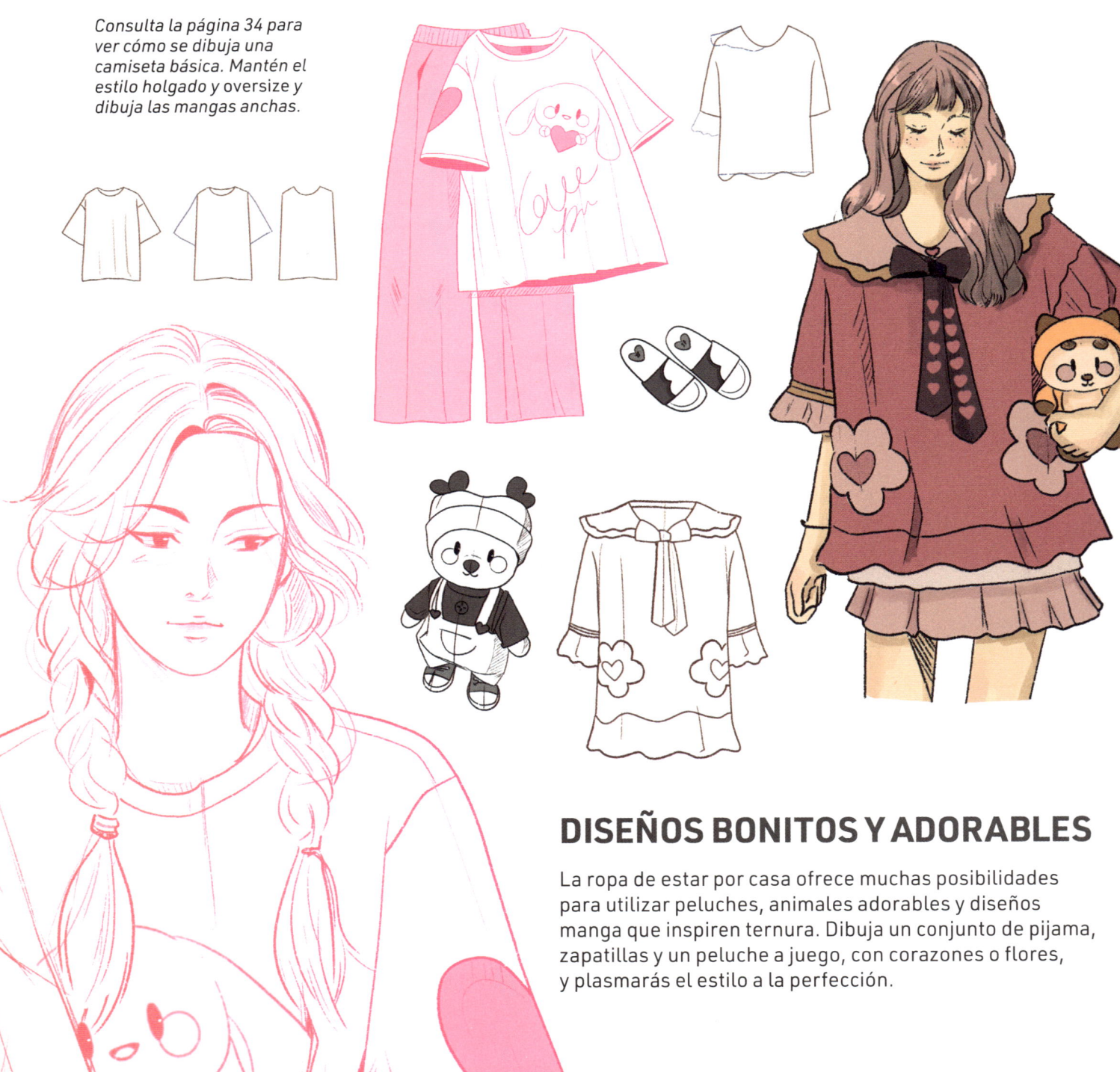

DISEÑOS BONITOS Y ADORABLES

La ropa de estar por casa ofrece muchas posibilidades para utilizar peluches, animales adorables y diseños manga que inspiren ternura. Dibuja un conjunto de pijama, zapatillas y un peluche a juego, con corazones o flores, y plasmarás el estilo a la perfección.

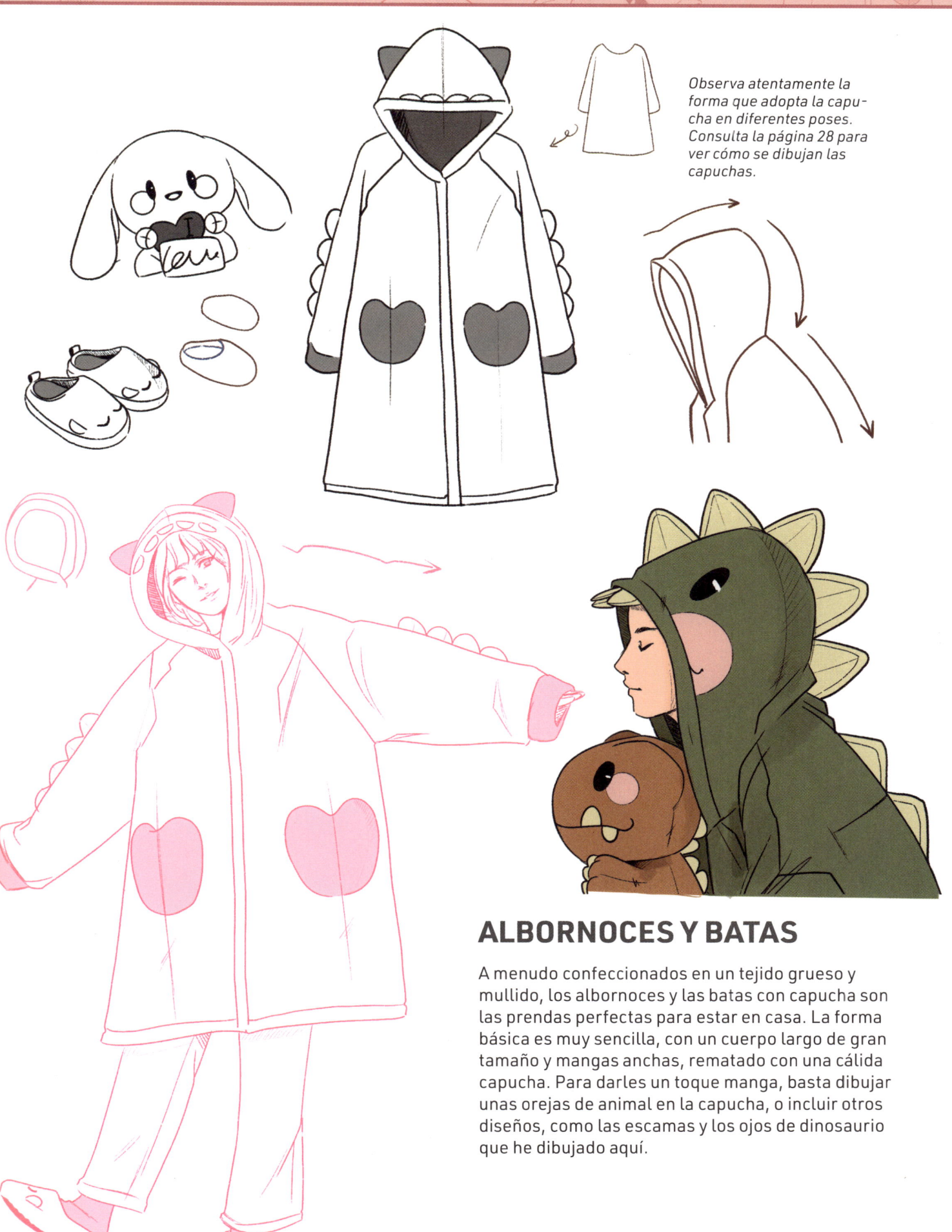

Observa atentamente la forma que adopta la capucha en diferentes poses. Consulta la página 28 para ver cómo se dibujan las capuchas.

ALBORNOCES Y BATAS

A menudo confeccionados en un tejido grueso y mullido, los albornoces y las batas con capucha son las prendas perfectas para estar en casa. La forma básica es muy sencilla, con un cuerpo largo de gran tamaño y mangas anchas, rematado con una cálida capucha. Para darles un toque manga, basta dibujar unas orejas de animal en la capucha, o incluir otros diseños, como las escamas y los ojos de dinosaurio que he dibujado aquí.

A la hora de rematar un conjunto para dormir, practica el dibujo de esta sencilla zapatilla e inspírate en las ideas de la página 120 para adornarla con motivos o detalles adorables.

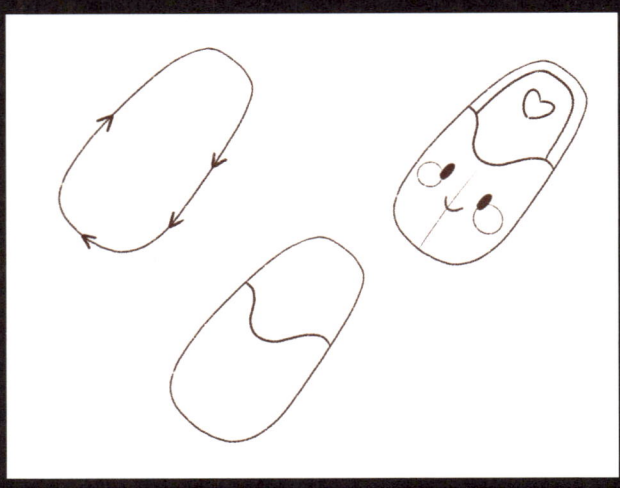

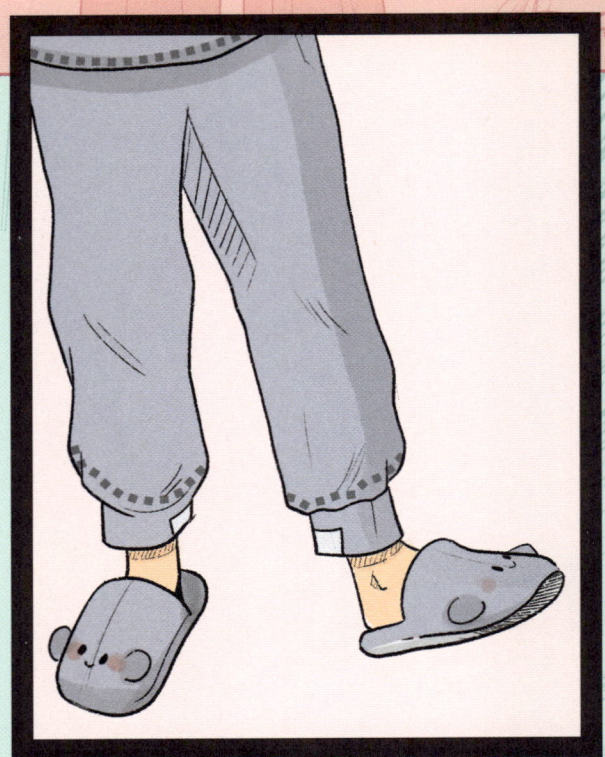

RESUMEN DEL EJERCICIO

Dibuja cada prenda de modo que puedas mezclar y combinar distintos estilos. De esta manera, crearás una ropa cómoda y perfecta para que tu personaje pueda descansar al finalizar la jornada.

Dibuja unos pantalones cortos de pijama con los pasos que se indican aquí. En la página 119 encontrarás ideas para añadir detalles.

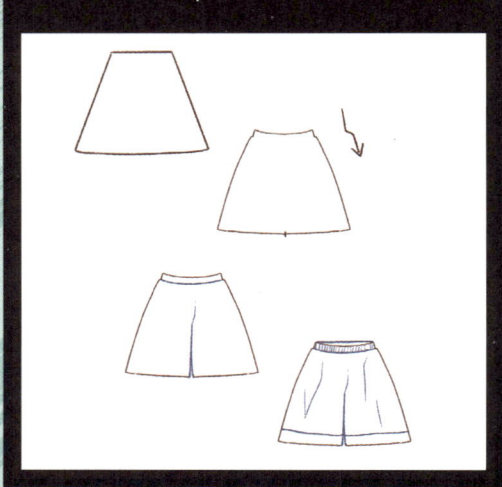

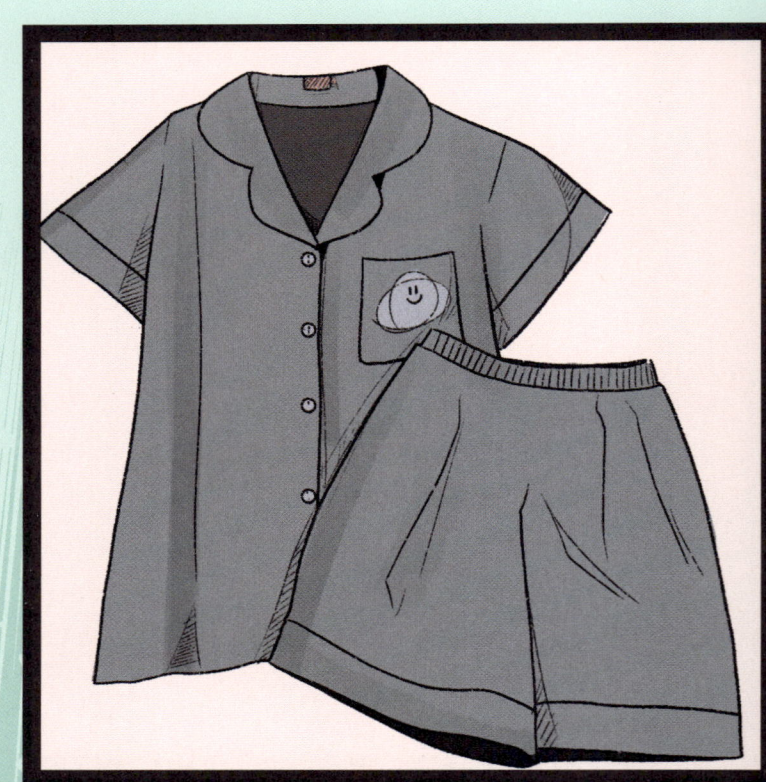

Sigue estos pasos para dibujar una chaqueta de pijama clásica que mantenga la simetría con el escote en V, la hilera de botones y los puños ribeteados.

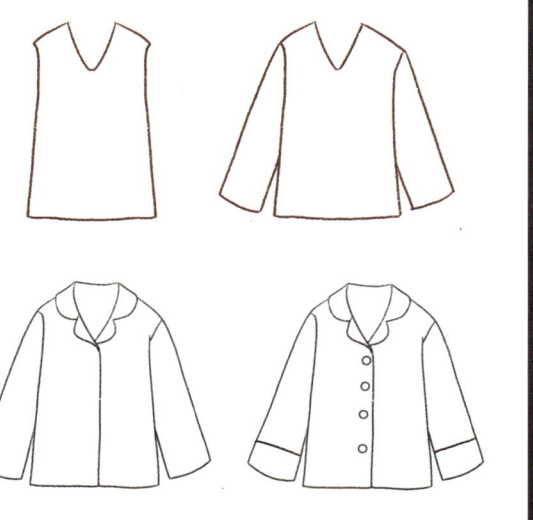

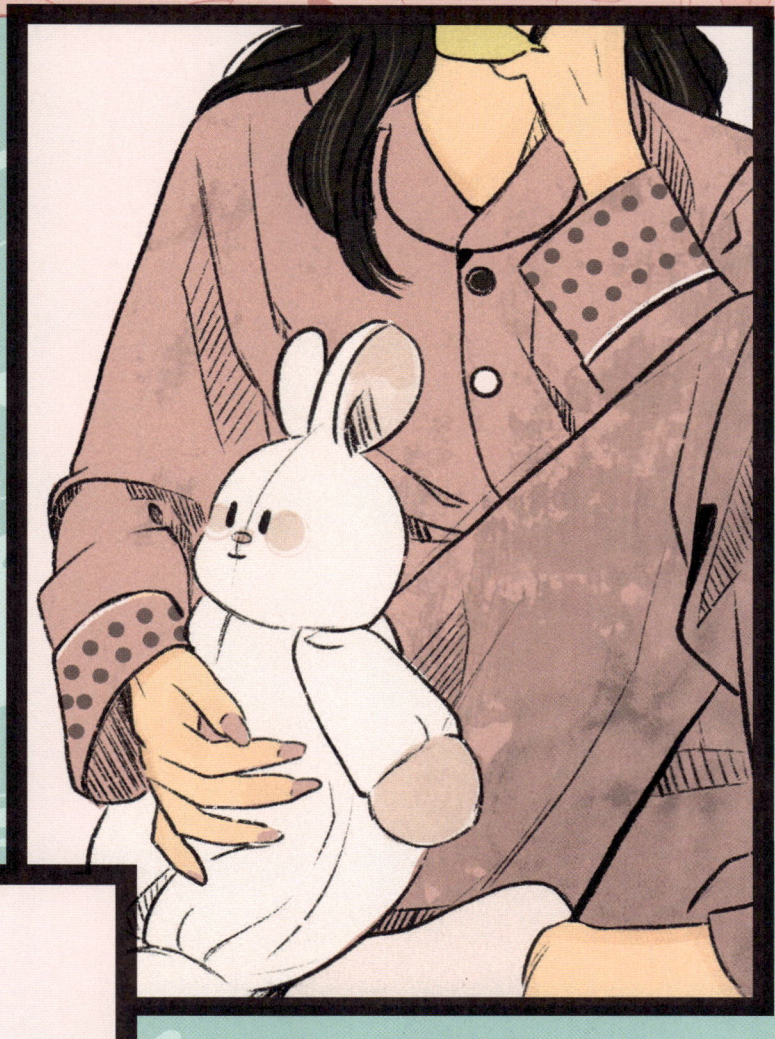

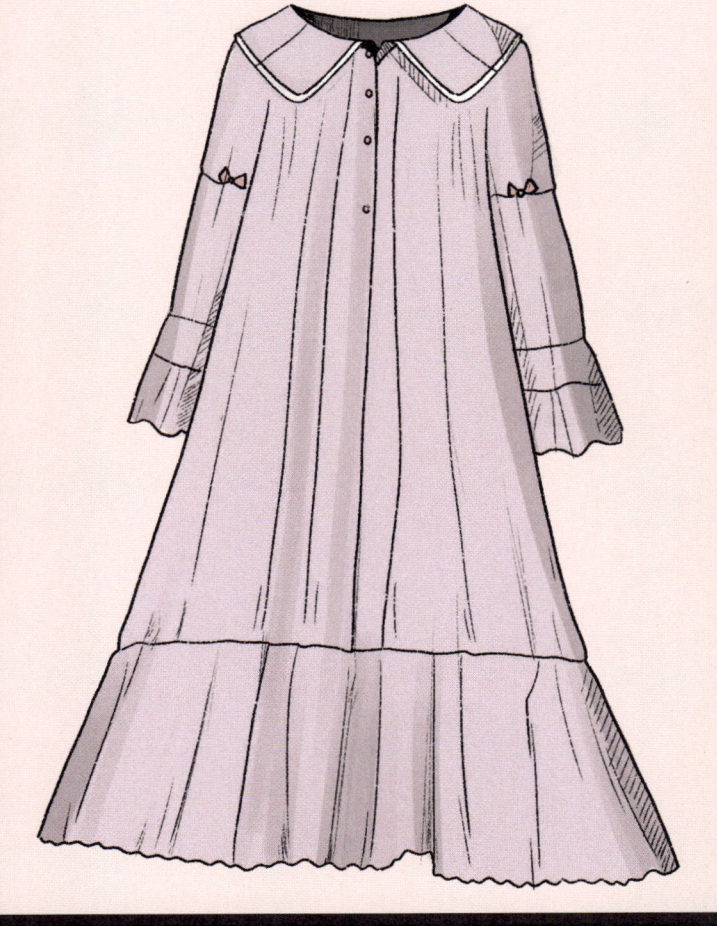

Esboza la forma en A de un camisón largo con líneas suaves y añade fruncidos y pliegues. En la página 118 encontrarás más ideas.

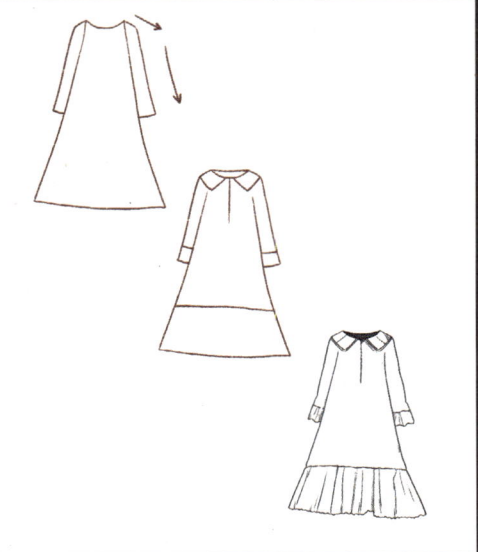

MORIMACHIKO (@MORIMACHIKO27)

Hago ilustraciones y vivo en Japón. Trabajo con una tableta digital. Mi interés por esta actividad artística nació cuando dibujaba Pokémon con mis amigos. Más tarde, las revistas de manga despertaron mi pasión por el anime y el manga. El secreto de mis obras es que siempre procuro llegar al alma del espectador, por eso dibujo con la «libertad» como lema y el objetivo de transmitir ideas, experiencias y sentimientos.

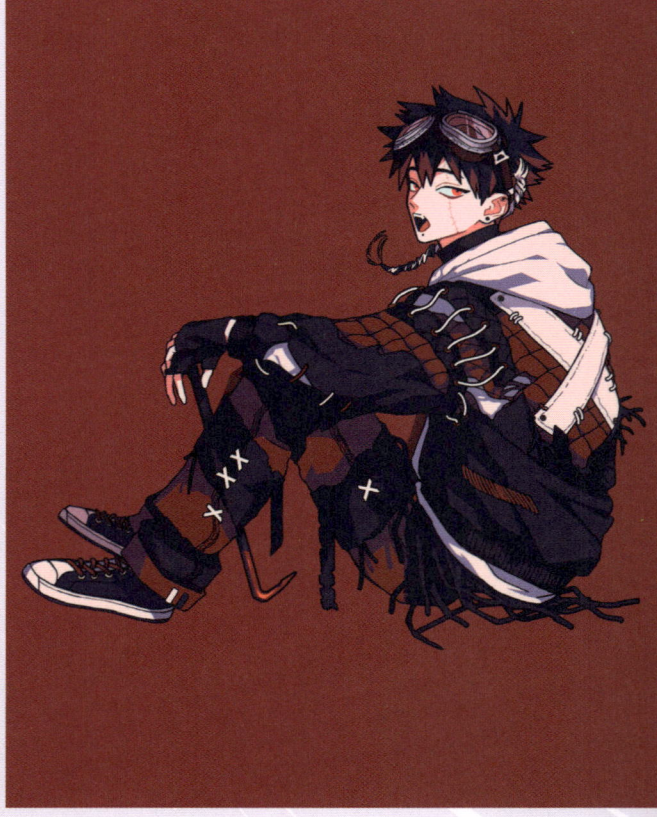

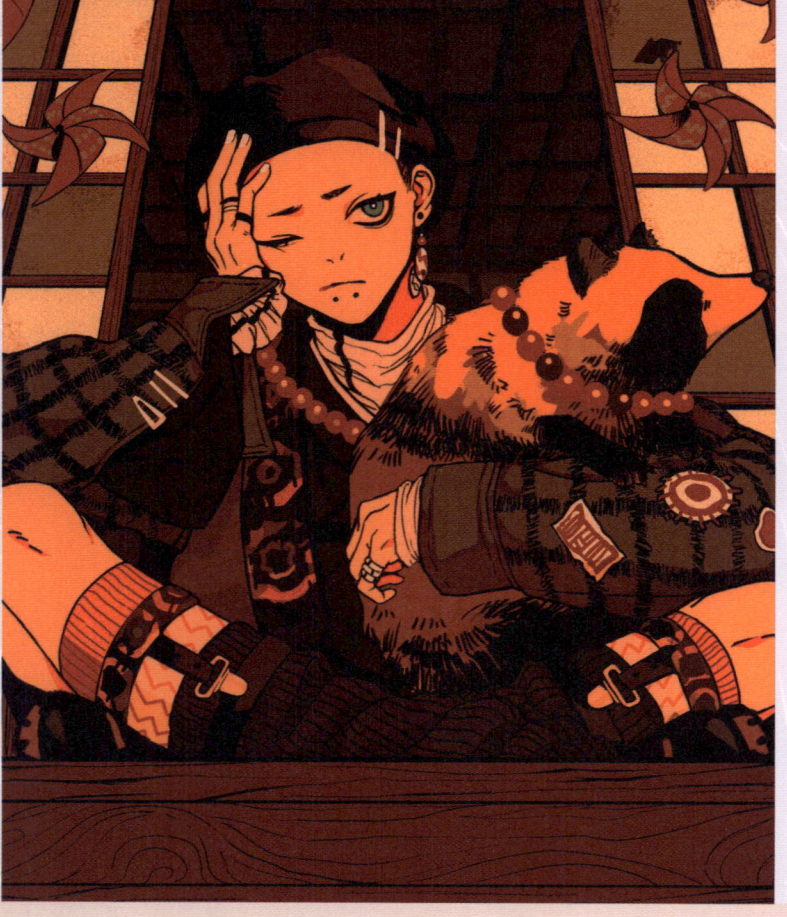

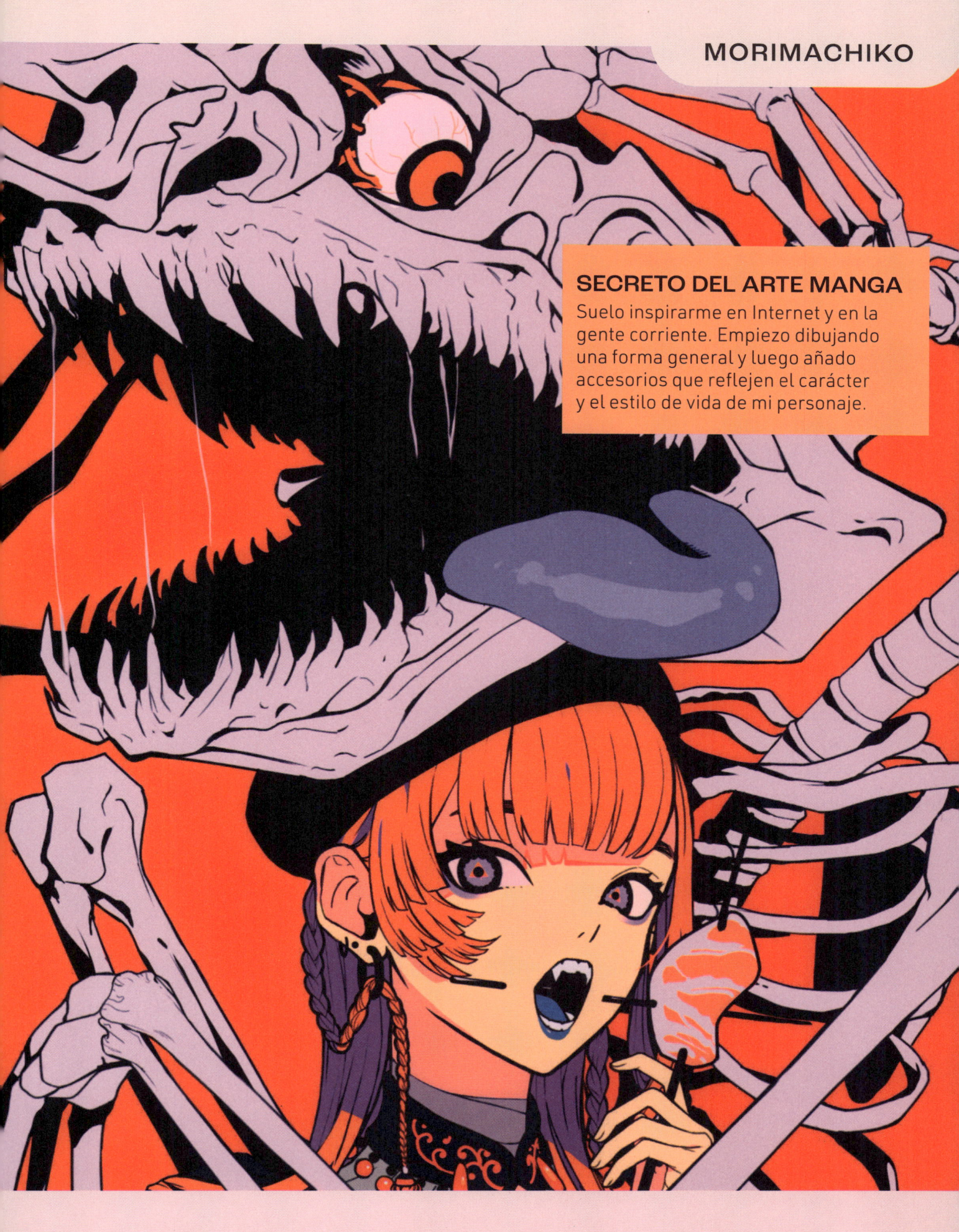

SECRETO DEL ARTE MANGA
Suelo inspirarme en Internet y en la gente corriente. Empiezo dibujando una forma general y luego añado accesorios que reflejen el carácter y el estilo de vida de mi personaje.

ÍNDICE ALFABÉTICO

AGRADECIMIENTOS

Quisiera dar las gracias a todos los que han contribuido para que este libro fuera posible.

Estoy muy agradecida por el apoyo que he recibido de mi familia, especialmente de mis padres, que fomentaron mi confianza en mis dotes de dibujante desde muy pequeña. Mi hermana gemela, Diana, y mi hermano, Wael, me ayudaron mucho durante el proceso de redacción de este libro. También me gustaría dar las gracias a mis seguidores en Instagram por mostrar siempre tanto interés por mis dibujos y por su valioso apoyo.

Este libro no habría sido posible sin Katie, Charlene, India y Martina y todo el equipo de Quarto. También quisiera dar las gracias a todos los artistas invitados que nos han permitido incluir sus trabajos en este libro. Para mí ha sido un honor haber podido escribirlo y estoy muy agradecida de que se haya hecho realidad.

ARTISTAS MANGA

Página 48: M. Umair Ali – @MANGAKAUA983

Página 62: Arunyi – @ARUNYI_ / arunyi.art

Página 80: Yuckie – @KIRAIXSUKI / kiraisuki.carrd.co

Página 90: Diana – @DIANA1992D

Página 124: Morimachiko – @MORIMACHIKO27 / @mrmr_m27

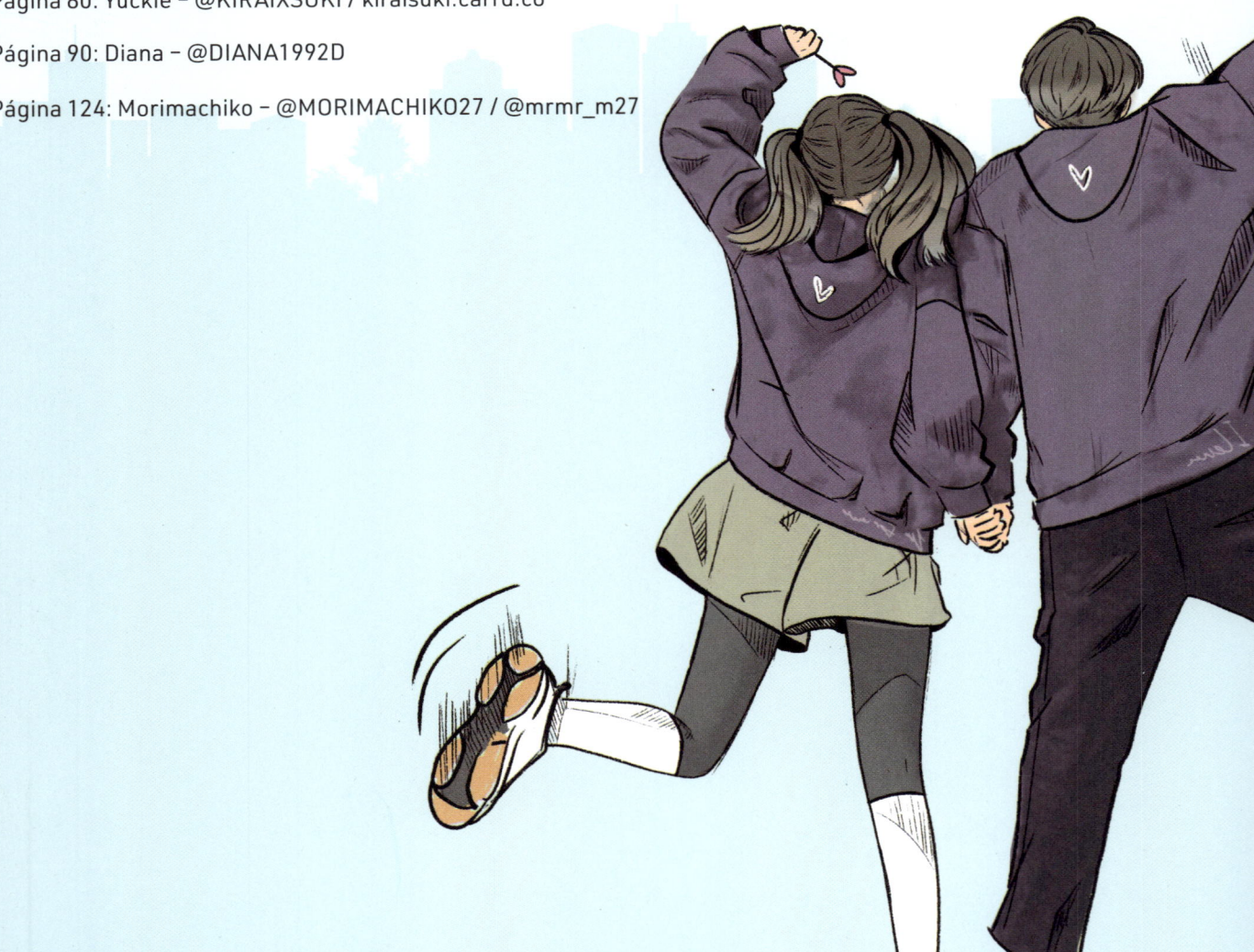